Angus Hyland & Caroline Roberts

Pferde

IN DER KUNST

DUMONT

DIE GESCHICHTE DER MENSCHHEIT
SCHREITET AUF DEM
RÜCKEN DER PFERDE VORAN.

FRONTISPIZ: Emily Hancock, *Hand und Pferd*, 2010

Als unsere Urahnen erkannten, dass Pferde nützliche Arbeitstiere waren, wurde der Grundstein für die enge Beziehung zwischen Pferd und Mensch gelegt. Seither ist dieses Tier dem Menschen ein hochgeschätzter Weggefährte, was auch schon immer künstlerisch seinen Niederschlag fand: erst in der Höhlenmalerei, dann auf Leinwand und Papier.

Warum das Pferd? Es kann lange Strecken zurücklegen, ohne für Futter anhalten zu müssen. Sein Rücken weist eine Senke auf, in der man bequem sitzen kann. Außerdem kann das Tier schwere Lasten tragen, und vor der Motorisierung konnte sich der Mensch am schnellsten mit dem Pferd fortbewegen. Seit 6000 Jahren gilt es als kostbarer Besitz, als wertvolle Arbeitskraft in der Landwirtschaft oder als zuverlässiges Transporttier. Aufgrund seiner Kraft, Schnelligkeit und Standhaftigkeit wurde es auch vom Militär eingesetzt. Allein im Ersten Weltkrieg ließen schätzungsweise acht Millionen Pferde und Ponys ihr Leben. Als Dampfrösser Ende des 18. Jahrhunderts auf den Äckern und im späten 19. Jahrhundert dann auf den Straßen die Pferdestärken ablösten, erhielten die Vierbeiner eine neue Rolle bei Pferderennen, dem »Sport der Könige«. Die eleganten Rennpferde stammten aber nicht von den alten Kaltblutrassen Clydesdale, Shire Horse und Suffolk Punch ab. Sie waren vielmehr Nachkommen der drei arabischen Hengste Darley Arabian, Godolphin Barb und Byerley Turk, die Ende des 17. und Anfang des 18. Jahrhunderts nach Großbritannien importiert und mit einheimischen sowie orientalischen Stuten gekreuzt worden waren und so zu den Stammvätern aller Englischen Vollblüter wurden. Die edlen Rösser wurden zu Statussymbolen, und ihre Besitzer ließen sie von den gefragtesten Künstlern ihrer Zeit in Öl verewigen.

Je weniger Pferde man im Alltag sah, desto gezielter züchtete man sie für den Leistungssport und die Freizeit. Von seinem Image als Arbeitstier befreit, wurde das Pferd zum Inbegriff für Tradition und Zeremonie. Bei der Polizei und beim Militär hat sich daran bis heute nichts geändert: kein Staatsbesuch, kein Aufmarsch, dem nicht prächtige Pferde Glanz und Würde verleihen.

Die Verbindung zwischen Mensch und Pferd ist einzigartig, nicht vergleichbar mit den Beziehungen, die er zu anderen Tieren pflegt. Das domestizierte Pferd ist darauf angewiesen, dass der Mensch ihm Futter gibt und es versorgt. Im Gegenzug vertraut der Mensch darauf, dass ihn der treue vierbeinige Gefährte auch bei Gefahr nicht im Stich lässt. Doch das Pferd steht nicht nur für Pflichterfüllung, sondern vor allem für Freiheit. Im gestreckten Galopp dahinzurasen, so sagt man, komme dem Fliegen sehr nahe. Die australische Dichterin Pam Brown drückte dieses Gefühl so aus: »Pferde verleihen uns die Flügel, die uns fehlen.«

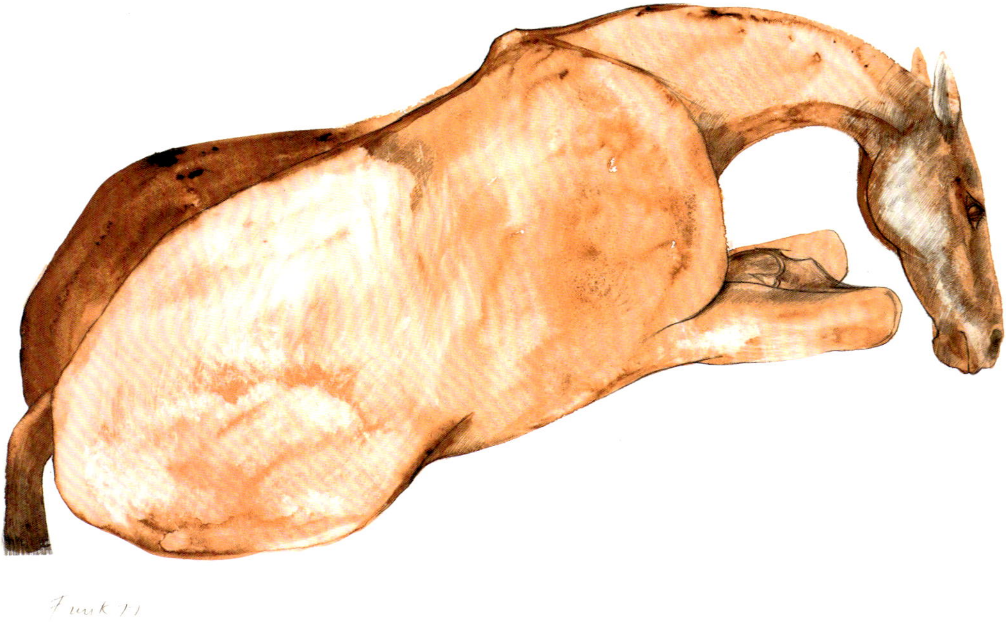

ELISABETH FRINK

Liegendes Pferd

1977

In einem Nachruf auf die 1993 verstorbene Dame Elisabeth Frink machte die *Times* in dem grafischen und bildhauerischen Werk der Künstlerin drei wiederkehrende Themen aus: das Wesen des Menschen, das Göttliche in Menschengestalt und das »Pferdhafte« von Pferden. Frink wuchs im ländlichen Suffolk auf, lernte mit drei reiten und blieb ihrer Liebe zu Pferden ein Leben lang treu. Ungewöhnlich an dieser genau beobachteten Bleistift- und Aquarellstudie für eine Bronzeskulptur ist, dass sie das Tier allein und liegend zeigt, also in einer äußerst verletzlichen Situation. Die Beziehung zwischen Mensch und Pferd beschäftigte Frink immer wieder. Ihr wohl berühmtestes Werk ist die majestätische Bronzeskulptur *Pferd und Reiter* von 1974, die in drei Ausführungen gegossen wurde und die sie selbst als »zeitloses Sinnbild für Mensch und Pferd« bezeichnete. Die Fassung in der Dover Street in Mayfair, London, erhielt 2015 als erste Skulptur die Einstufung »Grade II«-Denkmal. Die English Heritage stellte damit sicher, dass Frinks künstlerisches Erbe sie ebenso überdauert wie ihre große Liebe zu Pferden.

André Brasilier, *Strand in der Normandie* (Detail), 1998

MARC CHAGALL

Reiterin auf rotem Pferd

1966

Ein rotes Pferd symbolisiert eigentlich die Ankunft der vier apokalyptischen Reiter. Doch dieses nette Pferdchen (das in einigen von Marc Chagalls magisch-verträumten Gemälden auftaucht) gehört zu einer ganz friedlichen Szene. Von seiner russischen Heimat aus verschlug es den jüdischen Künstler nach Paris. 1941 musste er allerdings von Frankreich in die USA fliehen. Die Nationalsozialisten diffamierten Chagalls Bilder ebenso wie die Werke anderer moderner Künstler als »entartet«, weil sie nicht der Kunstauffassung und dem Schönheitsideal der Nazis entsprachen oder die Künstler Juden waren. Als Chagall sich nach Kriegsende wieder in Frankreich niederließ, erfreuten sich seine Werke längst so großer Beliebtheit, dass er 1963 von der Pariser Oper den Auftrag erhielt, ein Deckengemälde anzufertigen. Picasso, der an der Côte d'Azur Chagalls Nachbar war, aber zu ihm in gewisser Rivalität stand, sagte einst über Chagall: »Wenn Matisse stirbt, wird Chagall der einzige Maler sein, der noch weiß, was Farbe ist.«

Christian Hook, *Azul Del Sur* (Detail). 2015

ANDRÉ BRASILIER

Blaue Pferde

1988

Mit 20 begann André Brasilier ein Kunststudium an der Pariser École des Beaux-Arts und verbrachte später zwei Jahre in der Villa Medici in Rom. Als zweitem lebendem Maler nach Picasso widmete ihm die Eremitage in Sankt Petersburg eine Retrospektive. Brasiliers heitere Bilder regen stets die Fantasie der Betrachter an. Manchmal gesellen sich Reiter zu den Pferden, die sich durch seine expressionistisch bunten Landschaften bewegen, dann wieder sind die Tiere allein oder in Gruppen zu sehen. Brasilier selbst sagte, die Pferde in seinen Bildern dienten auch als Maßstab. Alles in der Natur war für den Künstler eine reich sprudelnde Quelle der Inspiration, doch gerade Pferde faszinierten ihn sein Leben lang: »Ich liebe Pferde, auch wegen ihrer Schönheit, vor allem aber weil sie so im Einklang mit der Natur stehen. Mit ihren Formen und ihrer Lebensfreude begeistern und fesseln mich Pferde einfach.«

OBEN: Alexandra Duprez, *Cavalier Bleu*, 2011
LINKS: Tina Berning, Illustration für den Zeitscl riftenartikel »Star Br ght« über Stella McCartney, 2014

OBEN: Karen Bezuidenhout, *Blaue Pferde*, 2011
RECHTS: Karen Bezuidenhout, *Pferdetrio*, 2011

André Brasilier, *Reiter am Strand*, 1980

André Brasilier.

FRANZ MARC

Blaues Pferd II

1911

Franz Marc malte verschiedene Tiere in leuchtenden Farben, doch gerade blaue Pferde hatten für ihn eine spezielle Bedeutung. Gemeinsam mit seinem Malerkollegen Wassily Kandinsky gab er ab 1911 unter dem Titel »Der Blaue Reiter« einen Almanach mit einem blauen Pferd und Reiter als Titelbild heraus. Die gleichnamige Künstlervereinigung, der sich weitere russische und deutsche Expressionisten wie August Macke anschlossen, wollte der Malerei eine tiefe spirituelle Dimension verleihen, bei der die Farbe eine symbolische Bedeutung vermitteln und der Künstler beim Malen instinktiv und frei agieren sollte. In den nur drei Jahren seines Bestehens übte Der Blaue Reiter massiven Einfluss auf die Kunst der Moderne aus. Nachdem Marc und Macke 1914 gleich zu Beginn des Ersten Weltkriegs gefallen waren, löste sich die Künstlergruppe auf, zumal Kandinsky und andere Mitglieder nach Russland flüchten mussten, als Deutschland dem Zarenreich den Krieg erklärte.

Franz Marc, *Große blaue Pferde*, 1911

Patrick Atkinson, *Feld und Bach*, 2010

Guy Allen, *Pferdestudie in Fuchsia*, 2015

OBEN: Karen Roehl, *Morgenschatten*, 2015
LINKS: Karen Roehl, *Aufkommender Regen*, 2015

»EIN MANN ZU PFERD IST SOWOHL

GEISTIG

ALS AUCH
KÖRPERLICH

GRÖSSER

ALS EIN MANN
ZU FUSS.«

John Steinbeck

Frank Dicksee, *Die zwei Kronen*, 1900

JOHN COLLIER

Lady Godiva

um 1898

Lady Godiva war eine reiche Grundbesitzerin. Das *Domesday Book* (ein uraltes Grundbuch von England) führt sie als erste Frau mit eigenem Namen auf, doch zu Berühmtheit gelangte sie durch ihren (wohl erfundenen) textilfreien Ritt in Coventry. Sie drängte nämlich ihren Ehemann Leofric, Earl of Mercia, die enorme Steuerlast zu senken, die er der Stadt aufgebürdet hatte. Nach langem Widerstand lenkte er zu guter Letzt ein – allerdings unter der Bedingung, dass Lady Godiva nackt durch die Straßen ritt. Was der Earl nicht für möglich gehalten hatte: Seine Frau wagte den Ritt ohne Bekleidung. Die Bewohner der Stadt, so heißt es, wandten allesamt sittsam den Blick ab – alle bis auf »Peeping Tom«, der zur Strafe für seine Neugier prompt erblindete. 1937 vererbte der Besitzer des Gemäldes das Werk der Corporation of Hampstead, die jedoch von der pathetischen präraffaelitischen Szene keineswegs entzückt war. Als sie das Bild ablehnte, kam es schließlich nach Coventry, wo man sich darüber freute. 1953 zollte die Stadt ihrer Lady mit einer mechanischen Uhr Tribut. An der Fassade des städtischen Broadgate House dreht Lady Godiva seither zur Freude der Passanten Stunde für Stunde beim Glockenschlag hoch zu Ross eine kurze Runde. Über ihr verfolgt der glotzäugige »Peeping Tom« mit lüsternen Blicken ihren Ritt.

OBEN: Joe Coffey, *Schimmelwallach*, 2017
RECHTS: Joe Coffey, *Ferne Stimmen*, 2013

ALFRED MUNNINGS

Mrs. Margaretta Park Frew zu Pferd

1924

Bekannt war Alfred Munnings vor allem für seine exquisiten Pferdeporträts, aber auch die schönen Damen der Gesellschaft verewigte er sehr geschickt auf der Leinwand. Dieses Gemälde war der erste Auftrag, den er 1924 während seines Aufenthalts an der Ostküste der Vereinigten Staaten erhielt, und vereinigt beide Genres auf perfekte Weise. Die hier auf dem Bild Dargestellte ist Mrs. Margaretta Park Frew, Ehefrau des wohlhabenden William Frew, der dem Stiftungsrat der Carnegie Institution for Science angehörte. Als Munnings im März in Pittsburgh eintraf, herrschte dort noch tiefster Winter, sodass an Malsitzungen im Freien nicht zu denken war. Sein Trick: Er setzte Mrs. Frew im Haus in voller Montur auf einen großen hölzernen Sägebock und malte sie auf das bereits fertiggestellte Pferd. Dass man ohne das Foto, das damals gemacht wurde, wohl niemals den Kunstgriff erkannt hätte, zeigt, wie souverän Munnings Pinsel und Farbe beherrschte.

PABLO PICASSO

Knabe, ein Pferd führend

1905–1906

Dass dieses Frühwerk Pablo Picassos für viele Kontroversen sorgte, lag nicht an dem nackten halbwüchsigen Knaben, der das Tier führt. Es entstand in Picassos Rosa Periode, die nach der düsteren Blauen Periode wieder von helleren Tönen geprägt war, und soll Experten zufolge von Andrea Mantegnas *Parnass* beeinflusst sein. In den 1930er-Jahren befand sich das Gemälde im Besitz des jüdischen Bankiers und Kunstsammlers Paul von Mendelssohn-Bartholdy. 1936 wurde das Bild in der Schweiz an William S. Paley, den späteren Vorsitzenden des MoMA, verkauft, der es 1964 dem Museum stiftete. 2009, als der Wert des Gemäldes auf rund 100 Millionen US-Dollar geklettert war, beschäftigten sich gleich zwei Gerichtsverfahren damit: Die Nachkommen Mendelssohn-Bartholdys verklagten das MoMA auf Rückgabe des Bildes, das daraufhin Gegenklage erhob. Wie genau die Sache im Einzelnen beigelegt wurde, blieb das Geheimnis der Juristen. Auf jeden Fall hängt das Bild heute noch in New York.

»KEIN GEHEIMNIS

IST SO

WOHLGEHÜTET

WIE DAS ZWISCHEN

ROSS

UND

REITER.«

R. S. Surtees

Joe Coffey, *Reflexionen*, 2016

Joe Coffey, *Epoch*, 2013

ARTHUR RACKHAM

Illustration zu *Undine*

1909

Arthur Rackhams hauchzart lavierten Federzeichnungen illustrierten einige der beliebtesten Märchenbücher Großbritanniens im sogenannten Goldenen Zeitalter der britischen Buchillustration. Die verschlungenen, fantasievollen Bilder harmonierten perfekt mit den Märchen, Mythen und Sagen, die seine Zeitgenossen damals begeistert verschlangen. Seine Farbtafeln zierten vorwiegend in Velin gebundene und handsignierte Prachtbände, die in sehr limitierter Auflage erschienen und gern als Weihnachtspräsent überreicht wurden. In der von Friedrich de la Motte Fouqué 1811 erstmals veröffentlichten Erzählung *Undine* geht es um die Heirat der Nixe Undine mit einem Ritter, der hier auf seinem verängstigten Pferd vor grässlichen Kobolden flüchtet. Auch wenn es bei Fouqué – anders als bei Hans Christian Andersen, der seine Version wohl beeinflusste – für Nixe und Ritter kein Happy End gibt, fanden Rackhams wunderschöne Bildtafeln so großen Anklang, dass die Ausgabe bis heute bei Sammlern höchst begehrt ist.

Arthur Rackham
1909

GOTT HAT DEN

MENSCHEN AUS ERDE

GESCHAFFEN,

DAS PFERD

ABER SCHUF ER AUS

WIND.

Arabisches Sprichwort

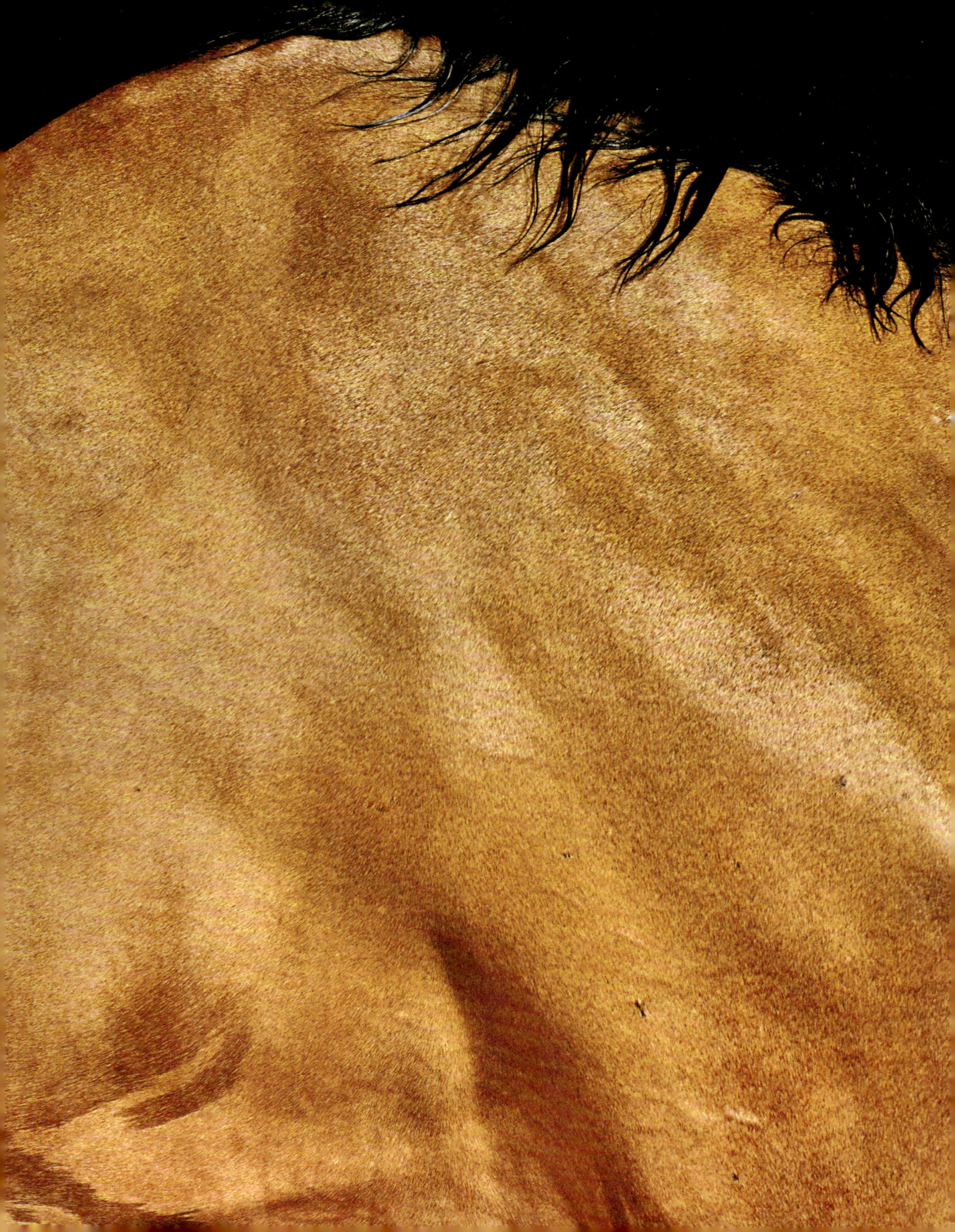

Es weiß genau, wann

du glücklich bist.

Es weiß genau, wann

du bequem sitzt.

Es weiß genau, wann

du voller Mut bist.

Und es weiß immer genau, wann

du Möhren dabeihast.

RECHTS: Heather Foster, *Inspektion*, 2008
VORHERGEHENDE DOPPELSEITE: Juan Lamarca, *Barlas Hals*, 2017

Joe Coffey, *Merkwürdige Begebenheiten auf einem Schulhof*, 2013

GEORGE STUBBS

Whistlejacket

um 1762

Dieses prächtige Gemälde ist eines der bekanntesten des gefeierten Pferdemalers George Stubbs, zu seiner Zeit galt es jedoch wegen des neutralen Hintergrunds als ungewöhnlich. Das Werk zeigt das erfolgreiche Rennpferd Whistlejacket aus dem Besitz des 2nd Marquess of Rockingham, der zu Stubbs' Mäzenen gehörte. Dank seiner ungemein lebensechten Ölgemälde stieg Stubbs rasch zum Liebling der britischen Aristokraten auf, die ihre edelsten Rösser von ihm porträtieren ließen. Hintergrund für die extrem naturgetreuen Darstellungen war Stubbs' lebenslanges Interesse für Anatomie. 1756 etwa zog er sich für 18 Monate auf einen Bauernhof in Lincolnshire zurück, um Pferde zu sezieren. Stubbs ist zwar vor allem für seine Pferdebilder bekannt, studierte und malte jedoch in privaten Menagerien auch exotische Tiere wie Tiger, Löwen, Giraffen, Affen und Nashörner. Sein Känguru dürfte vielen seiner Zeitgenossen erstmals einen Eindruck von diesem eigentümlichen Tier beschert haben.

Edgar Degas, *Rennpferde*, 1885–1888

Edgar Degas, *Pferde auf der Weide*, 1871

Alfred Munnings, *Galoppierende Ponys* (Detail), 191

»EIN PFERD OHNE REITER IST EIN

PFERD.

EIN REITER OHNE PFERD IST NUR EIN

MENSCH.«

Stanisław Jerzy Lec

Peggy Judy, *Gold und Sonne* (Detail), 2017

HENRI DE TOULOUSE-LAUTREC

Der Jockey

1899

Henri de Toulouse-Lautrec malte schon als Kind immer wieder Pferde, nicht zuletzt auf Anregung seines ersten Lehrers René Princeteau, der sich auf Tierdarstellungen spezialisiert hatte und ein enger Freund seines Vaters war. »In unserer Familie«, soll Toulouse-Lautrec gesagt haben, »steigt man gleich nach der Taufe in den Sattel.« Auf dem Familiensitz im südfranzösischen Albi wuchs Henri mit Pferden auf, doch in die Fußstapfen seines Vaters, der ein leidenschaftlicher Reiter, Jäger und Rennbahnbesucher war, konnte der Sohn nicht treten. Nach Beinbrüchen und einer degenerativen Erkrankung im jugendlichen Alter litt er unter erheblicher Kleinwüchsigkeit, die dazu beitrug, dass nicht wenige ihn später als »versoffenen aristokratischen Zwerg« schmähten. Diese lebendige Rennbahnszene gehört zu den letzten Lithografien Toulouse-Lautrecs, der mit nur 36 Jahren einer tödlichen Kombination von Syphilis und Alkoholismus erlag.

DER HUND MAG DER BESTE FREUND DES MENSCHEN SEIN,

ABER DAS PFERD

SCHRIEB GESCHICHTE.

Henri de Toulouse-Lautrec, *Napoleon*, 1895

OBEN: Marino Marini, *Reiter*, 1955
LINKS: Patrick Atkinson, *Ohne Titel* (Detail), 2009

René Princeteau, *Reiter am Strand von Dieppe*, 1892

George Stubbs, *Lustre an der Hand eines Stallknechts*, um 1762

George Stubbs, *Turf mit Jockey in Newmarket*, um 1766

RENÉ MAGRITTE

Carte Blanche

1965

Bei diesem faszinierenden Vexierspiel gelang es dem belgischen Surrealisten René Magritte meisterhaft, den Betrachter mit einer optischen Illusion zu verwirren. Ähnlich wie bei der »Stimmgabel des Teufels«, einer optischen Täuschung, die auch »unmöglicher Dreizack« genannt wird, erscheinen Pferd und Reiterin schwerelos sowohl vor als auch hinter den Bäumen. *Carte Blanche*, auch als *Le Blanc-seing* bekannt (beides bedeutet »Blankovollmacht«), spielt hier mit der Wahrnehmung von offen liegenden und verdeckten Objekten. Unser Gehirn versucht in diesem Gemälde, die im Vordergrund und im verborgenen Hintergrund liegenden Teile der Reiterin und des Pferdes zu verbinden und so die Raumbeziehung von Ross, Reiterin und Bäumen zu verstehen. Doch der Blick des Betrachters wird durch die geschickte Manipulation von Vorder- und Hintergrund verwirrt. Magrittes unverwechselbarer Malstil hatte enormen Einfluss auf die Popkultur. 1977 verwendeten die in San Francisco ansässigen Psychedelic-Künstler Alton Kelley und Stanley Mouse dieses Bild für das Cover des später dreifach mit Platin ausgezeichneten Albums »The Grand Illusion« der US-Band Styx.

Magritte

George Stubbs, *Löwe, ein Pferd angreifend*, 1762

George Stubbs, *Die Countess of Coningsby im Kostüm der Charlton Hunt*, um 1760

HIROSHI YOSHIDA

Numazaki-Weiden

um 1928

Hiroshi Yoshida gilt als einer der bedeutendsten Vertreter des japanischen Farbholzschnitts im Shinhanga-Stil, zu dem er erst mit 44 Jahren fand. Während er technisch auf bewährte Traditionen zurückgriff, schweiften die wunderschönen Holzschnitte des reiselustigen Künstlers thematisch zu Sehnsuchtsorten wie dem Taj Mahal, dem Grand Canyon und den Alpen. Die oft aus 20 bis 30 einzelnen Platten zusammengefügten, enorm komplexen Farbdrucke wirken wie verträumte Aquarelle. Dieses Bild friedlich grasender Pferde auf einer Weide wurde erstmals 1930 zusammen mit anderen zeitgenössischen japanischen Holzschnitten im Toledo Museum in Ohio ausgestellt. Es ist ungewöhnlich groß. Von den 257 Holzschnitten, die Yoshida anfertigte, weisen nur acht ein vergleichbares Format auf, vermutlich weil jeder der 50 Abzüge einer Edition bei einer Größe von 60,5 x 79 cm eine gewaltige technische und physische Herausforderung für den Künstler und seine Mitarbeiter darstellte.

OBEN: Peggy Judy, *Hals eines Schimmels*, 2014
LINKS: Peggy Judy, *Vier Schimmel*, 2014
VORHERGEHENDE DOPPELSEITE: Lawrence Lebduska, *Tänzelnde Pferde* (Detail), 1937

Patrick Atkinson, *Endless Psalm*, 2008

Patrick Atkinson, *Erster Schnee 2*, 2008; *Winterende 1*, 2010

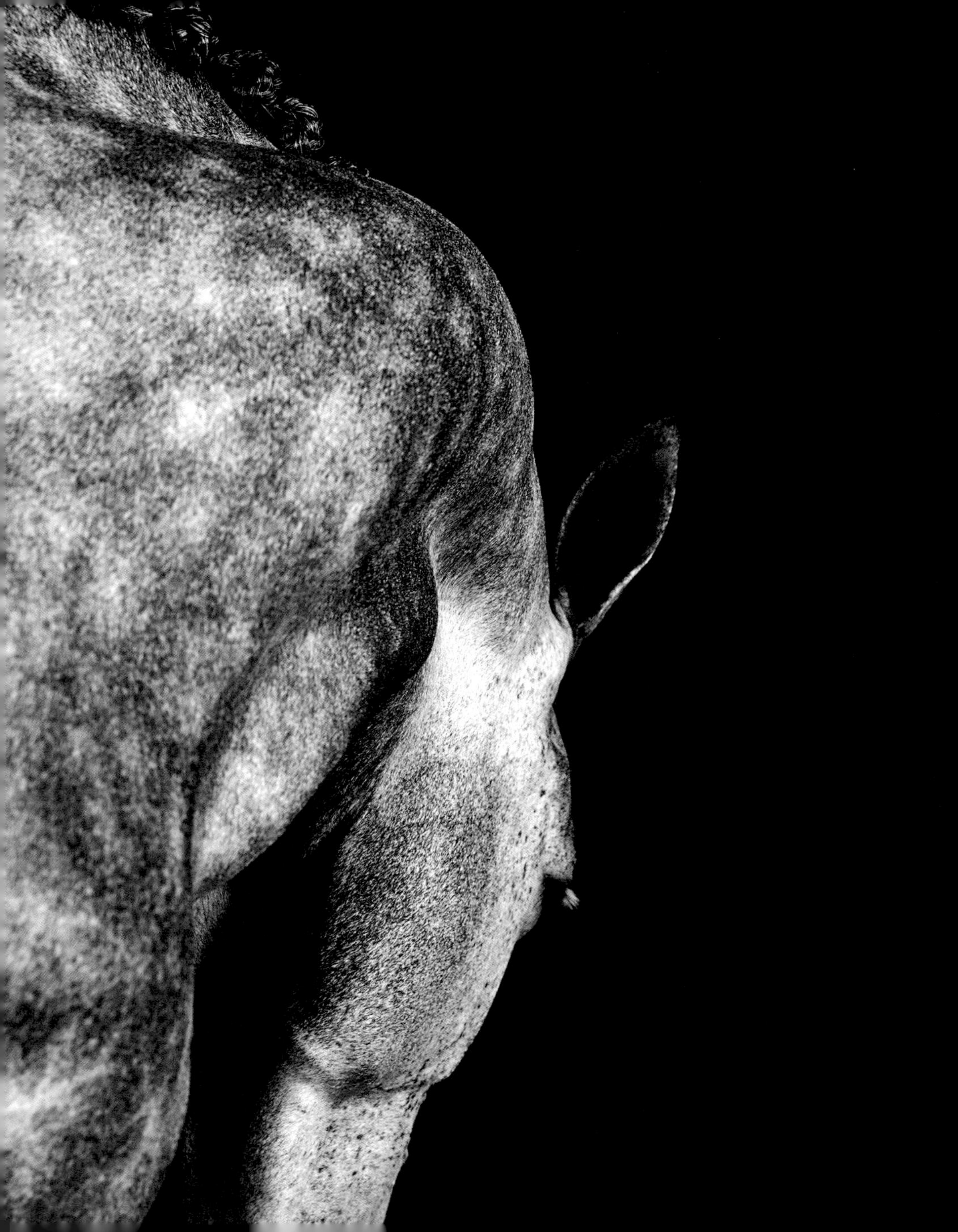

»AN EINEM EDLEN PFERD
SCHÄTZT MAN NICHT SEINE
KRAFT,
SONDERN SEINEN
Charakter.«

Konfuzius

Juan Lamarca, *Crawssira Lines*, 2017

Fedden 1989

OBEN: Robert Polhill Bevan, *Der Pferdemarkt*, 1917–1918
LINKS: Mary Fedden, *Rappe*, 1989

AUGUSTE RODIN

Reiter

1889

Pferde spielen in den Arbeiten von Auguste Rodin keine große Rolle. Verglichen mit dem ästhetischen Wert des menschlichen Körpers schienen sie ihm nicht viel geboten zu haben, denn in seinen Lieblingsmaterialien Bronze und Marmor tauchen sie überhaupt nicht auf. Nur auf einigen seiner Skizzen, zu denen dieses Beispiel gehört, sind Pferde zu sehen. Über diese kraftvolle Studie weiß man nur wenig. Möglicherweise wurde Rodin dazu durch einen Besuch des British Museum in London angeregt. Als er 1881 zum ersten Mal im British Museum war, hatte er die Gelegenheit, den antiken Parthenonfries aus Athen mit seinen vielen Pferdedarstellungen im Original zu sehen. Rodin war selbst ein eifriger Sammler griechischer Antiken, er besaß über 6000 Objekte, die heute im Musée Rodin zu bestaunen sind. Der Parthenonfries gehört zu den »Elgin Marbles«, die im 19. Jahrhundert im Auftrag von Lord Elgin aus dem Athener Tempel herausgebrochen und nach Großbritannien verschifft worden waren. Die Frage, ob die Antiken an Griechenland zurückgegeben werden müssten, ist nach wie vor umstritten – bei der letzten Umfrage stimmte die überwältigende Mehrheit der Briten für eine Rückgabe.

1889

OBEN: Patrick Atkinson, *Ohne Titel*, 2011
RECHTS: John Singer Sargent, *Pferde in Palma* (Detail), 1908

»DAS PFERD

IST EIN

GESELLIGES WESEN.«

Arthur Conan Doyle

Daniel Rohan Eason, *The Horses' Dinner*, 2012
(Illustration zu *Anna and the Juniper Dog* von Geoff Cox)

RDE

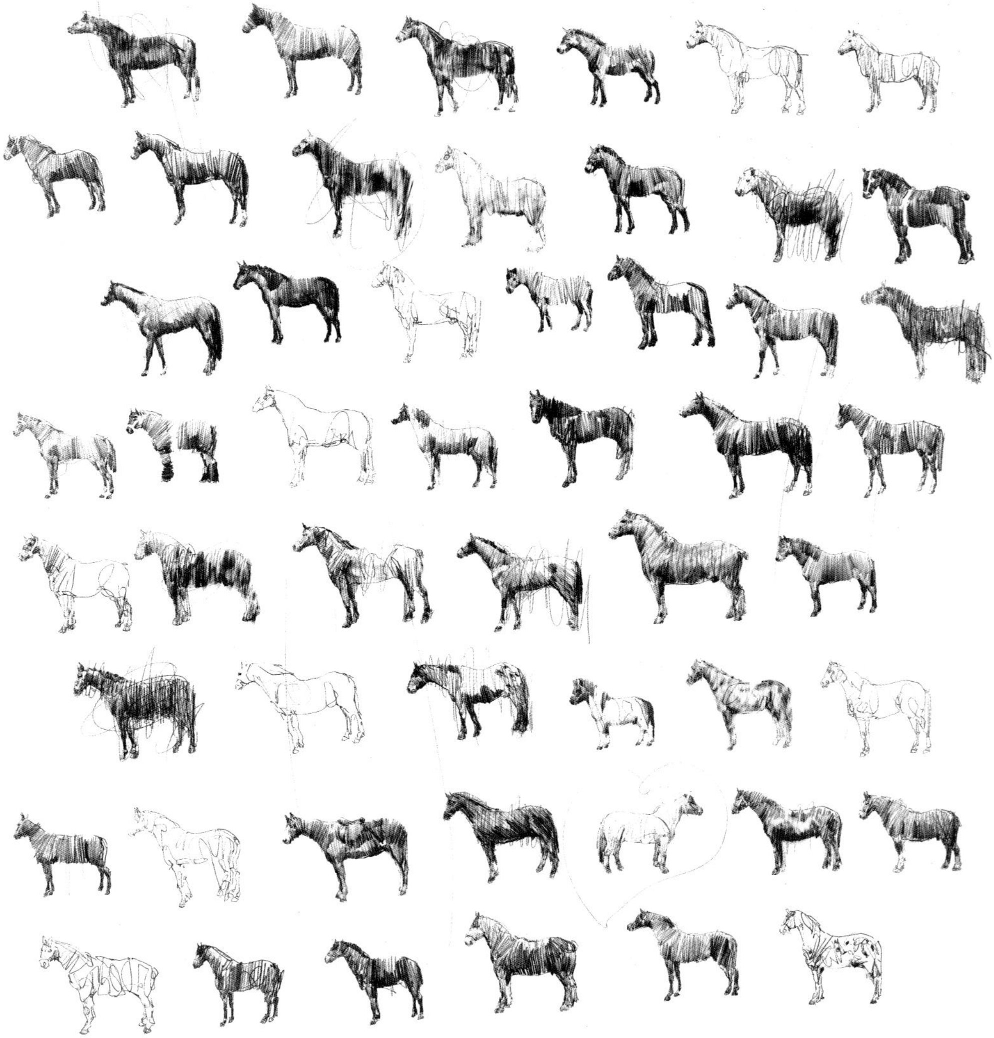

Charming Baker, *52 Pferde*, 2017

Charming Baker, *Man Falls*, 2017

»DEIN PFERD SEI ZUVERLÄSSIGER FREUND,

nicht dein Sklave.«

Xenophon

Mary Ross Buchholz, *Cowboy's Choice*, 2014

Mary Ross Buchholz

2014

EIN

STURES

PFERD GEHT HINTER DIR HER, EIN

UNGEDULDIGES

GEHT VORWEG, DOCH

EIN WAHRER GEFÄHRTE

GEHT AN DEINER SEITE.

LINKS: Carol J. Walker, *Porträt von Washakie*, 2013
VORHERGEHENDE DOPPELSEITE: Tony O'Connor, *Macho Polo II* 2014

Lucy Lockwood

Michael Workman, *Drei Sommerpferde*, 2012

»NIE SIEHT EINE

FRAU

BESSER AUS ALS AUF DEM

RÜCKEN EINES

PFERDES.«

Jane Austen

VORHERGEHENDE DOPPELSEITE: Kyffin Williams, *Mann und Pferd*, 2001

Carolus-Duran (Charles Auguste Émile Durand), *Mademoiselle Croizette zu Pferde*, 1873

Charming Baker, *Ohne Titel (Pferd)*, 2014

A Mauve f

»IN WESTERN DURFTEST DU

DEIN PFERD
KÜSSEN,

ABER

NIEMALS
DEIN MÄDCHEN.«

Gary Cooper

LINKS: Mary Ross Buchholz, *Wer ist das?*, 2013
VORHERGEHENDE DOPPELSEITE: Anton Mauve, *Morgenritt am Strand*, 1876

JEAN-LOUIS FORAIN

Die Reiterin

um 1882

Als Edgar Degas' Protegé wurde Jean-Louis Forain in den Kreis der Impressionisten aufgenommen und war an vier ihrer viel beachteten Ausstellungen beteiligt, die in Paris Skandale auslösten. Sein Lieblingssujet waren die Zuschauer bei Ballettvorführungen, Opern und Pferderennen sowie die Gäste von Pariser Cafés. Seine genau beobachteten Szenen bescherten ihm große Popularität und eine Berufung an die Royal Academy of Arts in London. Dass Forain von Haus aus Karikaturist war, bezeugt auch dieses stilisierte Porträt einer Reiterin und eines eleganten Manns in Rückenansicht. Die mit einem schicken Reitdress und Zylinder gekleidete Frau sitzt im Damensattel auf dem Rücken des Pferdes. Ein gewöhnlicher Sattel wurde seinerzeit nicht als schicklich für eine Dame erachtet. Bis zur Erfindung des »Sicherheitsrocks« 1875 war der Damensitz nicht ungefährlich, denn bei einem Sturz verfingen sich die stoffreichen Röcke und Unterröcke gern im Sattel, sodass die Reiterinnen Gefahr liefen, von ihren Pferden zu Tode getrampelt zu werden.

ALBRECHT DÜRER

Der heilige Eustachius

um 1501

Allein mit der atemberaubenden Detailfülle des Werkes setzte das deutsche Universalgenie Albrecht Dürer im Kupferstich neue Maßstäbe. Das Bild zeigt die Bekehrung des römischen Generals Placidus, der sich danach Eustachius nannte und später als christlicher Märtyrer starb. Das Wunder, so heißt es, geschah, als Placidus mit seinen Hunden auf der Jagd war. Unvermittelt stand vor ihm ein Hirsch, der in seinem Geweih ein strahlenbekränztes Kruzifix trug, während die Stimme Christi erklang. Jedes noch so kleine Detail dieses Stichs, von der Burg im Hintergrund bis zu den winzigen Grashalmen im Vordergrund, ist mit großer Sorgfalt und Meisterschaft ausgeführt. Placidus' fünf Hunde warten geduldig auf ihren Herrn, wobei sie hier dem Hirsch, der eigentlich die Hauptrolle in dieser Geschichte spielt, ein wenig die Schau stehlen.

»GESUNDER PFERDEVERSTAND

IST DAS, WAS EIN PFERD DARAN HINDERT,

AUF MENSCHEN ZU WETTEN.«

W. C. Fields

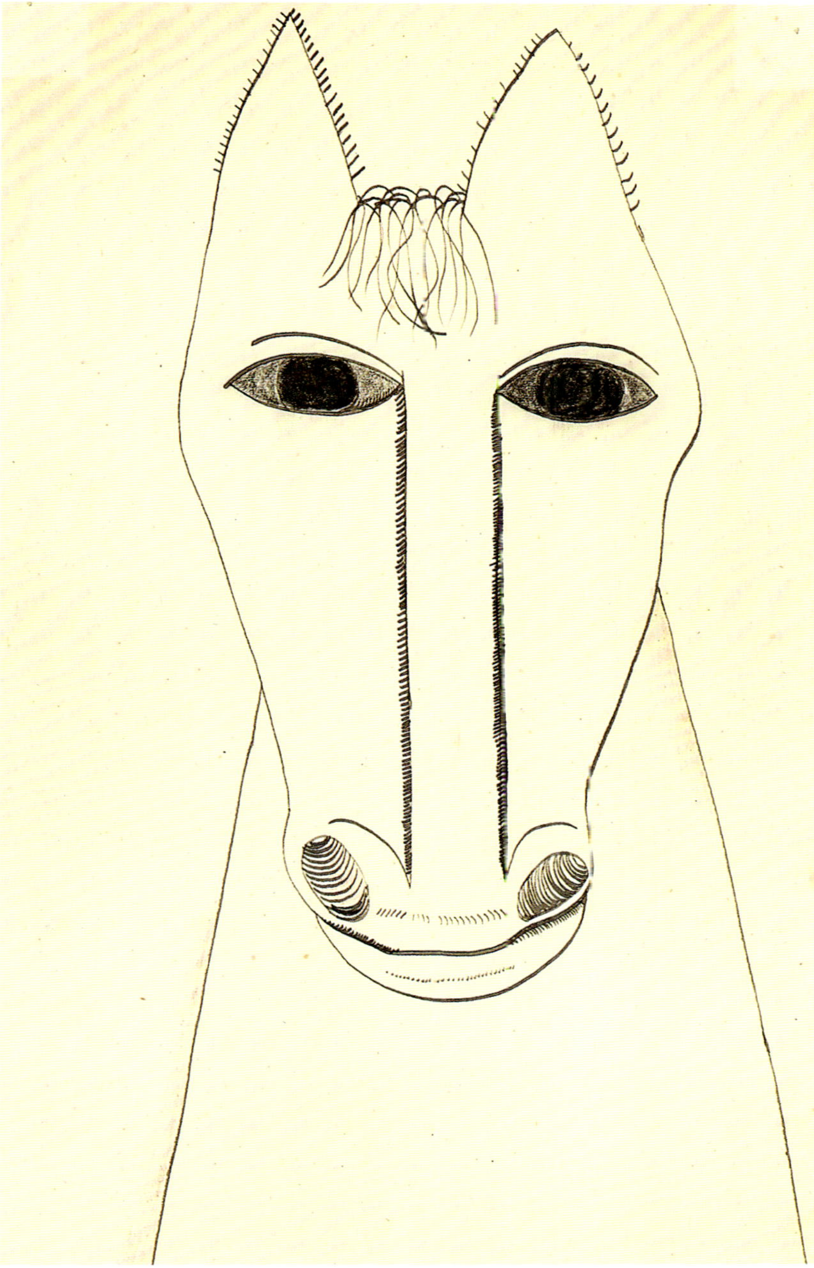

Lucian Freud, *Pferdekopf*, 1947

John Caple, *Der Teich*, 2013

John Caple, *Xanadu (Die Ausläufer der Quantocks)*, 2016

EDGAR DEGAS

Rennpferde in Longchamp

1871

1857 wurde am Ufer der Seine westlich von Paris die Pferderennbahn von Longchamp eröffnet. Im 19. Jahrhundert erfreute sich der »Sport der Könige«, der über den Ärmelkanal nach Frankreich gelangt war, bei der feinen Gesellschaft immer größerer Beliebtheit. Er bot eine gesellschaftliche Bühne für Aristokraten und reiche Bürger, aber auch Künstler wie Edgar Degas und Édouard Manet kamen gern hierher, denn die Rennbahnatmosphäre inspirierte sie. Im Gegensatz zu vielen seiner Zeitgenossen, die im Freien malten, zog Degas den Komfort seines Ateliers vor. Studiert man seine Pferdebilder genauer, fällt auf, dass er gewisse Elemente mehrfach verwendete, denn die gleichen Pferde und Reiter tauchen in verschiedenen Gemälden auf. Wie Degas' genial wiedergegebene Rennpferde hat auch das Hippodrome de Longchamp seinen Reiz bis heute nicht eingebüßt. Noch immer wird dort um den Prix de l'Arc de Triomphe gekämpft, das zurzeit höchstdotierte Galopprennen der Welt mit Preisgeldern in Millionenhöhe.

Eric Ravilious, *The Westbury Horse* 1939

»EIN WILDES ROSS IST'S LEBEN,
Die Hufe Funken geben,
WER'S EHRLICH WAGT, BEZWINGT ES,
Und wo es tritt, da klingt es!«

Joseph von Eichendorff

Lesley Thiel, *Triumphbogen*, 2011

Tony O'Connor, *Neugier*, 2017

Tony O'Connor, *Grauschattierungen*, 2016

LUCIAN FREUD

Schimmelwallach

2003

Von den vielen Liebesaffären, die Lucian Freud in seinem Leben hatte, währte die Leidenschaft für Pferde am längsten und kostete ihn das meiste Geld. Die progressive Schule Dartington Hall in Devon, die er als Junge besuchte, ermutigte ihre Schüler dazu, eigene Wege zu gehen und sich selbst zu verwirklichen (in Freuds Fall bedeutete das beispielsweise, dass er im Pferdestall übernachtete). Damit war der Grundstein für seine lebenslange Passion gelegt. Im Laufe der Jahre malte und zeichnete er immer wieder Pferde, doch genauso leidenschaftlich wettete er auch auf sie. Da er stets ein Vielfaches seiner Glückszahl Acht setzte, ist davon auszugehen, dass er alles in allem mehrere Millionen Pfund in den Sand setzte. Seine Buchmacher musste er nicht selten mit Bildern bezahlen. Selbst als die meisten Rennbahnen ihm nach einer hartnäckigen Pechsträhne 1983 Hausverbot erteilten, konnte ihn das nicht stoppen. Er verkleidete sich (bei einer Gelegenheit mit Strickmütze, Sonnenbrille und grauem Kaschmirmantel) und wettete einfach inkognito weiter.

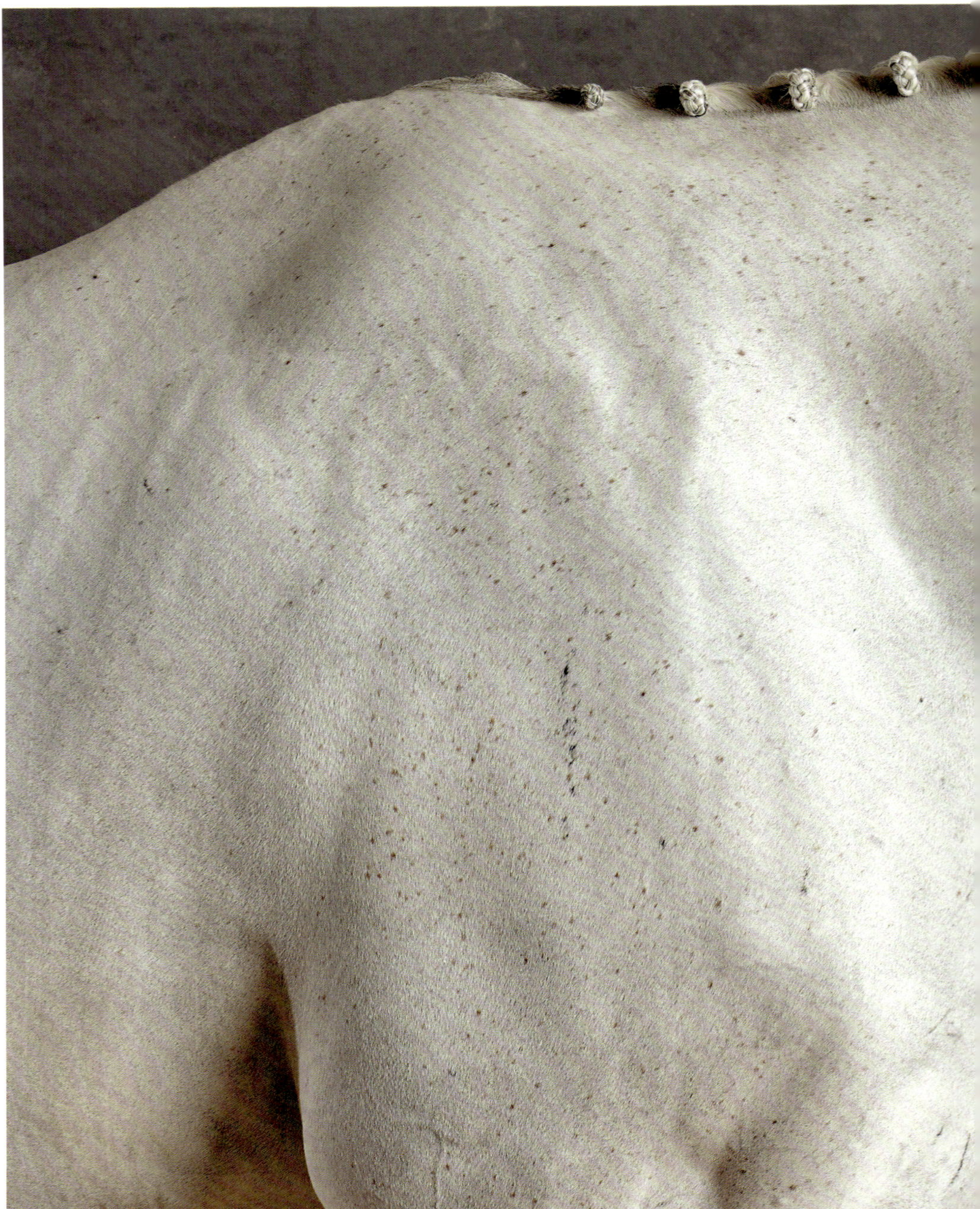

OBEN: James Tennison, *Der andalusische Reiter*, 2015
VORHERGEHENDE DOPPELSEITE: Juan Lamarca, *Titan Neck II*, 2015

»All seiner einzigartigen

SCHÖNHEIT,

seiner unermesslichen

KRAFT

und seiner unvergleichlichen

ANMUT

ZUM TROTZ

TRÄGT DAS PFERD DEN MENSCHEN

DEMÜTIG AUF SEINEM RÜCKEN.«

Amber Senti

Das Glück der Erde

liegt auf dem

Rücken der Pferde.

Deutsches Sprichwort

Juan Lamarca, *Carilot Face Lines*, 2015

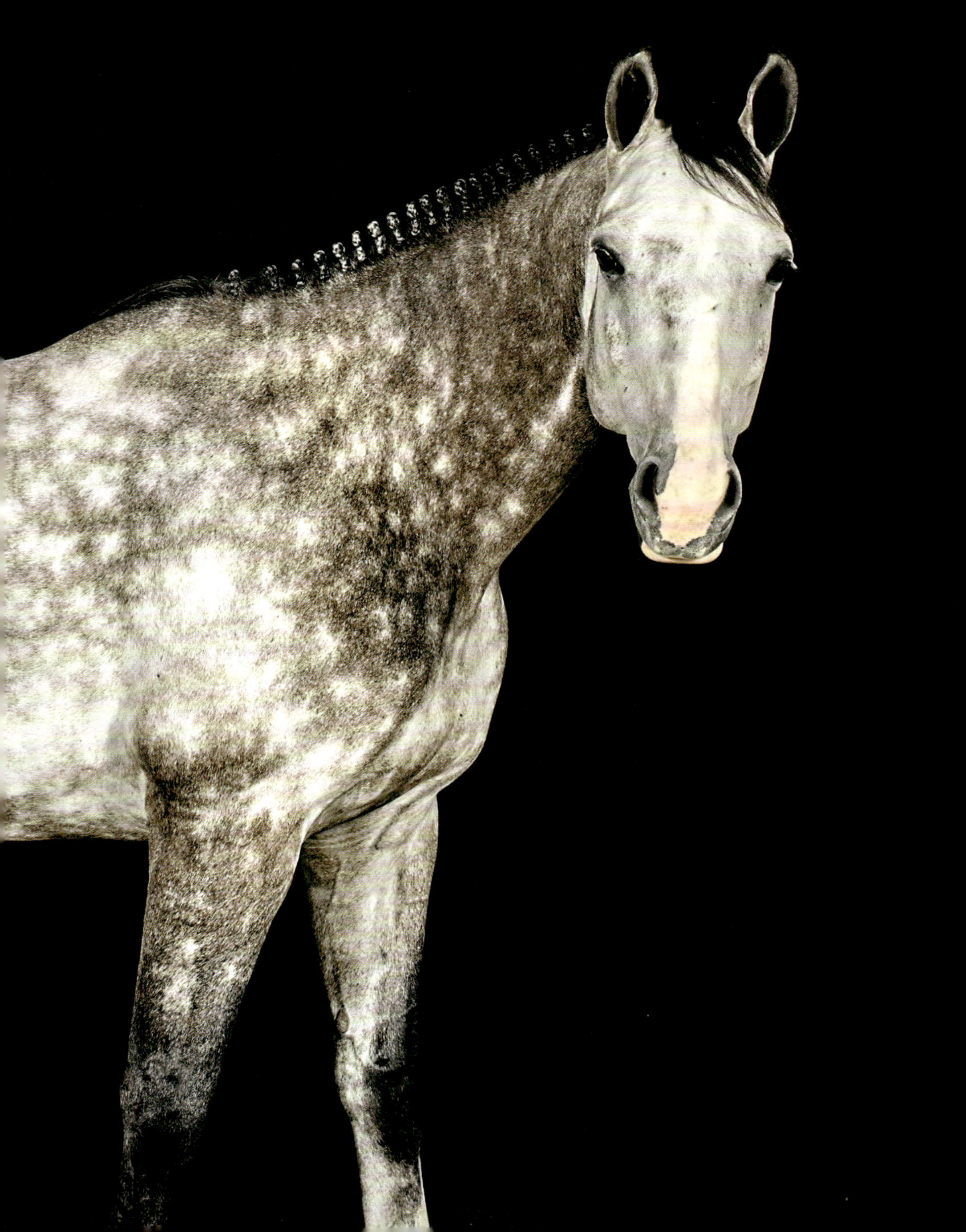

OBEN: Joe Andoe, *Rainbow Road*, 2017
LINKS: Juan Lamarca, *Porträt von Volcan*, 2016

GEORGIA O'KEEFFE

Pferdeschädel auf Blau

1931

Auf der Flucht vor der Hektik und dem Lärm in New York (und all denen, die beharrlich behaupteten, ihre üppigen Blumenbilder seien eindeutige Symbole für das weibliche Geschlechtsorgan) verbrachte Georgia O'Keeffe mehr und mehr Zeit in New Mexico. Die dramatischen Landschaften im Südwesten der USA übten unmittelbaren Einfluss auf ihre Malerei aus. Oft hielt sie die plastischen Konturen der Schädel und Knochen fest, die sie auf ihren häufigen Ausflügen mit ihrem legendären Ford Model A in der Wüste fand. 1946 zog O'Keeffe endgültig nach New Mexico und lebte dort auf ihrer Ghost Ranch überwiegend allein, bis Anfang der 1970er-Jahre ein junger Mann namens Juan Hamilton in ihr Leben trat. Die enge Beziehung zwischen dem 27-Jährigen und der 85-jährigen Malerin gab dem Kunstbetrieb, wie zu erwarten, viel Anlass zu Spekulationen.

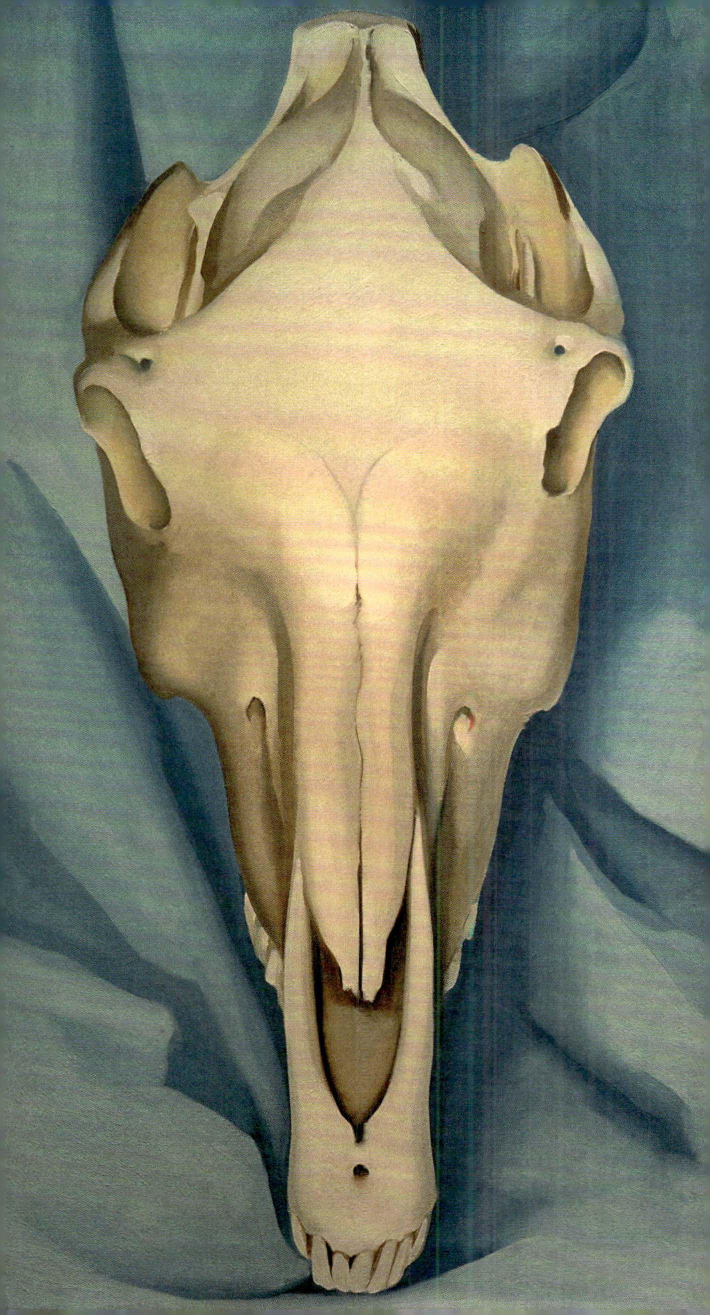

»Ein Pferd, ein Pferd,

mein Königreich

FÜR EIN PFERD!«

Shakespeare, Richard III.

Katarzyna Okrzesik-Mikołajek, *Zwischen den Schatten*, 2012

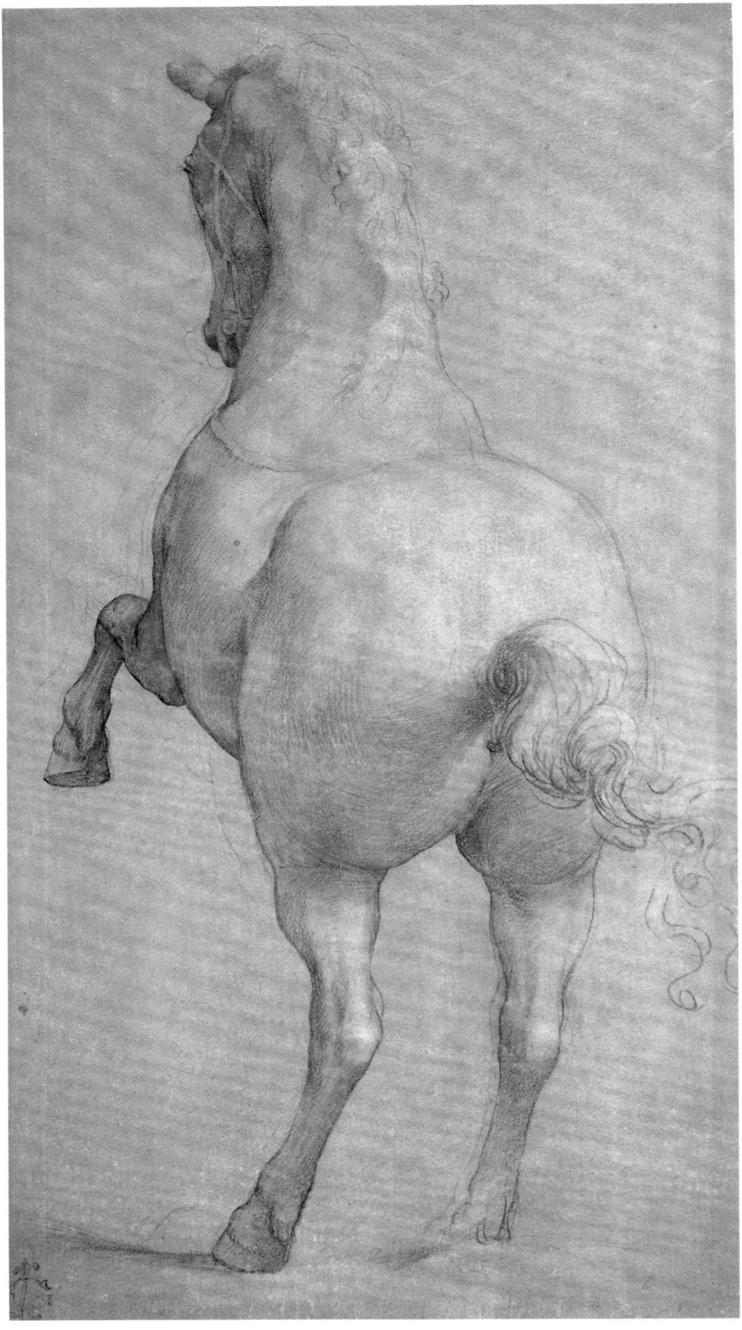

MAN MUSS NICHT NUR

REITEN LERNEN,

SONDERN AUCH

FALLEN.

Mexikanisches Sprichwort

Unbekannter Künstler, *Aufbäumendes Pferd*, 16. Jahrhundert

WILLIAM BLAKE

Illustration zu Shakespeares *Heinrich IV.*

1809

Die klassizistisch anmutende Illustration, die das Zitat »As if an angel dropped down from the clouds« als Titel trägt, war eine Beigabe zur kostbaren zweiten Folioausgabe von Shakespeares *Heinrich IV.* Blake zeigt die Wandlung des bis dahin widerstrebenden Königssohns Prinz Heinrich, wie sie in der ersten Szene des vierten Akts geschildert wird:

Ich sah den jungen Heinrich, Sturmhut auf,
Die Schienen an den Schenkeln, stolz gewaffnet,
Wie der beflügelte Merkur vom Boden
So leicht gewandt sich in den Sattel schwingen,
Als schwebt' ein Engel nieder aus den Wolken,
Den Pegasus zu tummeln und die Welt
Mit edlen Reiterkünsten zu bezaubern.

Während der weibliche Engel hoch oben auf einer Wolke ruht, schwebt der männliche zu Pegasus hinab, der sich erschrocken aufbäumt – vielleicht wegen der langen Leine in der Hand des Engels, vielleicht aber auch, weil Blake ein elementares Attribut des griechischen Götterpferdes unterschlug und Pegasus sich nun ohne seine Flügel durch die Lüfte schwingen muss.

Shaikh Muhammad Amir von Karraya,
Ein Syce (Stallknecht) mit zwei Kutschpferden, um 1845

»EINIGE DER

BESTEN FILMPARTNER

AN MEINER SEITE WAREN

HUNDE UND PFERDE.«

Elizabeth Taylor

OBEN: Mary Sumner, *Treidelpferde*, 2013
VORHERGEHENDE DOPPELSEITE: Jaime Corum, *Mr. Pollock*, 2015

Mary Sumner, *Zirkuspferd*, 2013

Sophie Lécuyer, *Les Nuits Blanches (Die schlaflosen Nächte)* (Serie), 2013

JEDES PFERD HAT ES VERDIENT,
EINMAL IM LEBEN

VON EINEM KLEINEN MÄDCHEN

geliebt zu werden.

Bildnachweis

2 © Emily Hancock; **6** Privatbesitz, Foto © Christie's Images/Bridgeman Images. © Estate of Elisabeth Frink. All rights reserved, DACS 2018; **8–9** Privatbesitz/Bridgeman Images. © ADAGP, Paris, und DACS, London, 2018; **11** Privatbesitz/A. Burkatovski, Fine Art Images/SuperStock. Chagall ®/ © ADAGP, Paris, und DACS, London, 2018; **12–13** © Christian Hook; **15** Privatbesitz/Bridgeman Images. © ADAGP, Paris, und DACS, London, 2018; **16** Artwork © Tina Berning; **17** © Alexandra Duprez; **18, 19** © Karen Bezuidenhout; **20–21** Privatbesitz/Bridgeman Images. © ADAGP, Paris, und DACS, London, 2018; **22** Kunstmuseum, Bern/Artothek/Bridgeman Images; **24–25** Walker Art Center, Minneapolis/De Agostini Picture Library/ Bridgeman Images; **26** © Patrick Atkinson, Courtesy Grand Image, Ltd.; **27** © Guy Allen, *Pferdestudien in Fuchsia*, 71 x 72 cm (www.guyallenart.com/instagram: guy_allen_artist); **28** Artwork © Karen Roehl (www.karenroehl.com); **29** Artwork © Karen Roehl (www.karenroehl.com); **31** Artepics/age fotostock/SuperStock; **32** Herbert Art Gallery & Museum, Coventry/Bridgeman Images; **34, 35** © Joe Coffey (joecoffeyfineart.com); **36** Estate of Sir Alfred Munnings, Dedham, Essex. All rights reserved, DACS 2018; **37** Privatbesitz, Foto © Arthur Ackermann Ltd./Bridgeman Images. © Estate of Sir Alfred Munnings, Dedham, Essex. All rights reserved, DACS 2018; **38** Museum of Modern Art, New York/Bridgeman Images. © Succession Picasso/ DACS, London 2018; **40, 42–43** © Joe Coffey (joecoffeyfineart.com); **45** Culture Club/Getty Images; **47** © Helen Durant. Abbildung Courtesy Diehl Gallery. Collection of Heather and Tom Sturgess; **48–49** Fotograf © Juan Lamarca. *Barlas Hals*-Pferdeporträtserie, Palm Beach 2017; **51** Artwork © Heather Foster. Foto: James Hart; **52–53** © Joe Coffey (joecoffeyfineart.com); **54** National Gallery, London/Bridgeman Images; **56** National Gallery of Art, Washington, D.C./Chester Dale Fund (1995.11.1); **57** The Metropolitan Museum of Art, New York/The Walter H. and Leonore Annenberg Collection, Gift of Walter H. and Leonore Annenberg, 1999. Bequest of Walter H. Annenberg, 2002 (1999.288.3); **58–59** Privatbesitz, Foto © Christie's Images/Bridgeman Images. © Estate of Sir Alfred Munnings, Dedham, Essex. All rights reserved, DACS 2017; **61** © Peggy Judy; **62** National Gallery of Art, Washington, D.C./Rosenwald Collection (1952.8.449); **65** The Metropolitan Museum of Art, New York/Bequest of Scofield Thayer, 1982 (1984.1203.174); **66** © Patrick Atkinson, Courtesy Grand Image, Ltd.; **67** Privatbesitz, Foto © Christie's Images/Bridgeman Images. © DACS 2018; **68–69** National Gallery of Art, Washington, D.C./ Collection of Mr. and Mrs. Paul Mellon (2014.18.45); **70** Yale Center for British Art/Paul Mellon Collection (B2001.2.122); **71** Yale Center for British Art/ Paul Mellon Collection (B1981.25.621); **73** National Gallery of Art, Washington, D.C./Photothèque R. Magritte/Scala, Florenz. © ADAGP, Paris, und DACS, London, 2018; **74** Yale Center for British Art/Paul Mellon Collection (B1977.14.71); **75** Yale Center for British Art/Paul Mellon Collection (B1981.25.620); **77** Abbildung Courtesy Scholten Japanese Art, New York; **78–79** American Folk Art Museum/Art Resource, NY/Scala, Florenz; **80, 81** © Peggy Judy; **82, 83, 83** © Patrick Atkinson, Courtesy Grand Image, Ltd; **84** Fotograf © Juan Lamarca. *Crawssina Lines*-Pferdeporträtserie, Palm Beach 2017; **86** Privatbesitz, Foto © Christie's Images © The Mary Fedden Estate/Bridgeman Images; **87** Yale Center for British Art/Paul Mellon Collection (B2001.2.110); **89** The Art Institute of Chicago, IL/ Alfred Stieglitz Collection/Bridgeman Images; **90** © Patrick Atkinson, Courtesy Grand Image, Ltd.; **91** Addison Gallery of American Art, Phillips Academy, Andover/Art Resource, NY/Scala, Florenz; **93** Illustration © Rohan Daniel Eason. Courtesy Black Maps Press (Herausgeber) und Geoff Cox (Autor von *Anna and the Juniper Dog*); **94** *52 Pferde*, 2017 © Charming Baker, Grafit auf Papier, 75 x 85 cm; **95** *Man Falls*, 2017 © Charming Baker, Öl und Acryl auf Leinwand auf Malgrund, 122 x 142 cm; **97** © Mary Ross Buchholz; **98–99** © Tony O'Connor – The Equine Artist. Annie Damhof Photography; **100** © Carol J. Walker (www.LivingImages CJW.com); **102** mit freundlicher Genehmigung von Trustees of Thirlestane Castle Trust; **103** © Michael Workman; **104–105** Privatbesitz, Foto © Christie's Images/Bridgeman Images. Abdruck mit Genehmigung von Llyfrgell Genedlaethol Cymru/The National Library of Wales; **107** Musée des Beaux-Arts, Tourcoing/Bridgeman Images; **108** *Ohne Titel (Pferd)*, 2014 © Charming Baker; **109** *Bumsen for Beginners*, 2009 © Charming Baker. Öl und Acryl auf Papier auf Malgrund, 115 x 95 cm; **110–111** Rijksmuseum, Amsterdam/Mr. and Mrs. Drucker-Fraser Bequest, Montreux (SKA-3602); **112** © Mary Ross Buchholz; **114** Jean-Louis Forain, La Cavaliere, um 1882. Gouache, Tusche, Kreide auf Papier (36,2 x 20,3 cm). Collection of the Dixon Gallery and Gardens, Memphis, Tennessee. Museum purchase with funds provided by Brenda and Lester Crain, Hyde Family Foundations, Irene and Joe Orgill and the Rose Family Foundation (1993.7.13); **117** National Gallery of Art, Washington, D.C./Gift of Robert Rosenwald (1971.15.1); **119** Privatbesitz, Foto © Christie's Images/The Lucian Freud Archive/Bridgeman Images; **120, 121** Abbildung Courtesy der Künstler und John Martin Gallery; **123** Museum of Fine Arts, Boston, Massachusetts, S.A. Denio Collection/Bridgeman Images; **124–125** Privatbesitz/Bridgeman Images; **126–127** © Lesley Thiel, *Triumphbogen*, 183 x 183 cm, Öl auf Leinwand (www.lathiel.com); **128, 129** © Tony O'Connor – The Equine Artist. Annie Damhof Photography; **131** Privatbesitz, © The Lucian Freud Archive/Bridgeman Images; **132–133** Fotograf © Juan Lamarca. *Titan Neck II*-Pferdeporträtserie, Palm Beach 2015; **134** © James Tennison; **136** Fotograf © Juan Lamarca. *Carilot Face Lines*-Pferdeporträtserie, Palm Beach 2015; **138** Fotograf © Juan Lamarca. *Porträt von Volca*-Serie, Palm Beach 2016; **139** © Joe Andoe. Courtesy Galerie Sébastien Bertrand, Genf, Schweiz; **141** University Art Museum, Tempe/akg-images. © Georgia O'Keeffe Museum/DACS 2018; **142** P.R.E. stallion Escudero VII by Katarzyna Okrzesik-Mikołajek (www.photo-equie.com); **144** The Metropolitan Museum of Art, New York/Bequest of Alexandrine Sinsheimer, 1958 (59.23.55); **147** Art Collection 2/ Alamy Stock Photo; **148–149** The Metropolitan Museum of Art, New York/Louis E. and Theresa S. Seley Purchase Fund for Islamic Art and Rogers Fund, 1994 (1994.280); **151** © Claudia Gaede; **152–153** © Jaime Corum *Mr Pollock*, Öl auf Leinwand, 46 x 61 cm, 2014; **154** Artwork © Mary Sumner, Abdruck mit Genehmigung von John Ward. Abbildung Courtesy White Space Art, Devon; **155** Artwork © Mary Sumner, Abdruck mit Genehmigung von John Ward. Abbildung Courtesy Hybrid Gallery, Devon; **156** © Sophie Lécuyer (http://sophielecuyer.blogspot.fr).

DUMONT

RELIGION

Ein Schnellkurs

Elke Homburg beschäftigte sich schon während ihres Studiums der Germanistik und Philosophie mit religionswissenschaftlichen Themen. Als Studienreiseleiterin war sie hauptsächlich in Asien unterwegs und arbeitet als freie Autorin und Redakteurin mit dem Schwerpunkt Kulturgeschichte. **Karin Lucke-Huss** studierte Geografie, Soziologie und Psychologie. Sie arbeitet als Studienreiseleiterin und freie Autorin mit den Schwerpunkten Reisen und Religion. Gemeinsam veröffentlichten sie »Schnellkurs Klöster«.

Umschlagvorderseite: Die Heilige Stadt Jerusalem
(Foto: Radu Mendrea)

Umschlagrückseite von oben nach unten:
Jude an der Klagemauer in Jerusalem
(Foto: picture-alliance/Bildagentur Huber, Frankfurt/M.)
König Heinrich IV. und Hugo von Cluny bitten die Markgräfin Mathilde von Tuscien um Vermittlung bei Papst Gregor VII.
(Archiv des Verlags)
Der Dalai Lama (Foto: picture-alliance/dpa, Frankfurt/M.)

Frontispiz:
Schlangengöttin aus dem Palast von Knossos auf Kreta, um 1600 v. Chr. (Foto: picture-alliance/akg-images/ John Hios, Frankfurt/M.)

Bibliografische Information der Deutschen Bibliothek:
Die Deutsche Bibliothek verzeichnet diese Publikation in Die Deutsche Nationalbibliografie; detaillierte bibliografische Daten sind im Internet über http://dnb.d-nb.de abrufbar.

Originalausgabe

Lektorat: Kirsten Rachowiak, München
Druck und buchbinderische Verarbeitung: Rasch, Bramsche
Printed in Germany

ISBN 978-3-8321-9084-2

Ich glaube an die fundamentale Wahrheit aller großen Religionen der Welt. Ich glaube, dass sie alle gottgegeben sind und ich glaube, dass jede von ihnen notwendig war für das Volk, dem sie offenbart wurde.

Mahatma Gandhi

Religion als kulturelles Phänomen gibt es schon seit der Altsteinzeit, als Menschen mit Höhlenmalereien die Geister wilder Tiere zu bannen versuchten. Religion scheint ein Grundbedürfnis der Menschheit zu sein. Mithilfe des Glaubens an Götter, überirdische Kräfte oder Prinzipien versuchten Menschen schon immer, der Welt und dem Leben einen Sinn zu geben, Trost und einen Weg der Erlösung zu finden.

Jede Religion hat Mittel und Wege gefunden, sich diesen Fragen und ihren Lösungen zu nähern. Gemeinsam ist ihnen eine jeweils eigene Lebensphilosophie, aber auch konkrete Vorstellungen über Recht und Unrecht und damit eine meist hoch differenzierte Ethik.

All dies findet man nicht nur in den heutigen Weltreligionen, sondern bereits in den Religionen des alten Orients und des alten Ägyptens, bei den Griechen, Römern, Germanen und Kelten. Die drei großen monotheistischen Religionen Judentum, Christentum und Islam können in ihrer Entwicklungsgeschichte nicht unabhängig voneinander betrachtet werden. Sie entstanden im gleichen Kulturraum, dem Vorderen Orient, beeinflussten sich gegenseitig und haben bis heute viele Gemeinsamkeiten. Ebenso verhält es sich mit den asiatischen Glaubenssystemen Hinduismus, Buddhismus und den Lehren des Fernen Ostens.

Wer sich mit Religion beschäftigt und über den Tellerrand seiner eigenen Glaubenswelten hinausblickt, lernt sensibler mit anderen religiösen Weltanschauungen umzugehen, gleichzeitig aber auch vieles über sich selbst.

Elke Homburg und Karin Lucke-Huss

Alte Religionen

Religiöse Vorstellungen lassen sich archäologisch frühestens seit der mittleren Altsteinzeit, dem Mittelpaläolithikum, nachweisen. An verschiedenen Orten fand man 70 000 bis 50 000 Jahre alte Bestattungen, die belegen, dass sich die Menschen schon damals Gedanken über das Leben nach dem Tod machten. Häufig waren die Beigesetzten mit Ocker bestäubt, wohl Symbol für rituellen Blutersatz und Hinweis auf den Wunsch nach Wiedergeburt.

Vorgeschichtliche Kulte und Religionen
In der späten Altsteinzeit, dem Jungpaläolithikum, tauchte vor etwa 40 000 Jahren der Homo sapiens, der heutige Mensch, in Europa auf. Er schuf Höhlenmalereien oder geritzte Darstellungen, die besonders häufig in Südfrankreich und Spanien gefunden wurden und auf eine komplexere Religion hinweisen. Die Höhlen, deren Malereien meist nicht im Eingangsbereich, sondern tief im Innern liegen, waren nicht bewohnt. Es handelte sich vielmehr um Kultorte, und das Bemalen oder Ritzen selbst war wohl ein Ritus, der möglicherweise von einer Art schamanischem Priester vollzogen wurde. Die Motive werden von den Höhleneingängen aus in die Tiefe gehend immer surrealistischer, wurden dort wohl in Trance angefertigt. Die Farben aus Holzkohle und zerstoßenen Mineralien wie rotem Ocker oder Manganoxid wurden u. a. pulverisiert an die Wand gespuckt, um den Bildern Leben einzuhauchen. Dargestellt sind meist Großtiere der eiszeitlichen Savannen Europas. Sie sollten vermutlich mithilfe von Magie die bösen Mächte der Tiere bannen und das Jagdglück steigern. Manchmal sind auch tanzende Mischwesen dargestellt, wohl die Schamanen, die in der Höhle Kontakt zu höheren Mächten oder Geistern der Tiere aufnahmen. Die Höhlen dürften die Erde symbolisiert haben, aus der alles Leben kommt. Sicherlich fanden hier auch Initiationsriten für Heranwachsende statt.

Die ältesten bekannten Höhlenmalereien der Welt entstammen der Grotte Chauvet im Tal der Ardèche in Südfrankreich, die erst 1994 entdeckt wurde. Die Tierszenen auf über 300 Wandbildern sind zwischen 33000 und 30000 Jahre alt und stellen Löwen, Büffel, Wollnashörner, Mammuts, Pferde, Rentiere, Auerochsen und Hyänen dar. Ebenso spektakulär war 1991 die Entdeckung der Felsmalereien in der Grotte Cosquer nahe Marseille. Der Zugang liegt heute 37 m unter dem Meeresspiegel, zur Zeit ihrer Nutzung lag dieser 100 m tiefer. Die Negativabdrücke von Händen sind mit 27000 Jahren die ältesten Spuren in der Grotte Cosquer, die Tierzeichnungen von Seehunden, Fischen, Wasservögeln und Landtieren bis zu 19000 Jahre alt. Berühmt sind außerdem die Grotten von Altamira in Spanien mit 15000 Jahre alten und Lascaux in Frankreich mit 17000 Jahre alten Zeichnungen.

Die Höhlenmalereien endeten mit dem Ende der jüngsten Eiszeit vor etwa 10000 Jahren. Da das Großwild nach Norden abwanderte oder ausstarb, kam es zu einer Bevölkerungsabnahme in Europa. Die nächsten Jahrtausende benötigte der Mensch für den Übergang vom Sammler und Jäger zum sesshaften Ackerbauern und Viehzüchter. Wegen der direkten Verbindung zum ewigen Jahreskreislauf der Ackerpflanzen entwickelten die jungsteinzeitlichen Menschen auch neue religiöse Ideen. Es entstand ein Fruchtbarkeits- und Totenkult, der den ewigen Kreislauf um Leben und Tod in den Mittelpunkt stellte. Der Höhepunkt dieser religiösen Ideen

Felsritzung, die einen Schamanen darstellt, in der Höhle von Trois Frères bei Montesquieu in Südwestfrankreich, um 15000–10000 v. Chr.

liegt in Europa in der Zeit der Megalithkulturen (Mitte des 5. – Anfang des 2. Jahrtausends v. Chr.). Die Menschen erbauten aus großen Steinen Anlagen für den Totenkult. Sie stellten einzelne Steine (Menhire) auf, Steine in einer Anlage (Reihen, Kreise, Halbkreise oder Rechtecke), Dolmen aus Trag- und Decksteinen als Gräber oder Großsteintempel. In vielen Ländern Europas findet man heute noch Zeugnisse dieser Megalithbaukunst. Manche Menhire waren fast 300 t schwer, die größten Decksteine auf Dolmen wogen fast 200 t, die Errichtung der Bauten waren also für damalige Verhältnisse technische Meisterleistungen.

Auf den Inseln Malta und Gozo entstand damals ein Zentrum der Verehrung einer Göttin, fast 20 Tempel sind erhalten. Bei dieser besonderen Ausformung einer Megalithreligion standen die Tempel aber auch in Verbindung mit dem Totenkult. In einer großen Nekropole fand man nicht nur die Überreste von etwa 7 000 Menschen, sondern auch Statuen der Göttin. Neben Megalithbauten in Spanien und Portugal, England und Irland, Norddeutschland und Südschweden, lag in der französischen Bretagne ein besonders eindrucksvolles Zentrum. Nahe dem Ort Carnac stehen noch heute Tausende von Menhire in langen parallelen Reihen hinter- und nebeneinander, finden sich versteckt im Wald viele einzelne Menhire und sind Hunderte von Dolmen zu entdecken, die über lange Zeit als Gräber dienten. Spektakuläre Ausgrabungen der 1980er- und 1990er-Jahre bei Locmariaquer nahe Carnac belegen, dass es auch innerhalb der Megalithzeit zu drastischen religiösen Reformen kam. Eine Reihe von 18 großen Menhiren, von denen der größte über 20 m hoch und etwa 280 t schwer war, wurde umgestürzt, die Steine zerschlagen und ihre Überreste als Deck- und Tragsteine in neue Dolmengräber eingebaut. Beispiele hierfür sind das Megalithgrab auf der Insel Gavrinis und der Dolmen »Table des Marchands« in Locmariaquer.

Alle megalithischen Bauten waren für die Ewigkeit

Megalithtempel in Tarxien auf Malta, 4000–2500 v. Chr.

bestimmt, sie hatten sakrale Bedeutung im Gegensatz zu den Siedlungen der Menschen, die aus vergänglichen Materialien bestanden. Die höhlenähnlichen Grabanlagen sollten den Verstorbenen aufnehmen wie die Mutter Erde ein Samenkorn und wie das Feld dem Getreide eine Wiedergeburt ermöglichen. Der Mensch beteiligte sich in seiner religiösen Vorstellung nun am ewigen Lebenszyklus der Vegetation. Die Menhire dienten vermutlich den Seelen der Verstorbenen als Wohnung, wodurch der Stein zum Stellvertreter des Leibes wurde. Auch die Steine der Dolmen nahmen die Seelen der Ahnen auf. Mit Sicherheit betrieben die Menschen der Megalithkulturen einen durchdachten Totenkult, hielten Prozessionen durch die Steinreihen und kultische Tänze in den Steinhalbkreisen (Cromlechs) ab und damit engen Kontakt zu ihren Ahnen.

Das Ende der Steinzeit markiert gleichzeitig das Ende der Megalithkulturen. Der Wunsch nach Frucht-

Megalithkultur heute
Bis heute halten sich in Frankreich und Irland uralte Bräuche, bei denen sich Frauen mit Kinderwunsch an Menhiren reiben. Dies zeigt die Verbindung zum alten Glauben, nach dem der Tote, der durch seine Seele im Stein präsent ist, neue Lebenskraft spenden kann. In Indonesien und Melanesien gibt es bis heute Megalithkulturen. Dort sollen die Bauten die Seelen der Verstorbenen auf ihrer Reise ins Jenseits schützen, aber auch ein Weiterleben nach dem Tod sicherstellen. In alten wie modernen Megalithkulturen spielt der Ahnenkult eine zentrale Rolle, die Lebenden können durch die Steinbauten mit den Toten Kontakt halten und von ihrer Macht, die sie durch den dauerhaften Übergang in Stein erhalten haben, profitieren. Der Stein ist also nicht nur Erinnerung an die Verstorbenen, sondern auch Heiligtum.

barkeit wird nun anders ausgedrückt. Schon parallel zu den Megalithreligionen – oder auch in sie integriert und sogar schon vorher – gab es die Verehrung einer Fruchtbarkeitsgöttin, deren Abbilder heute als ›Venus‹ bezeichnet werden. Eine der ältesten ist die ›Venus von Willendorf‹, die in Österreich gefunden wurde und deren Alter man auf 25 000 Jahre schätzt. Die religiösen Vorstellungen werden komplexer, durch Kontakt mit anderen Kulturen, insbesondere im östlichen Mittelmeerraum, kommen neue Elemente hinzu. Die Himmelsscheibe von Nebra, ein spektakulärer archäologischer Fund von 1999 aus Sachsen-Anhalt, ist Indiz einer Weiterentwicklung sowohl auf wissenschaftlicher als auch auf religiöser Ebene. Die um 1600 v. Chr. vergrabene Bronzescheibe stellt astronomische Phänomene und religiöse Symbole dar. Die Goldplättchen auf der Bronze wurden als Vollmond, Sichelmond und Sternenhimmel identifiziert. Diese weltweit älteste konkrete Himmelsdarstellung ermöglichte dem Besitzer die Harmonisierung von Mond- und Sonnenjahr. Zusätzlich halfen Horizontbögen, das Sonnenjahr zu verfolgen. Eine außerdem dargestellte Sonnenbarke hat keine kalendarische, sondern nur religiöse Funktion und weist wohl auf die nächtliche Überfahrt der Sonne in einer Barke hin, wie in der ägyptischen Religion. Da sich in der Scheibe Befestigungslöcher befin-

Himmelsscheibe von Nebra, vor 1600 v. Chr.

den, ist zu vermuten, dass sie aufgehängt war, um ihre heiligen Botschaften zu zeigen.

Religionen im alten Orient

Die erste durch schriftliche Dokumente belegte Religion der Erde findet sich bei den Sumerern. Das Volk, das ab dem 4. Jahrtausend v. Chr. im südlichen Mesopotamien siedelte, regierte in Stadtstaaten wie Ur, Uruk, Eridu und Lagasch. Dort wurden neben Stadtgöttern auch die Hauptgötter An, Enlil und Enki verehrt Weibliche Hauptgöttin war die Liebes- und Kriegsgöttin Inanna. Die Kultur der Sumerer wurde ab 2800 v. Chr. durch einsickernde semitische Stämme beeinflusst, die ab 2350 v. Chr. als Akkader schließlich auch die Macht übernahmen. Manche Götter wurden beibehalten, andere kamen hinzu, aus der Göttin Inanna wurde Ischtar. Parallel kam es weiter nördlich, am oberen Tigris zur Entstehung des assyrischen Reiches mit der Hauptstadt Assur, die dem höchsten Gott ihren Namen gab. Bevor die Assyrer jedoch Alleinherrscher des Zweistromlandes wurden, kam es zum Aufstieg der Stadt Babylon und ihrer Herrscher. Der berühmteste war im 18. Jh. v. Chr. Hammurabi, dessen Gesetzeswerk, der *Codex Hammurabi*, noch heute auf einer Stele (Louvre, Paris) zu bewundern ist. Jetzt gab es eine Umstrukturierung des sumerisch-akkadischen Götterpantheons: Der Stadtgott Marduk von Babylon wurde zum Hauptgott, hinzu kam der Sonnengott Schamasch. In der altbaylonischen Blütezeit entstanden wohl auch die beiden großen literarischen Hauptwerke, das Gilgamesch- und das Weltschöpfungsepos.

Als es im 8. Jh. v. Chr. den Assyrern gelang, ein Weltreich zu begründen, rückten nun mittel- und nordmesopotamische Götter wie Assur und der Wettergott Adad in den Vordergrund. Assur übernahm die Führungsrolle des babylonischen Marduk. Ein Jahrhundert später verlagerte sich die Macht wieder nach Babylon, das Assyrische Reich musste seinen Zusammenbruch erleben und wurde abgelöst vom Neubabylonischen Reich, das unter Nebukadnezar II. seine größte Macht entfaltete. Er beherrschte nicht nur ganz Mesopotamien, sondern eroberte auch das biblische Südreich Juda und führte einen Teil seiner Bewohner in die Babylonische Gefangenschaft (um 587 v. Chr.). Unter Nebukadnezar II. entstanden in Babylon großartige kultische Neubauten wie die Prozessionsstraße und das Ischtartor (beides Pergamonmuseum, Berlin), aber auch der Stufenturm, der die Israeliten zur berühmten Geschichte des Turmbaus zu Babel anregte. Der Tempelturm für den Stadtgott Marduk war 90 m hoch und mehrstufig. Solche Türme (Zikkurat) gab es mindestens ab dem 4. Jahrtausend v. Chr. in Mesopotamien, sie wurden von allen herrschenden Völkern adaptiert. Die in Babylon exilierten Israeliten waren außerordentlich beeindruckt von dem Bau und nahmen ihn in ihrer Geschichte des Turmbaus zu Babel als Musterbeispiel für menschlichen Größenwahn und seine Folgen auf.

Pieter Brueghel der Ältere, *Turmbau zu Babel*, 1563

Die Kulturen des alten Orients beeinflussten die Verfasser des Alten Testaments auch bei anderen Geschichten. Der Glaube im Zweistromland beruhte auf einer Vielzahl von Mythen, die über Jahrtausende Bestand hatten, wohl von den Sumerern entwickelt und von den Akkadern, Hethitern, Assyrern, Medern und Babyloniern übernommen. Mithilfe der Mythen erklärten sich die Menschen die Welt. An erster Stelle standen die Schöpfungsmythen. Bei ihnen findet man häufig die Geschichte der Urgöttin, die in Gestalt des Urmeeres Himmel und Erde gebiert. Die Vereinigung von Himmel und Erde brachte eine Vielzahl von anderen Göttern hervor, welche die Erde fruchtbar machten. Der Ursprung des Menschen wird unterschiedlich erklärt, häufig ist die Beschreibung der Erschaffung des Menschen aus Lehm, ein uns noch heute bekanntes Bild aus der biblischen Genesis. Auch der sumerische Paradiesmythos beeinflusste maßgeblich die biblische Erzählung. Das Paradies war ein glückliches Land ohne Raubtiere und Krankheiten. Der Gott Enki aß dort acht verbotene Pflanzen, erkrankte daraufhin an acht Organen und konnte erst durch die Erschaffung von acht Heilgottheiten gerettet werden.

Auch der Sintflutmythos aus Mesopotamien wird Bibellesern sehr vertraut sein: Der uralte sumerische Stoff steht im Gilgameschepos, das auf Tontafeln des 7. Jh. v. Chr. gefunden wurde, aber viel älter ist. Die

Der Mythos von Inanna und Dumuzi und die Entführung von Persephone

Nicht nur die Bibel wurde durch die altorientalischen Mythen beeinflusst, auch in der griechisch-römischen Mythologie findet man Parallelen. Der Mythos der sumerischen Götter Inanna und Dumuzi berichtet vom Versuch der Göttin Inanna, sich die Unterwelt zu erobern. Als ihr das nicht gelang, sie sogar getötet wurde, erweckte sie der oberste Gott Enlil und befreite sie aus der Unterwelt. Bedingung war allerdings, dass sie eine Ersatzperson lieferte. Dazu wählte sie ihren Gemahl Dumuzi, der ihre Abwesenheit ausgenutzt hatte, das Leben im Übermaß zu genießen. Da die Totengöttin Mitleid mit Dumuzi hatte, musste er nur für eine Hälfte des Jahres in die Unterwelt, die zweite Hälfte durfte er auf der Erde verbringen. Dieser uralte Mythos von Tod und Wiederauferstehung im Zyklus der Jahreszeiten taucht in der griechischen Sage der Entführung der Persephone wieder auf: Hades, Bruder des Zeus und Herrscher der Unterwelt, hatte Persephone entführt. Deren Mutter Demeter setzte sich beim obersten Gott Zeus für die gemeinsame Tochter ein. Zeus entschied sich für einen Kompromiss: Eine Hälfte des Jahres musste Persephone bei Hades in der Unterwelt verbringen, die zweite Hälfte durfte sie auf der Erde sein. Persephone ist die Göttin des Wachstums und symbolisiert wie der sumerische Mythos von Inanna und Dumuzi den ewigen Kreislauf von Geburt, Tod und Wiedergeburt.

Götter wollen die Menschen strafen, schicken eine große Flut und verschonen nur einen Mann, der sich ein Boot baut, Angehörige und Tiere aufnimmt. Nach der Flut darf dieser Auserwählte dann aber im Gegensatz zum biblischen Noah ein Leben als Gott führen.

Im Alltag bestand das religiöse Leben der Völker des alten Orients aus Opferzeremonien für die Götter, Kultfesten und Deutungen des Götterwillens durch Eingeweideschau. Beschwörungen sollten gegen körperliche und seelische Krankheiten helfen.

Glaubenswelten im alten Ägypten

Die ägyptische Religion war ein komplexes Glaubensgebäude, das sich über mehr als 3000 Jahre erhalten hat. Zu Beginn des Alten Reiches (um 2700 v. Chr.) war die Religion bereits in ihren wesentlichen Grundzügen entwickelt, viele Mythen gab es schon in der Frühzeit. Es kam im Laufe der langen Geschichte zwar immer wieder zu Modifikationen und einer unterschiedlichen Gewichtung der verschiedenen Götter, jedoch ist der Kern des Glaubens uralt und hatte bis zum Ende der ägyptischen Kultur, der Schließung der Tempel durch den byzantinischen Kaiser Theodosius 391 n. Chr. Bestand.

Die Grundidee der ägyptischen Religion ist der Versuch, die menschliche Vergänglichkeit in die kosmische Ordnung zu integrieren und damit zu überwinden. Die Kosmogonie (Mythos von der Weltschöpfung) von Heliopolis nahm den Urgott Atum an, der durch Selbstbegattung weitere Götter schuf, die zusammen als ›Neunheit von Heliopolis‹ verehrt wurden, während nach der hermopolitanischen Schöpfungslehre die ›Achtheit von Hermopolis‹, vier Götterpaare – jeweils ein männliches und ein weibliches Prinzip – die Welt schufen. Hier findet sich auch die Vorstellung vom ›Urhügel‹, der aus dem Urozean auftaucht. Auf diesem ersten festen Land legte der ›Große Schnatterer‹, eine Art Gans, das Ur-Ei, das den Sonnengott Re enthielt.

Nach einer anderen Version dieser Schöpfungsgeschichte wuchs auf dem Urhügel eine Lotosblüte, die sich dem Licht öffnete und den jugendlichen Sonnengott hervorbrachte.

Polytheismus oder Monotheismus?
Die ägyptologischen Forschungen der letzten Jahre zeigen, dass die Religion trotz der Göttervielfalt keine rein polytheistische war, sondern in ihr ein göttliches Wesen verehrt wurde, das sich in vielen Namen und Gestalten zeigte. So entstanden immer wieder Göttervermischungen, etwa wenn sich Amun oder Horus mit dem Sonnengott Re verband, daraus wurde dann Amun-Re oder Re-Harachte.

Um die Stabilität des Kosmos und die göttliche Ordnung ›Ma'at‹ vor dem Chaos zu bewahren, musste die Schöpfung rituell ständig wiederholt werden. Dies war die Aufgabe des Pharaos, der bei bestimmten religiösen Festen (Neujahrsfest, Opetfest, Schönes Fest vom Wüstental) in den Tempeln wichtige Kult- und Opferhandlungen vollzog. In der Spätzeit (10. – 4. Jh. v. Chr.) hielten magische Praktiken immer stärker Einzug in der ägyptischen Religion, mit deren Hilfe die Tempelgeistlichkeit in den Zeiten der Fremdherrschaft die Einheit und Heiligkeit des Landes zu sichern suchte.

Der Wunsch, die menschliche Vergänglichkeit zu überwinden und in die kosmische Ordnung zu integrie-

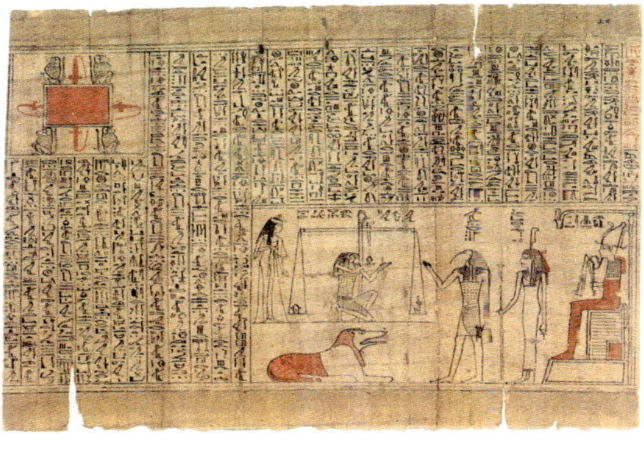

Totenbuch der Amun-Priesterin Taherjt mit Totengericht des Osiris auf ägyptischem Papyrus (Ausschnitt), um 1000 v. Chr.

ren, ließ eine Vielzahl bedeutender Mythen und theologischer Konzepte entstehen. Hier kommt dem Königsdogma eine zentrale Rolle zu: Der ägyptische König (*per-aa*, das ›Große Haus‹, davon ist unser Wort ›Pharao‹ abgeleitet), wurde durch seine Krönung zum Gott, zur Reinkarnation des Falkengottes Horus, aber auch zum Sohn des Sonnengottes Re. Seine Aufgabe war es, dafür Sorge zu tragen, dass die göttliche Ordnung nicht ins Chaos abglitt und dass Recht und Gerechtigkeit, personifiziert in der Göttin Ma'at, eingehalten wurden. Der göttliche Pharao wurde schließlich nach dem Tod mit Einbalsamierung, magischen Texte und großartige Grabanlagen (im Alten Reich Pyramiden) in einer Weise versorgt, dass seine Wiedergeburt als Totengott Osiris im Jenseits möglich war. Von dort wachte er weiterhin über die Einhaltung der Ma'at auf Erden und damit über das Wohlergehen des Landes Ägypten.

Der Osirismythos ist uralt. Es handelt sich um den Kampf der Götterbrüder Osiris und Seth um die Königsherrschaft. Seth tötete und zerstückelte Osiris und verstreute die Teile über ganz Ägypten. Die Göttin Isis, beider Schwester und die Gemahlin des Osiris, suchte die verstreuten Teile zusammen, konnte sie kurz wiederbeleben und empfing von Osiris das Kind Horus. Dieser rächte später den Vater, indem er Seth besiegte. Osiris konnte nun auferstehen, blieb aber als Totengott in der Unterwelt. Horus wurde Herrscher Ägyptens auf Erden, jeder Pharao verwandelte sich bei seiner Krönung in Horus. Wurde im Alten Reich nur der verstorbene Pharao selbst zum Osiris, war dies ab dem Mittleren Reich (21. Jh. v. Chr.) für jeden Ägypter möglich. Dazu musste aber seine Mumie einbalsamiert sein und er erfolgreich das Totengericht absolviert haben, dem ab dem Neuen Reich Osiris vorstand. In vielen Gräbern, auf Särgen und in den Totenbüchern auf Papyrus ist das Gericht als große Waage dargestellt, bei der das Herz des Verstorbenen gegen die Feder der

Göttin Ma'at aufgewogen wird. Der Verstorbene muss bei der Befragung über sein Leben berichten, welche Verfehlungen er nicht begangen hat. Lügt er, wird das Herz, also auch sein Gewissen, schwer. Dann ist für ihn die erwünschte Unsterblichkeit und die Verwandlung in Osiris nicht mehr möglich, sondern er wird von einem Monstrum verschlungen, gerät in Vergessenheit und wird ins Chaos, den Zustand vor der Weltschöpfung, gestürzt. Besteht er das Gericht, erreicht der Tote die Ewigkeitsgestalt. Seine Mumie wird nun wieder vereint mit den drei Aspekten seiner Seele: dem Ka, dem Ba und dem Ach. Jetzt kann er in den Schoß der Himmelsgöttin Nut, der ewigen Mutter heimkehren, aus dem er schließlich im Himmel erneuert und als Gott wiedergeboren wird. Hier besteht eine enge Verbindung zur Sonnentheologie.

In den berühmten Gräbern der 18. Dynastie (1555–1305 v. Chr.) auf der Westseite des Nils in Luxor, dem früheren Theben, findet man häufig die Darstellung der Nachtfahrt der Sonne. Dieser Ausschnitt des Sonnenmythos besagt, dass die Sonne und damit der Sonnengott am Abend von der großen Himmelsgöttin Nut verschluckt wird. Die Stunden der Nacht gleichen einer Nachtfahrt der Sonne durch den Leib der Göttin bzw. über den Sternenhimmel. Am Morgen wird die Sonne aus der Göttin heraus wiedergeboren und kann nun ihren Lauf am Tageshimmel fortsetzen. Die alten Ägypter verglichen das Leben eines Menschen mit dem Lauf der Sonne, die Stunden des Tages entsprachen seinem irdischen Dasein, die Nachtstunden seiner Reise durch das Jenseits. Nur wer die gefährliche Fahrt durch die Stunden der Nacht und das Totengericht erfolgreich absolvierte, konnte wiedergeboren, also zu Osiris transformiert werden.

Nachtfahrt des Sonnengottes auf der Barke durch den Leib der Himmelsgöttin Nut, Wandmalerei an der Decke des Grabmals von Ramses VI. (Ausschnitt), 11. Jh. v. Chr.

Verschmelzung von Osiris und Re
In der Spätzeit Ägyptens verschmolzen Osiris und der Sonnengott Re zu einer einzigen Gottheit. Osiris wurde zum Leichnam der Sonne. Ihre Wiedergeburt aus dem Schoß der Himmelsgöttin verweist auf uralte Vorstellungen von Wiedergeburt, die wohl schon in der Jungsteinzeit in Ägypten entstanden waren.

Gegen Ende der 18. Dynastie (14. Jh. v. Chr.) veränderte die Reform des Echnaton das religiöse Gefüge völlig. Der Pharao hatte als Amenophis IV. beschlossen, sich dem starken Einfluss des mächtigen Amun-Oberpriesters von Theben zu entziehen. Er ließ weit entfernt in Mittelägypten eine neue Hauptstadt – Achetaton (heute Tel-el-Amarna) – erbauen und die Verehrung aller Götter außer Aton, der als Sonnenscheibe dargestellt wurde, verbieten. Vielfach wird diese Reform als der erste Monotheismus der Religionsgeschichte angesehen, manchmal gar als Vorbild für Mose, der seinem Volk beim Auszug aus Ägypten den einzigen Gott des Echnaton nahe brachte. Heute weiß man, dass der israelitisch-jüdische Monotheismus viel jünger ist. Außerdem gab es auch unter Echnaton mindestens zwei Götter, der Pharao betrachtete sich selbst ebenfalls als Gott. Schon lange vor ihm bezeichneten religiöse Texte außerdem verschiedene Götter als den einzigen Gott . Vermutlich stellte die gesamte ägyptische Göttervielfalt nur die verschiedenen Aspekte eines einzigen großen Gottes dar. Nach Echnatons Tod wurde seine Reform sogleich wieder rückgängig gemacht.

Griechische und römische Antike

Die griechische Religion entwickelte sich aus dem Zusammentreffen von indoeuropäischen, altmediterranen und orientalischen Glaubens- und Göttervorstellungen. Die ältesten schriftlichen Werke über die Religion, die *Ilias* und die *Odyssee* von Homer und die *Theogonie* von Hesiod entstanden Ende des 8. Jh. und um 700

v. Chr. Ihre Mythen über Götter, Heroen und Menschen dürften teilweise erheblich älter sein.

Als Schöpfungsgötter wurden die Erdgöttin Gaia und der Himmelsgott Uranos angesehen, sie zeugten u. a. die Titanen, zwei davon, Kronos und Rhea, wurden die Eltern des Zeus. Dieser erlangte durch die Entmachtung seines Vaters die Herrschaft über die Welt, Kronos hatte früher seinerseits schon seinen Vater Uranos entmannt und damit entmachtet.

Gott Zeus und die in eine Kuh verwandelte Io, attische Vasenmalerei, 5. Jh. v. Chr.

Als wichtigster Gott im griechischen Götterpantheon war Zeus der Herr des Götterberges Olymp. Mit ihm lebten dort seine Gemahlin und Schwester Hera (Göttin der Ehe), sein Bruder Poseidon (Gott des Meeres), seine Schwestern Hestia (Göttin des Herdes) und Demeter (Fruchtbarkeitsgöttin), seine Söhne Apollon (Gott des Lichts und der Poesie), Ares (Gott des Krieges), Hermes (Götterbote und Gott der Reisenden), seine Töchter Artemis (Göttin der Jagd), Athene (Göttin der Weisheit), Aphrodite (Göttin der Liebe) und Heras Sohn Hephaistos (Gott der Schmiede). Zwei weitere Hauptgötter, Hades und Persephone, bewohnten die Unterwelt. Daneben gab es noch unzählige andere Götter und Halbgötter, deren Leben und Schicksal in den Mythen genau beschrieben wurde. Alle Götter glichen den Menschen in ihren Verhaltensweisen, ihren Charakteren und auch im Aussehen, unterschieden sich aber von ihnen dadurch, dass sie unsterblich waren. Mithilfe der Götter erklärten sich die Menschen auch die Naturphänomene, Zeus stand z. B. für Blitz und Donner.

Außerdem kannte die griechische Mythologie die Heroen, die entweder Halbgötter waren oder auf ungewöhnliche Art und Weise geboren wurden. Sie unternahmen oft weite Reisen und erlebten dabei atemberaubende Abenteuer. Besonderen Ruhm erlangten Herakles, Perseus, Achilles, Agamemnon und Odysseus. Viele Heroen tauchen in der Troja-Sage auf. Der Mythos berichtet als Ursache für den Trojanischen Krieg von einer Beschwerde der Erdgöttin Gaia bei Zeus über die Gewalt der Heroen. Zeus beschließt ihre Vernichtung, sie sollen sich jedoch selbst erschlagen. Er fädelt den Krieg ein, indem er seine Tochter, die Halbgöttin Helena, von Paris entführen lässt. Außerdem beschließt Zeus, dass es damit auch ein Ende der Halbgötter geben soll. Der Trojanische Krieg beendet also das Zeitalter der Heroen und der Vereinigung der Götter mit den Menschen und leitet über in die Jetztzeit, der sogenannten Eisernen Zeit.

Die griechische Religion durchdrang das gesamte Leben der Menschen. Mit Opfern versuchten sie, sich

Im runden Apollontempel von Delphi sprach Pythia ihre Orakel, 4./5. Jh. v. Chr.

die Götter gewogen zu machen, sie zu beeinflussen. Dazu wurden Altäre und Tempel gebaut. Orakel dienten zur Kontaktaufnahme mit den Göttern, beim berühmtesten, dem Orakel von Delphi, trat die Priesterin Pythia als Medium mit dem Gott Apollon in Verbindung und beriet in seinem Namen die Fragenden. Jeder Gott hatte seine eigenen Feste, die entweder lokal oder überregional gefeiert wurden. Am berühmtesten waren die Olympischen Spiele zu Ehren Zeus' und die Spiele in Delphi zu Ehren Apollons. Auch die Dionysien zu Ehren des Gottes der Ekstase und des Weins, Dionysos, waren von großer Bedeutung. Aus den kultischen Gesangs-, Tanz- und Opferriten entwickelten sich im Laufe der Zeit die griechische Tragödie und die Komödie, deren Schutzgott deshalb Dionysos war.

Mysterienkulte
Neben den öffentlichen Kulten für die Götter gab es Geheimkulte, die sogenannten Mysterien. Um daran teilnehmen zu dürfen, mussten die Gläubigen erst Initiationsriten absolvieren. Berühmt waren die Mysterien von Eleusis bei Athen zu Ehren von Demeter und ihrer Tochter Persephone. Persephone, die einen Teil des Jahres in der Unterwelt bei ihrem Gemahl Hades weilte, tauchte ein Mal im Jahr unter großer Freude der Anhänger von dort auf. Sie symbolisierte das Werden und Vergehen der Natur.

In der Unterwelt fristeten die Toten ein bewusstseinsloses Dasein. Hatten sie ein gutes Leben hinter sich, konnten sie auf die Inseln der Seligen gelangen und dort einen Zustand ewigen Glücks erleben. War das irdische Leben voller Frevel gewesen, erwartete sie der Tartaros, der tiefste Teil der Unterwelt, wo auch Sisyphos und Tantalos unerträgliche Qualen erlitten.

Ab dem 5. Jh. v. Chr. brachten der Philosoph Sokrates und seine Schüler einen neuen Aspekt in das Denken der Griechen: Sie stellten nun nicht mehr die Götter, sondern den Menschen in den Mittelpunkt, sie kritisierten gar die alten Mythen. Sokrates wurde dafür im Jahre 399 v. Chr. hingerichtet, sein Schüler Platon schrieb seine Ideen nieder und führte sie weiter aus. Die Philosophen erlangten immer tiefere Kenntnisse über die Natur, sie brauchten nun nicht mehr die Götter und Mythen zur Erklärung vieler Phänomene. Auch das Weiterleben der Seele nach dem Tod wurde diskutiert. Schon im 6. Jh. v. Chr. hatte der Philosoph Pythagoras die Seelenwanderung gelehrt. Die Philosophie der Sokratiker wirkte bis zum Ende der Antike und seit der Renaissance bis in die Moderne hinein. Auch das Christentum profitierte zunächst von der griechischen Philosophie, der Kirchenvater Augustinus von Hippo sah im frühen 5. Jh. die neue Religion als Vollendung der Lehre Platons. Er war ebenso Neuplatoniker wie der Mystiker Dionysos Areopagita, der um 500 n. Chr. lebte und dessen Werke noch die mittelalterliche Mystik um Meister Eckhart prägten.

Neben der Bewegung der Philosophen entwickelte sich die griechische Götterreligion weiter. Durch die Expansion unter Alexander dem Großen kam es im Hellenismus zu Kontakten mit persischen und ägyptischen Kulten. Es entstanden neue, synkretistische Formen des Glaubens wie der Isis- und der Serapiskult, die aus Ägypten kamen.

Die Verbindung zu den Römern war sogar noch älter: Ab dem 8. Jh. hatten Griechen Kolonien in Süditalien

Parthenon auf der Athener Akropolis, 5. Jh. v. Chr.

und auf Sizilien gegründet, ihre Kultur strahlte nach Rom aus, und im 3. Jh. v. Chr. wurden viele alte römische Gottheiten mit den griechischen gleich gesetzt. Im 2. Jh. v. Chr. eroberten die Römer schließlich auch die griechischen Kernlande, was zu einer weiteren Verbindung der Religionen führte.

Die römischen Götter hatten oft eigene Wurzeln, viele gingen auf die Etrusker zurück, durch die Vereinigung übernahmen sie jedoch auch die griechischen Eigenschaften.

Die römische Religion war wie die der Griechen eine Opferreligion, die durch die Vielzahl der Riten für die Götter die Aufrechterhaltung der natürlichen und öffentlichen Ordnung anstrebte. Die römischen Götter nahmen mehr noch als die griechischen am öffentlichen Leben teil, Religion und Politik überschnitten sich. Vor den Sitzungen des Senats wurden die Götter über ihre Meinung zu den geplanten Beschlüssen befragt. Die römische Religion unterschied sich von der griechischen auch dadurch, dass für sie der göttliche Wille im Mittelpunkt stand. Dieser konnte sich in allen gesellschaftlichen wie natürlichen Vorgängen äußern. Tugend, Ehre, Einigkeit und Freiheit waren solche Aspekte göttlichen Willens, die menschliche Gestalt und die typisch menschlichen Eigenschaften der Götter kamen von den Griechen und spielten bei den Römern eine etwas geringere Rolle.

Nach der Ermordung von Julius Caesar 42 v. Chr. entwickelte sich der römische Kaiserkult. Der tote Caesar wurde unter die Staatsgötter Roms aufgenommen und erhielt einen eigenen Tempel. Ebenso ging es nun allen verstorbenen Kaisern, die Apotheose war eine spezifisch römische Erscheinung des Kaiserkults. Einige Kaiser, z. B. Caligula und

Griechische Götter werden zu römischen

Griechisch:	*Römisch:*
Zeus	Jupiter
Hera	Juno
Athene	Minerva
Ares	Mars
Poseidon	Neptun
Artemis	Diana
Hephaistos	Vulcanus
Hermes	Merkur
Hestia	Vestia
Demeter	Ceres
Apollon	Apollo
Aphrodite	Venus
Hades	Pluto
Dionysos	Bacchus

Römisches Mosaik mit der Darstellung des Gottes Bacchus

Domitian, ließen sich aber schon zu Lebzeiten göttlich verehren, eine Übernahme eines wichtigen Elementes der altägyptischen Religion. Ab der Kaiserzeit übernahm der weltliche Herrscher auch das oberste religiöse Amt des Reiches: Er wurde zum obersten Priester, zum Pontifex maximus, ernannt.

Durch die weitere Expansion des Römischen Reiches kam es zur Übernahme vieler Kulte aus anderen Religionen: Der persische Mitraskult ist hier ebenso zu nennen wie die Göttin Kybele, einst die große Muttergöttin aus Kleinasien. Viele dieser Kulte waren als Geheimreligionen nur Eingeweihten zugänglich. Aus dem griechischen Dionysoskult wurde der römische Bacchuskult, ein Mysterienkult mit ausschweifenden Orgien.

Ab dem 2. Jh. verbreitete sich das Christentum in allen römischen Provinzen. Da der christliche Ausschließlichkeitsanspruch den Kaiserkult und die Verehrung des römischen Götterpantheons verbot, kam es immer wieder zu Christenverfolgungen. Erst 313 n. Chr. gebot das Toleranzedikt von Mailand unter Kaiser Konstantin freie Religionsausübung, 380 n. Chr. erklärte Kaiser Theodosius das Christentum gar zur Staatsreligion. Allerdings dauerte es noch bis ins 6. Jh., bis die letzten altrömischen Riten verboten wurden. Interessant ist, dass die Christen ein wichtiges Fest der römischen Religion übernommen haben: Der 25. Dezember war der Feiertag des Sonnengottes Sol Invictus, der im 3. Jh. Reichsgott geworden war.

Germanische und keltische Religionen

Da die Germanen vor der Christianisierung mit Ausnahme von Runeninschriften auf Gedenksteinen keine schriftlichen Zeugnisse hinterlassen haben, ist man bei der Suche nach der germanischen Religion auf archäologische Spuren und antike Niederschriften wie die *Germania* des Tacitus angewiesen. Auch die altnordischen Lieder- und Sagensammlungen sind wichtige

Quellen, nur stammen ihre Niederschriften erst aus einer Zeit, als auch Skandinavien und Island schon christianisiert waren. Der Inhalt dieser Mythen ist jedoch viel älter und enthält Götter- und Heldenlieder, deren Spuren uns zurück zur germanischen Religion führen.

Es gab nie eine völlig einheitliche germanische Religion, allerdings kann man von gemeinsamen religiösen Grundlagen sprechen. Die Hauptgötter waren wohl bei allen Stämmen gleich, ebenfalls die Vorstellung eines Weltendes. Wichtig waren Opferrituale für die Götter, auch Menschenopfer spielten eine große Rolle.

Bis heute finden wir Spuren der germanischen Religion in der Bezeichnung einiger unserer Wochentage. Im 4. Jh. übernahmen die Germanen die siebentägige Woche von den Römern, passten nur die Tagesnamen an ihre Götter an. Aus dem Tag für den römischen Gott Merkur (heute noch im Französischen: ›mercredi‹) wurde der Tag für Wotan (Odin), althochdeutsch: ›wuotanestac‹, englisch: ›wednesday‹, niederländisch: ›woensdag‹. Der Donnergott Thor oder Donar gab dem Donnerstag seinen Namen, die Liebesgöttin Freyja dem Freitag. Der Rechts- und Kriegsgott Tyr findet sich noch im englischen Wort für Dienstag (›tuesday‹).

Die Wochentage enthalten somit auch die wichtigsten Vertreter des germanischen Götterpantheons. Wodan-Odin war der oberste Gott. Da er der Gott des Kriegs und der Toten war, rechtfertigte die Religion somit auch den Krieg. Militärischer Kampf wurde zur Opferhandlung, die gefallenen Kriegshelden fanden Eingang in die Götterburg Asgard im Saal Walhall. Der Heldentod wurde in der germanischen Religion also zu einer herausgehobenen religiösen Erfahrung.

Die altnordischen Sagen, die im 13. Jh. in Island niedergeschrieben wurden und heute als *Edda* bekannt sind, spiegeln uralte Vorstellungen der Germanen über Weltschöpfung und Weltende wider. In einem riesigen Abgrund treffen Heiß und Kalt zusammen, woraus der

Hammer des germanischen Donnergottes Thor in Kreuzform

Urriese Ymir entsteht, aus dem dann die Götter und der gesamte Kosmos hervorgehen. Ein Bild für das Universum ist die gewaltige Weltenesche Yggdrasil, deren Krone den Himmel mit Asgard, dem Göttersitz umfasst. Ihre Zweige umschließen die Welt der Menschen, und die Wurzeln nähren sich aus den Quellen der Welt der Toten. Aus Yggdrasil gehen zwei menschliche Wesen hervor, die die Welt bevölkern. Das Ende kennen die Mythen als Weltuntergang ›ragnarök‹, der oft nicht ganz eindeutig als ›Götterdämmerung‹ bezeichnet wird. Es kommt zu einer endgültigen Schlacht zwischen dem Heer der Götter und Helden und dem der Dämonen und Riesen. Alle fallen dabei, schließlich wird die Erde vom Ozean verschlungen und der Himmel stürzt ein. Nur ein Menschenpaar kann sich im Stamm des Baumes Yggdrasil verstecken, aus ihm entsteht eine neue Menschheit. Auch die Söhne der toten Götter kehren zurück, die Erde wird schöner als je zuvor, es gibt keine Leiden mehr.

Noch nach der Christianisierung entstand in England auf einem Steinkreuz die Darstellung des ›ragnarök‹. Die germanische Religion wurde zwar mit der Einführung des Christentums verändert, ging aber nicht unter. Ein hervorragendes Beispiel hierfür ist das epische Heldengedicht *Beowulf*, das im 8. Jh. in England geschrieben wurde, aber in Skandinavien spielt und viele religiöse Anspielungen an alte Zeiten enthält. Die germanische Heldenmythologie lebte im Mittelalter in England und Deutschland mit den Legenden der Ritter Galahad und Parzival fort. Namen und Motive des Beowulf-Gedichtes findet man auch in den modernen Fantasy-Romanen *Der kleine Hobbit* und *Der Herr der Ringe* von J. R. R. Tolkien.

Auch die keltische Religion lebt mit ihren uralten Mythen bis heute in den irischen, englischen und bretonischen Sagen fort. Die mittelalterliche Ritterdichtung wurde sogar mehr von der keltischen als von der germanischen Religion beeinflusst. Der Sagenkreis um

König Artus und die Tafelrunde, seinen Berater, den Zauberer Merlin, und die Suche nach dem Heiligen Gral beinhaltet neben historischen Ereignissen viele keltisch-religiöse Überlieferungen. Merlin weist auf den Oberdruiden, den obersten Priester hin, der immer auch Berater des Königs war. Hinter dem Heiligen Gral, der zwar gerne als der Kelch des Letzten Abendmahls Christi erklärt wird, verstecken sich deutlich keltische Vorstellungen: Die Kelten verehrten heilige Kessel, von denen viele Exemplare als Grabbeigaben gefunden wurden. Sie sprachen ihnen göttliche Eigenschaften zu, es waren Fruchtbarkeitssymbole. Getötete Krieger sollten durch Eintauchen in einen Kessel wieder zum Leben erweckt werden. Auch die modernen Jugendromane von J. K. Rowling über Harry Potter greifen diese wundersamen Kessel der Kelten wieder auf.

Wie bei der germanischen Religion ist ein Versuch der Rekonstruktion der keltischen Glaubenswelten mangels ausreichenden Quellenmaterials nicht einfach. Archäologische Funde ergänzen die Niederschriften antiker Autoren, die bekannteste ist Julius Caesars Werk *De Bello Gallico* (Der Gallische Krieg). Aber auch die Niederschriften keltischer Mythen und Sagen vom 6. bis 8. Jh. durch christianisierte Kelten in Irland führen uns zu den Wurzeln der Religion.

Keltischer Silberkessel von Gundestrup, 2. Jh. v. Chr.

Das keltische Götterpantheon wurde ganz nach indoeuropäischer Tradition von drei Hauptgöttern angeführt: Taranis, der alte Himmelsgott, war zugleich Donnergott und wurde von den Römern mit Jupiter gleich gesetzt. Sein Attribut war das Rad und damit der Jahreslauf und die Herrschaft über die Zeit. Teutates war der oberste Gott der Stämme, ein väterlicher Führer im Krieg wie in Friedenszeiten. Die Römer setzten ihn mit Mars gleich. Esus schließlich war der Gott des Reichtums und des Kriegs. Andere bedeutende Götter waren der Lichtgott Lug, nach ihm wurde Lugdunum, das heutige Lyon in Frankreich benannt, und die Göttin Brigantia, Göttin der Dichtkunst (römisch Minerva), aus der die Sagengestalt Brigit hervorging.

Der keltische Kult entwickelte sich im 7. Jh. v. Chr. in der frühen Eisenzeit. Bei Ausgrabungen gewaltiger Grabhügel für mächtige Fürsten fand man eine Reihe von Opfergaben, z. B. die heiligen Kessel.

Heilige Orte waren Gewässer, Moore, Höhlen, Eichenhaine, Quellen und Hügel, wo die Kelten ihren Kult abhielten. Es wurde geopfert, auch Menschen, und Kontakt zu den Göttern aufgenommen. Manche dieser Orte wurden oft ebenso als Übergangsorte vom Diesseits in die Welt der Toten angesehen. Wie viele Sagen heute noch überliefern, glaubte man an einen möglichen Übergang in diese Anderswelt schon zu Lebzeiten. Dazu sollten aber nur die Druiden in der Lage sein, sie bildeten die Schicht der Priester, Gelehrten und Ärzte in der keltischen Gesellschaft. Ihre Ausbildung dauerte lange, laut Caesar bis zu 20 Jahren. Da die Verwendung der Schrift für religiöse Inhalte verboten war, mussten die Druiden ihr gesamtes Wissen auswendig lernen, zur besseren Merkbarkeit war es in Versform gehalten. Somit kamen die religiösen Geheimnisse nicht in die Hände Unbefugter. Caesar schreibt, dass die Druiden ein Mal im Jahr im Wald der Karnuten an einem heiligen Ort eine geheime Zusammenkunft abhielten. Der Ort lag wohl in der nördlichen Mitte Frankreichs und bildete den Mittelpunkt Galliens.

Einige Quellen deuten auch darauf hin, dass die Kelten an ein Ende der Welt glaubten, oft wird es als das Einstürzen des Himmels erklärt. Wer kennt nicht die Angst des Majestix in den Asterix-Comics davor, dass ihm der Himmel auf den Kopf fällt?

Die Bewegung der neuzeitlichen Druiden kann auf keine nahtlose Anbindung an die alte Weisheit der keltischen Druiden zurückblicken. Die Römer hatten nach der Eroberung Galliens zwar nicht die keltische Religion verboten, aber die Ausbildung der Druiden untersagt, wodurch das alte religiöse Wissen schnell verloren ging. Ein keltischer Feiertag lebt allerdings bis heute fort und wurde in den letzten Jahren immer populärer: das Halloweenfest. Hier handelt es sich um die Weiterführung des keltischen Samain-Fests am 1. November, bei dem das Ende des alten und der Anfang des neuen Jahres gefeiert wurde. In dieser Nacht waren damals wie heute Geister unterwegs. Nach keltischem Glauben konnten die Geister der Toten nur in dieser Nacht mit den Lebenden Kontakt aufnehmen.

Das Judentum

Das Judentum ist die älteste der drei monotheistischen Weltreligionen, das Christentum ging direkt aus ihm hervor, der Islam wurde maßgeblich beeinflusst. Das Judentum ist die Religion, die sich im Babylonischen Exil und in der frühen nachexilischen Zeit (6. Jh. v. Chr.) herausgebildet hat. Den Glauben der Zeit davor bezeichnet man als die Religion des alten Israels. Aus dem nachexilischen Judentum ging auch Jesus von Nazareth und damit das Christentum hervor. Danach entwickelte es sich als rabbinisches Judentum entscheidend weiter.

Die Hebräische Bibel, das schriftliche Fundament der Religion, ist kein Geschichtsbuch, sondern ein literarisches Werk zur Vermittlung von Glaubensinhalten. Dennoch verarbeiteten ihre Verfasser historische Ereignisse und machten damit die Anhänger der Texte zu einem Volk mit einer gemeinsamen Geschichte, deren Höhepunkte sich in den Festtagen des Judentums widerspiegeln.

Zentral ist der Glaube an einen Gott. Dieser Monotheismus hat sich jedoch erst im Laufe der Zeit entwickelt und spätestens seit dem Babylonischen Exil (6. Jh. v. Chr.) gefestigt. Gott wird als einzig und allumfassend, als Schöpfer der Welt und als gerechter, gnädiger Richter verehrt. Das jüdische Volk pflegt außerdem ein ganz besonderes Verhältnis zu Gott, da es sich von ihm auserwählt sieht. Diese Erwählung kam laut Bibel durch den Bund zustande, den Gott am Berg Sinai über den Propheten Mose mit ›seinem‹ Volk schloss. Es soll als ›Licht der Völker‹ der Welt ein gutes Beispiel geben. Mit der Erfüllung der vielfältigen Gebote der Tora, von denen die meisten für die übrigen Menschen nicht verpflichtend sind, können die Juden an der Heiligkeit Gottes teilhaben und die Erlösung der Menschheit herbeiführen. Personifizierung dieses Ereignisses ist der Messias (Erlöser), auf den die Gläubigen bis heute warten, manche erhoffen einfach eine messianische Zeit ohne eigentliche Messiasgestalt.

Frommer Jude an der Klagemauer in Jerusalem

Die Juden wurden im Laufe ihrer langen Geschichte immer wieder gezwungen, ihr Kerngebiet, das ›Gelobte Land‹ mit Jerusalem als Kultzentrum, zu verlassen. Das Exil in der Diaspora prägte die Religion. Verfolgungen, Vertreibungen und schließlich der Holocaust durch die Nationalsozialisten forderten eine ständige Anpassung an neue Gegebenheiten. Bis heute ist das Judentum, mit fast 15 Millionen Anhängern die kleinste der Weltreligionen, eine lebendige Glaubensgemeinschaft geblieben. Diskussion und Auslegung der kanonischen Schriften gehören zum Alltag. Dadurch konnten sich verschiedene Richtungen entwickeln, die von ultraorthodox bis liberal ein breites Spektrum abdecken. 1948 erlebte das Judentum mit der Staatsgründung Israels eine nationale Wiedergeburt. Der junge Staat wurde zu einem der wichtigen Pole, um die sich jüdisches Leben heute dreht, die Mehrheit der Juden lebt jedoch weiterhin außerhalb Israels.

Von den Patriarchen bis zum Exil

Die Geschichte des Volkes Israel und seiner Religion, wie sie die Bibel erzählt, beginnt mit einer Reihe von Wanderungen. In den Patriarchengeschichten wandert der Erzvater oder Patriarch Abraham auf Gottes Geheiß hin aus dem Zweistromland in das Hügelland von Kanaan. Dabei verheißt ihm Gott eine zahlreiche Nachkommenschaft, macht ihn somit zum Ahnherrn des Volkes Israel, und das Land, in das er einwandert, zum Gelobten Land für das neue Volk. Abrahams Sohn Isaak zieht als Nomade durch Kanaan, ebenso dessen Sohn Jakob. Hungersnot führt die Nomaden immer wieder nach Ägypten, davon berichtet die Bibel in der Josefsgeschichte. Die Familie Jakobs lässt sich sogar dort nieder, nachdem Jakobs vorletzter Sohn Josef es in Ägypten bis zum Vizekönig gebracht hatte. Man lebt im Ganzen 430 Jahre lang in Ägypten (2 Mose 12,40). Erst viel später, als ein Pharao an die Macht kommt, der, wie die Bibel sagt, nichts mehr von Josef weiß, geht es den Hebräern in Ägypten schlecht. Sie werden beim Bau neuer Städte als Fronarbeiter eingesetzt. Mit Mose taucht im 13. Jh. v. Chr. die Rettung auf: Er wächst nach wundersamer Errettung als Ausgesetzter in einem Schilfkörbchen am Hofe auf, erschlägt einen der ägyptischen Sklaventreiber und muss fliehen. In der Wüste Sinai hat er am brennenden Dornbusch sein entscheidendes Offenbarungserlebnis mit dem Gott Jahwe und kehrt nach Ägypten zurück, um sein Volk aus der Fron zurück in die Heimat, ins Gelobte Land, zu führen. Die dramatische Geschichte der zehn ägyptischen Plagen, die Gott schickt, um den Exodus zu ermöglichen und die Flucht durch das zurückweichende Rote Meer findet sich in jeder Kinderbibel wieder. Die erneute Offenbarung Gottes und die Überreichung der Gesetzestafeln mit den Zehn Geboten (Dekalog) an Mose sowie der Bund, den Gott mit den Flüchtlingen, seinem Volk, schließt, machen den Anführer der Gruppe zum Religionsgründer. Die Schar wandert insgesamt 40 Jahre lang durch die Wüste, Mose erlebt die Einwanderung ins Gelobte Land, wo Milch und Honig fließen, nicht mehr. Er stirbt im Alter von 120 Jahren mit dem Blick über das Jordantal in die Heimat seines Volkes.

Es folgt im Buch Josua eine kriegerische Beschreibung der Landnahme: Die Hebräer überfallen kanaanitische Städte, erobern sie mit Gewalt und brennen sie anschließend nieder. Das Land wird unter den zwölf Stämmen, den Nachkommen der zwölf Söhne Jakobs, aufgeteilt. Nach der Landnahme leben die Stämme in lockerer Gemeinschaft, in Kriegszeiten werden sie von Richtern geführt. Im ganzen Land entstehen Heiligtümer für Jahwe mit Altären für die Opfergaben und

Moses mit den Gesetzestafeln, Portalfigur an der Kathedrale St. Jacobus el Mayor in Santiago de Compostela, 12. Jh.

Brandopfer. In der Richterzeit beginnt auch die Konfrontation mit den in die Küstenebene eingedrungenen Philistern. Der erste israelitische König Saul schlägt sie zunächst, verliert aber schließlich sein Leben im Krieg gegen die Philister. Sein Nachfolger König David bricht schließlich im berühmten Kampf gegen den Riesen Goliath die Überlegenheit der Philister. Ihm gelingt die Einnahme Jerusalems, das er zur neuen Hauptstadt seines Königreiches macht (Ende 11. Jh. v. Chr.). Sein Sohn, König Salomon, lässt dort nicht nur einen großen Königspalast, sondern auch den Tempel für Jahwe errichten. Nach Salomons Tod um 930 v. Chr. zerfällt das Königreich in das Nordreich Israel und das Südreich Juda. In beiden Reichen ist der Glaube an Jahwe nicht stabil, immer wieder treten Propheten auf, um das Volk auf den richtigen Weg zurückzuführen. Um 722 v. Chr. erobern die Assyrer von Osten her das Nordreich Israel, das Südreich Juda kann sich noch über 100 Jahre länger unabhängig halten. Trotzdem kommt es 587 v. Chr. zur babylonischen Einnahme Jerusalems, zur Zerstörung des Tempels und zur Babylonischen Gefangenschaft für viele Bewohner von Juda.

Zur Sicht der Theologen heute

Die fünf Bücher Mose und die folgenden historischen Bücher der Hebräischen Bibel scheinen chronologisch recht schlüssig die Entwicklung des Volkes Israel und seiner Religion zu erschließen. Moderne Bibelexegeten, Historiker und Archäologen haben inzwischen jedoch belegt, dass diese vermeintliche Historizität der heiligen Schriften nicht besteht. Die Texte wurden erst viele Jahrhunderte nach den beschriebenen Ereignissen verfasst. Sie enthalten alte Erinnerungen an längst vergangene Geschehnisse, die allerdings oft anders verlaufen sind. Alles wurde erst vom 7. bis 5. Jh. v. Chr.

redaktionell zusammengestellt und häufig erst neu geschrieben, um aktuellen politischen und religiösen Entwicklungen ein Fundament, eine historische Legitimation, zu geben.

Manche Texte entstanden nach Meinung vieler Forscher zur Zeit der Regierung des judäischen Königs Josia (um 639–609 v. Chr.) und unterstützten seine politischen wie religiösen Expansionsbestrebungen. Er dehnte seine Macht weit ins vorher assyrisch besetzte Nordreich Israel aus und schloss im ganzen Land, außer in Jerusalem, die Jahwe-Tempel, um den Kult ganz auf den Tempel in der Hauptstadt zu konzentrieren. Viele Wissenschaftler gehen bei der Entstehung der meisten biblischen Texte von der Zeit des Babylonischen Exils aus, und sogar von der nachexilischen Zeit (6. und 5. Jh. v. Chr.), in der als Ersatz für die Kulthandlungen im zerstörten Jerusalemer Tempel das gemeinsame Gebet und die Einhaltung einer Vielzahl von Gesetzen eingeführt wurden. Aus dem Gott der Könige Israels, dem Reichsgott Jahwe, wurde nun der Gott des Volkes Israel, der sich sein Volk persönlich erwählt hatte. Die Endredaktion der Tora, wie wir sie heute kennen, geschah erst in nachexilischer Zeit im 6. und 5. Jh. v. Chr. nach der Rückkehr in die alte Heimat. Erst jetzt kann man von der Religion des Judentums sprechen, dessen Basis bis heute die Tora mit ihren Ge-

Jahwe-Tempel auf dem Tel von Arad in Israel, zerstört im 7. Jh. v. Chr.

setzen ist. Wissenschaftlicher Konsens der historisch-kritischen Forschung besteht also bei der Annahme, dass das mosaische Gesetz und der Gott des Mose als universeller Gott nicht den Anfang, sondern den Endpunkt einer langen religionsgeschichtlichen Entwicklung darstellt. Gerade die Texte der Patriarchengeschichten, des Exodus und der Landnahme, also der vorstaatlichen Zeit Israels, dürften zu den jüngsten gehören. Sie konstruierten im und nach dem Exil in ihrer vermeintlichen Rückschau in alte Zeiten ein Idealbild für das jüdische Gemeinwesen.

Menora aus Bronze mit Szenen aus der jüdischen Geschichte vor der Knesset in Jerusalem

Die Menora
Der siebenarmige Leuchter, die Menora, ist ein uraltes Symbol des Judentums. Er erscheint im Buch Exodus schon am Sinai in der Stiftshütte, später im Tempel in Jerusalem. Das bezeugt der Titusbogen in Rom, an dem eine Menora aus dem Tempel als Beute der Römer dargestellt ist. Heute findet man sie in Israel auf dem Staatswappen, aber auch auf Münzen, Logos und Dokumenten. In der Synagoge und in jüdischen Haushalten wird sie nicht als Leuchter benutzt, dort verwendet man hingegen die Chanukkia, den neunarmigen Leuchter, der an das Chanukka-Fest erinnert.

Die Entwicklung des Monotheismus

Die Verehrung eines einzigen und allumfassenden Gottes scheint es gemäß der frühen biblischen Geschichten in den fünf Büchern Mose schon in der Frühzeit des Volkes Israel gegeben zu haben. Bibelexegeten sind sich heute einig, dass es eine lange Vorgeschichte gab, die von den Verfassern der Bibel bewusst ausgeblendet wurde. Archäologische Funde aus biblischer Zeit bestärken die Annahme der Existenz mehrerer Götter im alten Israel.

Zwei der verschiedenen Erzählstränge, die sich durch die fünf Bücher Mose (Tora) ziehen, sind sogar nach zwei der alten Götter benannt: Die Elohistischen Schriften nennen den Gott des Volkes Israel bei seinem Namen El, durch archäologische Funde, Vor- und

Ortsnamensforschung als einer der Götter des alten Nordreiches Israel belegt. Er erscheint in mehreren lokalen Ausprägungen und leitete sich vom großen Himmelsgott El ab, der in Ugarit im Zweistromland an der Spitze des Götterpantheons stand. Der Name Israel beweist, dass hier ursprünglich El verehrt wurde.

Die sogenannten Jahwistischen Schriften der Tora nennen den Gott des Mose und seines Volkes ›Jahwe‹. Dieser trägt unverkennbar die Züge eines Nomadengottes und wurde wohl zunächst von Beduinen in der Wüste des südlichen Ostjordanlandes verehrt. Sein Charakter war zunächst kriegerisch, wandelte sich aber später. Sein Name blieb jedoch erhalten, unter König David (um 1005–970) kam es zur Verschmelzung von El, Jahwe und einem alten Stadtgott Jerusalems. Später wurde Jahwe dann auch der Name des einzigen Gottes des monotheistischen Judentums. Der Fruchtbarkeitsgott Baal wird in der Bibel ausschließlich negativ dargestellt, archäologische Funde deuten aber darauf hin, dass er in vielen Gebieten des Landes verehrt wurde. Auf alten Siegeln fanden die Archäologen Abbildungen mit Fruchtbarkeitssymbolen (Tiere, Pflanzen), was auf eine Verehrung von Baal schließen lässt. Später wurden viele seiner Eigenschaften durch Jahwe übernommen, es kam schließlich zur Verschmelzung von Baal und Jahwe.

In den Patriarchengeschichten trifft man auf den Gott der Väter, den persönlichen Familiengott Abrahams und seiner Nachfahren. Dieser war kein Vorläufer von El oder Jahwe, sondern kennzeichnet die familiäre Ebene der Frömmigkeit, die gleichzeitig neben der offiziellen Ebene des Stammes-, Volks- oder Staatsgottes bestand. Der ›Gott der Väter‹ unterschied sich in vielen Eigenschaften wesentlich von der Jahwe-Religion. Die Bibel legt die Patriarchengeschichten an den Anfang der Religionsgeschichte, bezeichnet den ›Gott der Väter‹ aber immer wieder auch als Jahwe, um die sogenannte Vorgeschichte göttlich zu legitimieren. Bis zum Ende der israelitischen Staatlichkeit, also dem Beginn des Babylonischen Exils, war es möglich, dass auf der Ebene der Familie andere Götter verehrt wurden als in der Öffentlichkeit.

Viele Bibelstellen deuten darauf hin, dass es zur Zeit des Mose und während der längsten Zeit der Regierung der israelitischen Könige noch keinen echten Monotheismus gab. Das erste der Zehn Gebote ›Du sollst keine anderen Götter haben neben mir!‹ macht schon in seiner Formulierung klar, dass es sehr wohl andere Götter gab, diese jedoch für das Volk Israel tabu waren. Jahwe ist eifersüchtig auf die anderen Götter, sein Volk soll nur ihm die Treue halten. König Salomon ließ in Jerusalem außer dem Jahwe-Tempel auch Tempel für andere Götter erbauen, um damit den Wünschen seiner Frauen zu entsprechen. In seinem Harem lebten Prinzessinnen aus Nachbarkulturen, die ohne Beschränkung ihre Religion ausüben durften. Dies wurde vom Volk akzeptiert und auch von den Priestern des Jahwe-Tempels nicht bemängelt.

Erst in der späten Königszeit tauchten Propheten auf, die gegen andere Götter zu Felde zogen. Berühmt ist der Wettstreit des Propheten Elias (9. Jh. v. Chr.) mit den Baalpriestern um den besseren Gott und das grausame Abschlachten der Baalpriester nach Elias' bzw. Jahwes Sieg. Immer wieder wird auch von einem Abfall vom Jahwe-Glauben und dem Rückfall in die Verehrung der alten Götter berichtet. Von einem echten Monotheismus ist aber auch bei den meisten Propheten nicht die Rede, da es ihnen nur darum ging, das Volk Israel vom eigenen Gott Jahwe zu überzeugen. Um die Götter anderer Kulturen kümmerten sie sich nicht.

Aus einer Reihe von Inschriften und den Funden von Kultstelen schlossen viele Forscher, dass die Verehrung der Göttin Aschera weit verbreitet war. Vielfach wird sogar vermutet, dass sie das weibliche Pendant zu Jahwe, also quasi seine göttliche Gemahlin war. Dieser Aspekt wurde aus den biblischen Texten, die viel später verfasst oder kompiliert wurden, geschickt ausgeblendet.

Im 8. Jh. v. Chr., nach dem Fall des Nordreiches Israel an die Assyrer, bildete sich im Südreich Juda eine Bewegung heraus, die sich für eine Jahwe-Allein-Religion stark machte. Verbunden waren diese neuen religiösen Vorstellungen mit dem Wunsch nach einer Wiedereinsetzung der davidischen Dynastie und zwar über ganz Israel, also auch über das untergegangene Nordreich. König Hiskia von Juda erließ Reformen, die die ausschließliche Verehrung Jahwes zum Ziel hatten. Weniger als 100 Jahre später erließ der judäische König Josia neue und verschärfte Reformen, um den Jahwe-Glauben im ganzen Land durchzusetzen. Die Zentralisierung auf Jerusalem wurde durch die Schließung aller anderen Jahwe-Tempel verstärkt. Manche Forscher sehen König Josia (639–609 v. Chr.) und seine Zeit als den Beginn des echten Monotheismus. Andere neigen dazu, diesen auf das Babylonischen Exil und die nachexilischen Zeit im 6. Jh. v. Chr zu verlegen. In dieser Zeit verstärkte sich eine Bewegung, die es zuvor schon als unbedeutende prophetische Opposition gegeben hatte: Sie verwandelte das Gottesbild von einem Dynastie- und Staatsgott Jahwe zu einem Universalgott, der sich sein Volk auswählte. Dieses war durch das Exil und die beendete Königsherrschaft nicht mehr das Staatsvolk Israel, sondern das Volk des Glaubens geworden.

Es ist gleich, ob sich die Datierung auf das 6. oder das 7. Jh. v. Chr. bezieht, der Monotheismus hat sich jedenfalls erheblich später durchgesetzt, als dies die biblischen Texte vorgeben. Aus dem Gott der Väter, dem Stammes- und späteren Reichsgott Jahwe wurde nun der alleinige allumfassende Schöpfergott Jahwe, der Gott aller Völker. Auf dieser Grundlage entwickelten sich das antike Judentum und später daraus das Christentum.

Vom Exil bis zur Zerstörung des Tempels

Das Judentum entstand also erst im Babylonischen Exil und in der unmittelbaren Zeit danach aus einer Weiterentwicklung des Glaubens im alten Israel und durch die Anpassung an die veränderten Gegebenheiten. Aus dem Reichsgott der alten Königreiche Israel und Juda wurde jetzt der Gott des Volkes Israel. Neu ist ein echter und bedingungsloser Monotheismus, der den jüdischen Gott zum Universalgott aller Völker macht. Die Zerschlagung des Königreichs Juda mit der Zerstörung des Tempels in Jerusalem und das Exil in Babylon (587/586–539 v. Chr.) wurde als göttliche Strafe für die Verfehlungen des Volkes angesehen. Nach dem Ende der Bestrafung, also dem Ende des Exils, konnte es zum Neuen Bund zwischen Jahwe und seinem Volk, zur Rückkehr in die alte Heimat kommen (Jesaja 55,3). Dies geschah, als die Perser gegen 539 v. Chr. das Babylonische Reich übernahmen. Der zerstörte Tempel in Jerusalem wurde wiederaufgebaut und 515 v. Chr. neu geweiht. Es entwickelten sich nun verschiedene Strömungen im Judentum. Die messianische Bewegung sagte die bevorstehende Endzeit voraus, die mit dem Kommen des Messias verbunden war. Das Leben sollte dann paradiesisch werden, ohne Krankheiten, mit Reichtum und ewigem Frieden zwischen Menschen und Tieren. Die andere große Bewegung bestimmte den Alltag der Menschen durch Gesetze und betonte die Heiligung des Lebens durch die Einhaltung der Gesetze. Sie folgte damit der Priesterbewegung, die schon kurz vor und vor allem im Exil die Gesetze der Tora verfasst hatte. Die rituellen Vorschriften sollten das Judentum von den anderen Völkern absetzen.

Um 430 v. Chr. wurde der Jude Nehemia von den Persern als Statthalter über Jerusalem eingesetzt, er ließ die zerstörten Stadtmauern wiederaufbauen. Unter seinem Nachfolger Esra wurden die Gesetze verschärft, die von nun an die Religion Israels beherrschten. Esra ließ die ›Gesetze des Mose‹ öffentlich verlesen, seither gibt es die drei Mal wöchentlich stattfindende öffentliche Lesung der Tora.

Bald verschärften sich die Spannungen zwischen den beiden Richtungen, den Messianisten und den gesetzestreuen Legalisten. Erstere forderten, dass eines Tages alle Völker Jahwe verehren und ihn als alleinigen Gott anerkennen sollten, Letztere betonten den exklusiven Charakter der Offenbarung der göttlichen Gesetze an das auserwählte Volk der Juden.

Die Konfrontation mit dem Hellenismus ab Alexander dem Großen und seinen Nachfolgern löste einen erneuten Richtungsstreit im Judentum aus. Die nach dem Tode Alexanders herrschenden ägyptischen Ptolemäer (ab 323 v. Chr.) wurden später von den syrischen Seleukiden abgelöst. Beide brachten hellenistischen Geist, die griechische Sprache und Kultur ins Land. Die jüdische Aristokratie und Teile des Bürgertums orientierten sich an der hellenistischen Aufklärung, sie versuchten den jüdischen Glauben damit in Einklang zu bringen. Religiös-konservative Kreise und die Landbevölkerung hingegen hielten an den jüdischen Traditionen und vor allem an den Gesetzen fest. Im 2. Jh. v. Chr. entstand eine Widerstandsgruppe (die Frommen oder ›Chassidim‹), die sich gegen die Griechenherrschaft erhob. Anführer war Judas Makkabäus, dem es

Tempel des Herodes, Modell im Israel Museum in Jerusalem

mit seinen Kämpfern 164 v. Chr. gelang, den entweihten Tempel zurückzugewinnen. Die Makkabäer, wie sich die Gruppe nun nannte, konnten 128 v. Chr. sogar die politische Freiheit erkämpfen und begründeten die unabhängig herrschende Dynastie der Hasmonäer. Das Judentum hatte sich nun in zwei sehr gegensätzliche Richtungen entwickelt, einerseits die Sadduzäer, die weiterhin loyal zur griechischen Zivilisation standen, und andererseits die Chassidim, die sich bald aufspalteten in Pharisäer und Essener. Erstere setzten auf die strikte Einhaltung der Gesetze, die Hoffnung auf die Erlösung mit dem Auftreten des Reiches Gottes und des Messias. Die Essener waren radikaler, für sie stand das Reich Gottes und das Kommen das Messias unmittelbar bevor, durch eigene militärische Aktionen einer Untergruppe, der Zeloten, versuchten sie gar, die Angelegenheit zu beschleunigen. Das Hasmonäer-Königtum entwickelte sich unterdessen zu einem korrupten Regime, weshalb die Juden schließlich im Jahr 63 v. Chr. die Übernahme des Landes durch die Römer ausdrücklich begrüßten. Diese setzen den Juden Herodes als König und Vasallen zum neuen Herrscher ein. Er ließ den Tempel in Jerusalem neu erbauen. Die religiösen Richtungen hatten weiterhin Bestand, die Gruppen radikalisierten sich, es gab immer wieder bürger-

Nicolas Poussin, *Die Zerstörung des Tempels in Jerusalem durch Titus,* 1638

kriegsähnliche Unruhen. In diese instabile Zeit wurde Jesus von Nazareth hineingeboren, der nach Auffassung der meisten modernen Forscher ein Pharisäer war.

66 n. Chr. brach in Jerusalem ein jüdischer Aufstand gegen die römischen Besatzer aus, der nach fast fünf Kriegsjahren schließlich 70 n. Chr. niedergeschlagen wurde. Folge war die Zerstörung des Tempels in Jerusalem durch die Römer und das neuerliche Exil für viele Juden.

Der Messias im Judentum und im Christentum

Am Glauben an den Messias unterscheiden sich Judentum und Christentum grundsätzlich. Jesus von Nazareth, der christliche Messias, hat jedoch seine Wurzeln im Messias der alttestamentlichen Schriften. Nur wurden und werden die Texte von beiden Religionen unterschiedlich ausgelegt. ›Messias‹ kommt vom hebräischen *maschiach* und heißt ›der Gesalbte‹. Dies war zur Zeit des alten Israel der Beiname der Könige, die neben ihrer Krönung eine priesterliche Salbung erhielten. Als es kein Königtum mehr gab und man auf bessere Zeiten hoffte, sehnten sich die Juden nach einem neuen Gesalbten. Es entwickelte sich eine religiöse Strömung mit dazugehöriger Literatur, die man heute als ›eschatologisch‹, also von den letzten Dingen handelnd, bezeichnet. Diese Endzeitautoren machten sich Gedanken über eine Erlösung aus dem augenblicklichen Elend, der Erlöser konnte nur Gott selbst sein, aber der Messias sollte als Sterblicher, ein Spross aus der davidischen Wurzel, den Thron besteigen und mit Gerechtigkeit herrschen (u. a. bei den Propheten Jesaja, Micha und Sacharia). Beim späteren Propheten Daniel steigt ein Wesen ›wie ein Menschensohn‹ vom Himmel, das Macht, Herrlichkeit und Königsherrschaft bekommt. Häufig findet man die Not und die Katastrophen der Gegenwart als ›die Geburtswehen des Messias‹ bezeichnet, die seinem Kommen unmittelbar vorausgehen. Die Visionen der Propheten über den

Messias sind nicht einheitlich, manche sehen in seinem Kommen den Beginn einer Zeit des Friedens, andere betrachten ihn als großen militärischen Führer, wieder andere als idealen Priester. Die alttestamentliche Messiasliteratur und ebenso die spätere rabbinische bergen viele Widersprüche in sich. Die große Gemeinsamkeit ist das anhaltende Warten auf den Messias und damit die Hoffnung auf eine bessere Zukunft. Der erste zentrale Unterschied zum Christentum ist die Tatsache, dass hier der Messias in der Gestalt von Jesus schon da war und nach christlichem Glauben am Jüngsten Tag wiederkommen wird. Der zweite Unterschied ist die christliche Auffassung, dass Jesus als Messias nicht sterblich, sondern Gott selbst ist, der als sein eigener Sohn und Mensch geworden auf die Erde kam. Die Vorstellung, dass Gott in die Menschenwelt eintritt, sich Leiden und Tod aussetzt, ist dem Judentum fremd, ja geradezu gotteslästerlich. Sie konnte nur durch den hellenistischen Einfluss auf die urchristliche Gemeinde entstehen. Zur Definition ihres Messias wählten die Christen das griechische Wort für den Gesalbten: Christos (lat. Christus). Der dritte zentrale Unterschied zwischen den christlichen und jüdischen Messiasvorstellungen ist die christliche Auffassung, dass Jesus das Leid des Kreuzes auf sich genommen hat, um die menschlichen Sünden zu sühnen. Auch dieser Gedanke ist dem Judentum fremd.

Tora und Talmud

Die fünf Bücher Mose, im Judentum ›Tora‹ genannt, sind der heiligste Teil der Hebräischen Bibel. Laut Überlieferung wurden sie von Mose persönlich verfasst und stellen die Offenbarungen Gottes am Sinai dar. Heute sind sich Forscher einig, dass die Texte erst viel später entstanden sind und erst nach dem Babylonischen Exil in der heutigen Form zusammengestellt wurden. Nur streng orthodoxe jüdische wie christliche Kreise halten noch an der Autorschaft des Mose fest.

Der hebräische Begriff ›Tora‹ bedeutet übersetzt so viel wie ›Weisung‹ oder ›Lehre‹. Die Tora enthält neben der Schöpfungsgeschichte, den Patriarchengeschichten und der Exodusbeschreibung 248 Gebote und 365 Verbote. Sie zeigt mit diesen symbolträchtigen Zahlen, dass den Gesetzen die Schöpfung zugrunde liegt. Nach alter Auffassung war der Mensch aus 248 Knochen und 365 Adern geschaffen, so spiegeln die Gebote der Tora den Menschen wider und erhalten dadurch kosmische Bedeutung. Nach jüdischer Auffassung hängt der Bestand der Welt daran, dass das Volk Israel die Tora annimmt, sonst wäre eine Rückkehr ins Chaos vorprogrammiert. Diese Auffassung vertreten bis heute ultraorthodoxe Juden. Wie zu Beginn der Tora-Verehrung gibt es gegenwärtig Richtungen, die für eine liberalere Auslegung eintreten, wie auch die Gegenpartei, die die Tora buchstabengetreu auslegt.

Die Tora ist den Juden nach wie vor heilig, in den Synagogen wird sie in einem eigens erbauten Schrein aufbewahrt, der in die nach Jerusalem orientierte Wand eingelassen ist. Sie wird bis heute von Hand auf Pergamentrollen geschrieben, diese werden aneinandergenäht, auf zwei Holzstäbe aufgerollt und entweder in einen Holzzylinder oder in einen bestickten Samtmantel gehüllt. Drei Mal pro Woche wird die Tora während des Gottesdienstes aus dem Schrein geholt, auf das Lesepult gelegt und feierlich vorgelesen. Innerhalb eines Jahres wird der gesamte Text ein Mal verlesen, zum Fest Simchat Tora im Herbst, am Ende des Laubhüttenfestes, endet dieser Lesezyklus. Dann beginnt gleichzeitig mit der Lesung der Schöpfungsgeschichte ein neues Lesejahr. Das Reformjudentum folgt einem dreijährigen Lesezyklus. Die Tora-Lesung in der Synagoge ersetzt symbolisch zusammen mit dem Gebet den Opferdienst im Tempel.

Juden lesen die Tora beim Gottesdienst

Häufig wird unterschieden zwischen schriftlicher und mündlicher Tora, wobei als schriftliche Tora manchmal sogar im weiteren Sinne die gesamte Hebräische Bibel (Altes Testament) gesehen wird. Die mündliche Tora meint die mündlichen Offenbarungen, die Mose ebenfalls am Sinai erhalten haben soll, die aber erst im 2. und 3. Jh. niedergeschrieben wurden und heute als Mischna bekannt sind. Diese Texte wurden von den jüdischen Gelehrten in Palästina und Babylon diskutiert. Die Niederschrift dieser Diskussion ist die Gemara. Zusammen mit der Mischna bildet sie den Talmud (4.–6. Jh.). Spricht man bei gelehrten Juden davon, dass sie die Tora studieren, meint man gemeinhin das Studium der Hebräischen Bibel und des Talmud.

Die jüdische Diaspora

Eine oft erzählte Geschichte beschreibt die Flucht des Rabbiners Jochanan ben Zakkai 70 n. Chr. aus dem römisch belagerten Jerusalem. Er soll als vermeintlich Toter in einem Sarg aus der Heiligen Stadt herausgebracht worden sein und auf wichtigen Schriften gelegen haben. Diese Geschichte symbolisiert den Fortbestand des Judentums und des jüdischen Wissens nach der Niederschlagung des jüdischen Aufstandes durch die Römer und zu Beginn des großen Exils, das für die meisten Juden bis zur Staatsgründung Israels 1948 andauerte. Mit der Zerstörung des Tempels 70 n. Chr. gingen eine Vielzahl von religiösen Bewegungen des Judentums unter: Von den Sadduzäern und den Essenern hörte man nichts mehr, die Zeloten hielten noch einige Jahre länger durch, eine besonders standhafte Gruppe beging schließlich 73 n. Chr. auf der Festung Massada Massenselbstmord. Einzig die Pharisäer lebten

Triumphzug nach dem siegreichen Feldzug des Vespasian und des Titus, Relief des Originals am Titusbogen, Forum Romanum in Rom, 81 n. Chr.

dank Jochanan ben Zakkai fort. Er erhielt von den Römern die Erlaubnis, in Jawne, einem kleinen Ort in der Küstenebene nahe der heutigen Stadt Tel Aviv, eine Schule zu errichten. Dort wurde intensiv die Tora studiert.

Von 132 bis 135 n. Chr. probten die verbliebenen Juden im Lande einen weiteren Aufstand gegen die Römer (Bar-Kochba-Aufstand), der von Kaiser Hadrian mit äußerster Brutalität niedergeschlagen wurde. Nach einem Verbot des Tora-Studiums wurden die Zeiten unter Kaiser Antoninus Pius wieder besser. Um 200 n. Chr. schrieben die jüdischen Gelehrten schließlich die sogenannten mündlichen Überlieferungen in der Mischna nieder. Somit waren die neuen Grundlagen des Judentums geschaffen: Pilgerfahrt und Tempelopfer wurden durch Studium der Tora und Gebet ersetzt. Die Einhaltung der rituellen Reinheit sollte die Gläubigen von anderen Völkern trennen und ihre Heiligkeit sichern. Auf diesem Wege konnte das Judentum auch ohne Bindung an das Heilige Land fortbestehen. Die Mischna stärkte außerdem das rabbinische Judentum, die religiöse Nachfolgebewegung der Pharisäer. Im Norden des Landes, in Galiläa, entstanden neue Gelehrtenschulen. Deren Rabbiner legten die Mischna aus, die neuen Schriften nannten sie Gemara, mit der Mischna zusammengefasst wurde daraus bis 400 n. Chr. der Jerusalemer Talmud. Gleichzeitig verfassten bedeutende jüdische Gelehrte in Babylonien ihre Fassung der Gemara (bis 500 n. Chr.), die bald als Babylonischer Talmud bekannt wurde und die Bedeutung des Jerusalemer Talmud in den Schatten stellte. Die Urteile der Gelehrten aus den Akademien Babyloniens wurden bis ins 11. Jh. von allen Juden der Diaspora anerkannt.

Durch das Wachstum der jüdischen Gemeinden in Spanien und ihre zunehmende Blüte kam es ab dem 11. Jh. zur Verlagerung des geistigen Zentrums des Judentums auf die Iberische Halbinsel. Unter toleranter islamischer Herrschaft brachten die jüdischen

Was ist ›koscher‹?
Der Begriff ›koscher‹ bedeutet ›rituell rein‹ und bezieht sich vor allem auf die Speisegesetze der Bibel. Dabei geht es nicht um Hygienevorschriften, obwohl diese bei manchen Geboten sicher im Hintergrund stehen, sondern um die kritiklose Erfüllung des göttlichen Willens. Am bekanntesten ist das Gebot, nur die Säugetiere zu verzehren, die sowohl Paarhufer als auch Wiederkäuer sind. Tiere aus dem Wasser müssen immer Schuppen und Flossen haben. Für Nichtjuden schwierig nachzuvollziehen ist das Gebot, dass man das Zicklein nicht in der Milch seiner Mutter kochen soll. Dies wird so ausgelegt, dass generell milchige und fleischige Produkte getrennt werden, und zwar nicht nur auf dem Teller, sondern auch in der Küche und im Magen. Zudem wird das zu verzehrende Tier von einem rituell ausgebildeten Schächter getötet, und das gesamte Blut muss ablaufen, weil der Verzehr von Blut generell verboten ist.

Lehrhäuser große Religionsgelehrte, aber auch Literaten und Philosophen hervor. Der berühmteste war Moses Maimonides (1135–1204) aus Córdoba, der als Religionsphilosoph und Mediziner in Spanien, Marokko und Ägypten lebte. Auf Hebräisch und Arabisch schrieb er neben medizinischen auch religionsphilosophische Werke. Er versuchte mithilfe der aristotelischen Philosophie der Vernunft Gott und seine Offenbarung rational erfassbar zu machen. Später wurden seine Gedanken in der Jüdischen Aufklärung wieder aufgegriffen. Die christlichen Scholastiker Albertus Magnus und Thomas von Aquin fanden über Maimonides' Schriften zu Aristoteles.

Als innerjüdische Reaktion auf den Rationalismus der Religionsphilosophen entstand in Südfrankreich und Spanien die Kabbala, eine mystische Bewegung, die statt einer rationalen Annäherung an Gott eine mystische Vereinigung anstrebte.

Im 12. Jh. endete in Spanien die islamische Toleranz für die Juden, sie übersiedelten häufig in die rechristianisierten Gebiete in Nordspanien. Doch auch dort verschlechterte sich ihre Lage wegen mangelnder Toleranz der Christen ab Ende des 13. Jh.

Moses Maimonides, Denkmal auf der Plaza Tiberiades in Córdoba

Die Inquisition und schließlich die Reconquista von 1492 beendeten das spanische Zeitalter der jüdischen Diaspora. Die vertriebenen Juden wanderten jetzt nach Nordafrika, Italien, auf den Balkan, ins Osmanische Reich, aber auch in die Niederlande aus.

Neben Babylon und Spanien hatte sich um 1000 n. Chr. im Rheinland ein jüdisches Gelehrtenzentrum herausgebildet. Es stand im Kontakt mit den großen Denkern in Babylonien und Spanien. Berühmt waren Rabbi Gerschom, der die Vielehe abschaffte, und Rabbi Schlomo Ben Isaak (Raschi), dessen Kommentare heute noch auf jeder Seite im Talmud zu finden sind. Zunehmende christliche Verfolgungen wegen unbegründeter Vorwürfe (Ritualmord, Hostienschändung und Brunnenvergiftung) mündeten schließlich im 14. und 15. Jh. in großen Vertreibungen. Viele Juden flohen nach Osteuropa, wo sich ein neues Geisteszentrum entwickeln konnte. Insbesondere in Polen entstanden bedeutende Schriften, häufig neben dem heiligen Hebräisch auch auf Jiddisch verfasst. Aber auch hier endete spätestens im 17. Jh. die Toleranz, blutige Verfolgungen lösten die Entstehung des Chassidismus aus. Diese neue Form der Volksfrömmigkeit, die sich frei machte von der starken Ritualisierung des bisherigen Judentums, sollte Trost bringen.

Die Juden, die in Mittel- und Westeuropa geblieben waren, lebten meist in bitterer Armut auf dem Lande. Nur ein verschwindend kleiner Teil konnte an den Fürstenhöfen als Hofjuden Anstellung finden. Sie standen unter dem besonderen Schutz des Herrschers und waren zuständig für die Finanzen. Berühmt wurde Joseph Süß Oppenheimer, der als Berater Herzogs Karl Alexander im 18. Jh. am württembergischen Hofe wirkte. Die Vorurteile der Christen gegenüber dem proletarisierten Betteljudentum dieser Zeit waren groß und blieben auch in den Zeiten der Aufklärung und Emanzipation bestehen. Sie mündeten schließlich in der antisemitischen Überzeugung der Minderwertig-

Die Synagoge
Das griechische Wort ›Synagoge‹ meint das jüdische Bethaus, das auf Hebräisch *bet hak,nesset* (Haus der Versammlung) heißt. Die ersten Synagogen entstanden, als der Tempel in Jerusalem zerstört und der Opferdienst nicht mehr möglich war. Die ältesten Synagogen, die Archäologen ausgegraben haben, befinden sich in Israel und stammen aus dem 1. Jh. v. Chr. Damals war der Tempel zwar wiederaufgebaut, doch die Tradition der jüdischen Versammlung ohne Kult mit Gemeinschaftsgebet und Tora-Lesung hatte sich erhalten. Nach der Zerstörung des herodianischen Tempels wurden die Synagogen noch wichtiger, schließlich interpretierten die Rabbiner das Gemeinschaftsgebet als gleichwertigen Ersatz für den Opferdienst im Tempel. So ermöglichten die Synagogen den Juden, die über die ganze Welt zerstreut waren, ein Fortbestehen ihrer Religion und ihres Gottesdienstes trotz Zerstörung des Tempels. Auch heute sehen das die meisten Juden so, nur eine verschwindend kleine Minderheit von Fundamentalisten strebt den Wiederaufbau des Tempels wieder an.

keit der Juden, die von den Nationalsozialisten biologisch wie rassistisch scheinbegründet wurde.

Vielfalt des modernen Judentums

Als Teil der europäischen Aufklärungsbewegung entstand auch unter den mittel- und westeuropäischen Juden eine derartige geistige Bewegung. Ihr Hauptvertreter war der deutsche Philosoph Moses Mendelssohn (1729–1786). Er forderte ein Ende der sozialen und kulturellen Isolation der Juden. In Frankreich wurden die Juden im Revolutionsjahr 1791 mit einem Schlag gleichberechtigt, in Deutschland dauerte dies noch bis zur Gründung des neuen Kaiserreichs 1871. Mendelssohn wollte jedoch um der Integration willen nicht mit den jüdischen Traditionen brechen. Seine Nachfolger in der jüdischen Aufklärung dachten da anders. In der ersten Hälfte des 19. Jh. bildeten sich in Deutschland das Reformjudentum, das konservative Judentum und die Neoorthodoxie heraus. Die Reformen beinhalteten eine Umgestaltung des jüdischen

Moritz Daniel Oppenheim, *Lavater und Lessing bei Moses Mendelssohn,* 1856

Gottesdienstes, man orientierte sich stark an der protestantischen Liturgie. Chöre sangen, die Orgel spielte und eine erbauliche Predigt auf Deutsch rundete den Gottesdienst ab. Die Abkehr von vielen alten jüdischen Traditionen fand im neuen Reformjudentum stärker statt als im fast gleichzeitig gegründeten konservativen Judentum. Die Orthodoxie reagierte ebenfalls auf die Reformbewegungen mit eigenen inneren Reformen und wurde zur Neoorthodoxie. Für sie blieb die Tora die Essenz des Judentums, auch hielt sie an den messianischen Hoffnungen fest, war jetzt aber offen für weltliche Bildung.

Einen echten Aufschwung erlebten Reform- und konservatives Judentum erst in den USA, wo zugewanderte Juden die Bewegungen weiter modernisierten und verbreiteten. Heute leben die meisten Mitglieder beider Richtungen in den USA. Im Reformjudentum herrscht volle liturgische Gleichberechtigung zwischen Mann und Frau, also keine Geschlechtertrennung in der Synagoge und Ordination von Rabbinerinnen. Allerdings kehrt man teilweise zu alten Traditionen zurück, das Hebräische spielt im Gottesdienst wieder eine größere Rolle.

Betrachtet man heute das Judentum weltweit, lassen sich vielfältige Strömungen erkennen. In Israel dominiert die Orthodoxie, obwohl es auch konservative und Reformgemeinden gibt. Versucht man das Judentum und seine Strömungen darzustellen, kann man das ultraorthodoxe Judentum, das hauptsächlich in Israel und den USA anzutreffen ist, an die eine Seite der Skala stellen, das Reform- und liberale Judentum an die andere. Dazwischen liegen orthodoxes, neoorthodoxes und konservatives Judentum. Die ultraorthodoxen Juden könnte man als extrem fundamentalistisch bezeichnen. Sie halten streng die Gesetze ein und warten voller Inbrunst auf die baldige Ankunft des Messias. Die Reform- und liberalen Juden haben viele Gesetze, da nicht mehr zeitgemäß, modifiziert und weit ausgelegt und lehnen einen Wiederaufbau des Jerusalemer Tempels ab.

In Deutschland leben heute über 100 000 Juden in rund 100 Gemeinden. Dies war nicht immer so. Nach den Gräueltaten der Nationalsozialisten mit der Ermordung von sechs Millionen europäischen Juden, waren nur wenige bereit, sich nach ihrer Flucht und ihrem Leben im Ausland wieder im Land der Täter niederzulassen. Erst Anfang der 1990er-Jahre kam es zu einer verstärkten Einwanderung von Juden aus den Ländern der ehemaligen Sowjetunion. Sie hatten in ihrer alten Heimat oft keine Gelegenheit, ihr Judentum intensiv zu leben. So machen sie sich oft erst in Deutschland mit ihrer alten Kultur und Religion vertraut. Die größten jüdischen Gemeinden befinden sich heute in Berlin, München, Frankfurt am Main, Düsseldorf und Köln. Die meisten sind Einheitsgemeinden, d. h. ein Zusammenschluss verschiedener religiöser Ausrichtungen. 2006 wurden in Dresden drei Rabbiner nach einer Ausbildung im Rabbinerseminar Potsdam ordiniert, die ersten seit dem Zweiten Weltkrieg.

Orthodoxe Juden mit Gebetsriemen (Tefillin) und Gebetsschal (Tallit)

Der Davidstern

Im Gegensatz zur Menora ist der sechszackige Stern, das Hexagramm, ein relativ junges jüdisches Symbol. In der Antike erschien er als Schmucksymbol auf Fußbodenmosaiken und in Wandreliefs, allerdings nicht nur an jüdischen, sondern auch an römischen und christlichen Orten und Bauwerken. Im 16. Jh. wurde er zum Kennzeichen der jüdischen Gemeinde in Prag. Ende des 19. Jh. übernahm ihn die junge zionistische Bewegung als ihr Symbol. Die Nationalsozialisten schrieben den ›Judenstern‹ als degradierendes Kennzeichen an der Kleidung jüdischer Bürger vor. Der moderne Staat Israel führt das Hexagramm in seiner Flagge. Auf Hebräisch heißt es *magen david*, Schild Davids. Es symbolisiert auch die Bewegung ›Magen David Adom‹ (Roter Schild Davids), das israelische Äquivalent zum Roten Kreuz.

Israels Flagge mit dem Davidstern, der 1948 zum Emblem wurde

Zur Zeit der Herrschaft des römischen Kaisers Tiberius lebte in Galiläa ein Wanderprediger namens Jeschua. Er wandte sich, nachdem er von dem populären Asketen Johannes im Jordan getauft worden war, an die Öffentlichkeit, scharte Jünger um sich und wanderte mit ihnen predigend durch Galiläa. Jeschua war ein frommer Jude und zugleich Führer einer kleinen apokalyptischen Sekte. Er stellte die endzeitliche Gottesherrschaft in das Zentrum seiner Verkündigung. Wichtig für ihn war die Beziehung zu Gott als Vater, sich selbst nannte er Menschensohn , seine Jünger nannten ihn ›Herr‹ und ›Rabbi‹. Im Jahre 30 oder 33 zog Jeschua zusammen mit seinen Jüngern nach Jerusalem, um das jüdische Passahfest zu feiern. Dort wurde er wegen Aufruhrs verhaftet und vom römischen Statthalter für Judäa, Pontius Pilatus, zum Tod am Kreuz verurteilt.

Maria mit Kind und den Heiligen Theodor und Georg sowie zwei Engeln, byzantinische Ikonenmalerei aus dem Katharinenkloster auf dem Sinai, 6./7. Jh.

Dies sind Teile des historisch fassbaren Kerns einer Geschichte, die uns das Neue Testament, ein Dokument der urchristlichen Glaubensgeschichte und Glaubensentwicklung über ein Jahrhundert, erzählt. Die Texte zeigen uns, wie die alten jüdischen Schriften auf Jesus und sein Geschick hinweisend verstanden wurden. Das Christentum war zunächst Teil des sich reformierenden Judentums. Seine Weiterentwicklung wurde dann erst aus Quellen des ›hellenistischen Judentums‹, später des ›hellenistischen Heidenchristentums‹ gespeist. Aus dem hebräisch-aramäischen Jeschua wurde der griechisch-lateinische Jesus Christus, der Messias, Gottessohn und göttliche Kyrios.

Die Anfänge mit Jesus und Paulus

Nicht nur das Neue Testament berichtet von der historischen Person Jesus, auch jüdische und andere Quellen erwähnen ihn. Der jüdische Geschichtsschreiber

Flavius Josephus erwähnte ihn in seinem Werk *Jüdische Altertümer* Ende des 1. Jh. n. Chr. als weisen Menschen und Lehrer. Auch im Babylonischen Talmud und in den Briefen Plinius' d. J. (um 110 n. Chr.) sowie in den Annalen des Tacitus (Anfang 2. Jh. n. Chr.) taucht er auf.

Die ältesten Texte des Neuen Testaments sind die Paulusbriefe, die zwischen 50 und 58 n. Chr. von dem Apostel Paulus verfasst wurden. Von den 13 Briefen werden zwischen fünf und sieben heute Paulus als Autor zuerkannt, die anderen dürften von seinen Schülern stammen. Paulus hat Jesus nicht persönlich gekannt, bekehrte sich aber nach einem spektakulären Erlebnis auf dem Weg von Jerusalem nach Damaskus im Jahr 32 oder 33 n. Chr. zum Glauben an Jesus als den Christus. Der Auferstandene war ihm erschienen, Paulus, der zuvor als frommer pharisäischer Jude die Christen verfolgt hatte, bekannte sich nun zu ihrem Glauben. Er unternahm anschließend ausgedehnte Missionsreisen nach Kleinasien, Zypern, Griechenland und Mazedonien, gründete Kirchen und entwickelte das Christentum weiter. Dank seiner Herkunft aus dem hellenistisch geprägten Tarsus in Kilikien (heute Südtürkei) sprach er perfekt Griechisch, kannte griechische Religiosität und griechisches Denken. Nur dem hellenistischen Diasporajuden Paulus konnte es gelingen, jüdisch-messianisches mit griechischem Denken zu vereinbaren und so die neue Religion entscheidend zu prägen. Vielfach wird Paulus deshalb als der eigentliche Gründer des Christentums angesehen.

Jesus stand mit seiner apokalyptischen Sekte ähnlichen Gruppierungen des damaligen Judentums nahe. Eine davon war die Qumran-Gemeinde, die in der Literatur häufig mit den Essenern gleichgesetzt wird. Ihre Siedlung in der Wüste nahe dem Toten Meer wurde 68 n. Chr. von den Römern zerstört. Erhalten ist eine große Zahl von Schriftrollen, die die Bewohner damals in den umliegenden Höhlen versteckt hatten. Seit 1947 sind viele davon gefunden und der Wissenschaft zugänglich gemacht worden. Die Qumran-Gemeinde verehrte einen ›Lehrer der Gerechtigkeit‹, der den alten Bund zwischen Gott und Mose zum Neuen Bund modifiziert hatte. Sie entdeckten wie die Christen in den Prophezeiungen des Alten Testaments Hinweise auf Ereignisse ihrer Zeit und erwarteten wie die Christen die Erlösung, allerdings durch zwei Messiasgestalten: einen priesterlichen und einen königlichen. Trotz vieler Analogien unterschied sich die Qumran-Gemeinde letztlich von der Jesussekte durch ihre Absonderungsbestrebungen. Jesus und seine Jünger versuchten hingegen alle Gesellschaftsschichten zu erreichen. Sie schlossen auch Kranke in das Gottesreich ein, eines der Zeichen dieses neuen Reiches war gerade die Heilung der Gebrechlichen, Blinden und Stummen. Die Qumran-Leute hingegen schlossen Kranke als unrein von ihren gemeinsamen kultischen Mahlzeiten aus. Es gab sicherlich vielfältige Kontakte zwischen Qumran, Essenern und Urchristen, deshalb sind z. B. im Johannes-Evangelium zahlreiche Ausdrücke zu finden, die auch in den Qumran-Texten stehen (z. B. ›Licht des Lebens‹ oder ›Kinder des Lichts‹). Dort stehen die Anhänger jedoch in der Erwartung des endzeitlichen Kriegs, beim Evangelisten Johannes dauert der Kampf noch an, die Krise ist aber wegen des Triumphs Jesu Christi über das Böse schon überwunden.

Qumran-Höhlen nahe der Küste des Toten Meeres im Westjordanland

Versucht man heute, Jesus in das Judentum seiner Zeit einzuordnen, steht er als Führer einer apokalyptischen Gruppe einem Zweig der Pharisäer sehr nahe. Zwar kommen die Pharisäer in den Evangelien fast durchwegs schlecht weg, dies ist

aber vor allem aus dem Interesse der Autoren zu verstehen, die sich vom pharisäischen, später rabbinischen, Judentum absetzen wollten. Die Pharisäer lebten ebenso wie Jesus mit seinen Jüngern und wie die Qumran-Leute in der Erwartung einer Endzeit, in der ein Messias die Erlösung bringen sollte.

Die vier Evangelien

Die vier Evangelien wurden von Verfassern geschrieben, die Jesus persönlich nicht mehr gekannt haben. Sie sammelten die von den ersten christlichen Gemeinden mündlich überlieferten Traditionen. Das Matthäus-, das Markus- und das Lukas-Evangelium bezeichnet man als die drei ›synoptischen Evangelien‹, da sie in relativ hohem Maße inhaltlich übereinstimmen. Sie sind etwa zwischen 70 und 90 n. Chr. niedergeschrieben worden, wobei das Markus-Evangelium wohl das älteste ist. Es diente zusammen mit einer heute nicht mehr greifbaren sogenannten Logien-Quelle und anderen Materialien dem Matthäus- und dem Lukas-Evangelium als Vorlage.

Der Autor des Markus-Evangeliums war wohl ein Heidenchrist, also ein Christ nicht jüdischer Herkunft. Der Text wurde demnach für Heidenchristen geschrieben, entweder in Rom oder im syrischen Antiochia. Jüdische Bräuche werden für nicht jüdische Leser erklärt. Die zentrale Aussage des Evangeliums ist das Bekenntnis, dass Jesus der Christus, Sohn Gottes, sei und dass mit ihm das Reich Gottes in der Welt anbrach. Erst durch sein Leiden und seine Auferstehung wurde das Heil Gottes in der Welt möglich.

Das Matthäus-Evangelium wurde wahrscheinlich von einem Judenchristen geschrieben und richtete sich sowohl an jüdische als auch an judenchristliche Leser. Jesus wird immer wieder als der Messias der alttestamentarischen Propheten dargestellt, der das Reich Gottes begründet. Viele Vorstellungen Jesu werden mithilfe von Gleichnissen belegt.

Judentum und griechisches Denken im Christentum

Das Christentum entstammt dem Judentum. Dieses war damals eine hoch differenzierte Kultur und Religion im Römischen Reich. Nach Jesu Kreuzigung entstand die nachösterliche Gemeinde noch vor dem jüdisch-römischen Krieg (66–70 n. Chr.) und der Zerstörung des Tempels, die vier Evangelien entstanden erst danach. Die Kriegserfahrungen und die nun entstandenen Gegensätze zwischen den Sprechern des Judentums ohne Tempel und der geflohenen christlichen Gemeinde prägten das frühe Christentum und seine Texte. Jesus hatte die jüdische Religion revitalisiert, er rückte deren Grundüberzeugung von dem einen und einzigen Gott in neuer Weise ins Zentrum des Glaubens. Die ersten Christen aber stellten Jesus selbst in dessen Zentrum. Sie mussten mit seiner Kreuzigung fertig werden, teilten aber auch die Botschaft von seiner Auferstehung mit.

Der Glaube an die Auferstehung der Toten war im Judentum noch jung, zur Zeit Jesu allerdings schon recht weit verbreitet. Er war aus dem Schock entstanden, den die Hinrichtung der toratreuen Juden Mitte des 2. Jh. v. Chr. im Makkabäeraufstand hervorrief. Der Glaube an die vergeltende Gerechtigkeit Gottes und der Glaube an die unbegrenzte Schöpfermacht Gottes stärkten diese Vorstellung. Die jüdischen Auferstehungshoffnungen spiegeln sich im Buch Daniel wider. Schon lange vorher hatte es in den Prophetentexten von Hosea und Ezechiel Auferstehungshoffnungen gegeben, die sich aber nicht wie später bei Daniel auf die gesamte Menschheit bezogen. Der Glaube an die Auferstehung der Toten und an das Jüngste Gericht hat dann Judentum und Christentum zutiefst geprägt.

Paulus, ein gebildeter hellenistischer Jude in der Diaspora, verwendete griechische Begriffe und damit auch griechisches Denken. Er bewirkte damit eine Weiterentwicklung des frühen Christentums. Da von den Griechen und Römern der Titel ›Christos‹ (griech.) und ›Christus‹ (lat.) als Übersetzung des hebräischen ›Messias‹ (der Gesalbte) nicht verstanden wurde, hängte Paulus meistens das griechische ›Kyrios‹ (Herr) an, um Jesus Christus als Gottheit zu verdeutlichen. Auch wurde Jesus unter ihm zum Erretter (gr. *soter*), wie man ihn im griechisch-römischen Kulturkreis aus vielfältigen Mythologien kannte: Der Erlöser steigt vom Himmel auf die Erde herab und kehrt nach Vollendung seines Auftrags, der den Menschen dient, zum Himmel zurück.

Obwohl Paulus an vielfältige Mythen des griechisch-römischen Kulturkreises anknüpfte, wird deutlich, dass das hellenistische Heidenchristentum, dem man in den Paulus-Briefen begegnet, immer an der Fleischwerdung des göttlichen Kyrios in Jesus von Nazareth festgehalten und damit nicht in der Mythenvielfalt der alten Welt versunken ist.

Nicht nur Paulus beeinflusste das Christentum mit griechischem Gedankengut. Der große jüdische Denker Philon von Alexandria, Zeitgenosse von Jesus und Paulus, versuchte das Judentum mit der hellenistischen Philosophie zu vereinen. Sein Denken, das stark von Platon, Pythagoras und den Stoikern beeinflusst war, setzte sich allerdings im Judentum langfristig nicht durch, ging jedoch mehr und mehr ins Christentum ein. Einer seiner Nachfolger war Origenes (185–254 n. Chr.), der später von Alexandria nach Caesarea in Palästina zog und eine eigene Schule gründete. Er war christlicher Neoplatoniker und versuchte den Glauben mithilfe der Vernunft zu erklären. Auch das Gedankengut der damals so populären Gnosis, einer dualistischen Lehre, die ursprünglich aus dem persischen Raum stammte, verschmolz Origenes teilweise mit dem Christentum. Der Neuplatonismus, dessen Hauptvertreter Plotin (um 205–270 n. Chr.) von Alexandria nach Rom zog, beeinflusste durch verschiedene Denker maßgeblich das Christentum.

Über 100 Jahre später prägte der wichtigste frühmittelalterliche Philosoph Augustinus (354–430 n. Chr.) das Christentum weiter. Er war einer

Michael Pacher, *Der Teufel hält dem Heiligen Augustinus das Buch der Laster vor,* Altarblatt, 1483

der vier Kirchenväter und Bischof von Hippo in Nordafrika. In seiner Vorstellung, dass vor der Schöpfung der Welt durch Gott schon die Ideen dazu in Gottes Gedanken existierten, findet man Platons Ideenlehre wieder. Wie Plotin meinte Augustinus, dass das Böse in der Abwesenheit Gottes bestehe.

Im Hochmittelalter machte der große christliche Theologe Thomas von Aquin (1225–1274), der aus Italien stammte und später in Paris lehrte, das Denken des antiken Philosophen Aristoteles für das Christentum hoffähig. Thomas glaubte an eine Vereinbarkeit von christlichem Glauben und Vernunft. Laut Aristoteles hatte eine erste Ursache (nach Thomas von Aquin: Gott) alle Naturprozesse in Gang gebracht.

Die vier Evangelisten, Krönungsevangelistar König Vratislavs II., 1085, Prag

Das Lukas-Evangelium soll vom gleichen Autor stammen wie die Apostelgeschichte. Wahrscheinlich war der Verfasser Heidenchrist, womöglich gar von Paulus christianisiert. Zentrales Thema bei Lukas ist das Reich Gottes. Von Lukas stammen viele der bekanntesten Gleichnisse wie die Geschichte vom Barmherzigen Samariter oder die vom Verlorenen Sohn.

Das Johannes-Evangelium hat im Gegensatz zu den drei synoptischen Evangelien einen eigenständigen Charakter, obwohl sich auch hier manche Geschichten wiederholen. Schwerpunkt des Textes sind die langen, häufigen Reden Jesu und das Bekenntnis dazu, dass er der Sohn Gottes ist. Laut Johannes war Jesus mehrmals in Jerusalem, wo der Schwerpunkt seines Wirkens lag. Gleichnisse fehlen völlig. Früher schrieb man ihm auch die Offenbarung, das letzte Buch des Neuen Testamentes, zu. Davon ist die historisch-kritische Forschung heute abgekommen, man vermutet hinter jenem einen Judenchristen, der nach der Niederschlagung des jüdischen Aufstandes gegen Rom das Land verlassen und sich in Griechenland niedergelassen hatte. Viele Forscher erkennen in den beschriebenen apokalyptischen Katastrophen die Christenverfolgungen unter dem römischen Kaiser Domitian, der von 81 bis 96 n. Chr. regierte.

Von der verfolgten Minderheit zur Staatsreligion

Die ersten Christen waren Juden aus Jerusalem, eigentlich noch Angehörige einer apokalyptischen Sekte innerhalb des Judentums. Sieben Wochen nach der Auferstehung Jesu entstand mit dem Pfingstfest die christliche Kirche. Die Jünger oder Apostel erlebten gemeinsam die Herabkunft des Heiligen Geistes in Form von Feuerzungen. Danach begannen sie mit der Verkündigung der Frohen Botschaft, des Evangeliums. Die Apostelgeschichte berichtet ausführlich über das Leben in der ersten christlichen Gemeinde in Jerusalem. Die Gläubigen hielten sich noch streng an das jüdische Gesetz, erregten aber immer wieder Anstoß bei den Hohepriestern und Sadduzäern, einer hellenistisch orientierten jüdischen Religionspartei, die von einem Reich Gottes nichts wissen wollte. Nicht nur Spannungen zwischen Juden und Judenchristen störten den Alltag. Auch innerhalb des neuen Glaubens gab es zwei Richtungen: Die Judenchristen aus dem Kernland folgten weiterhin den jüdischen Geboten, wogegen die Hellenisten, die aus der hellenistisch beeinflussten jüdischen Diaspora stammten, die jüdischen Gesetze liberal auslegten. Ein großer Streitpunkt war die Konvertierung von Heidenchristen. Die Jerusalemer Judenchristen forderten, dass dies nur über den strikten jüdischen Gesetzesgehorsam und die Beschneidung möglich sein durfte. Paulus erkannte aber, dass das Christentum nur dann eine Chance zur großflächigen Ausbreitung hatte, wenn das jüdische Gesetz abgelegt würde. Damit sollte er sich letztlich durchsetzen.

Stephanus war der erste christliche Märtyrer, der zwischen 36 und 40 n. Chr. vor den Toren Jerusalems von Juden gesteinigt wurde. Einige Jahre später wurde Jakobus, der Anführer der Christengemeinde Jerusalems hingerichtet. Die erste bedeutende Gemeinde von Bekehrten heidnischer Abstammung bildete sich in Antiochia in Syrien (dem heutigen südtürkischen Antakya). Dort wurde die Bezeichnung ›Christen‹ zum ersten Mal verwendet.

Die zunehmende Autorität von Paulus war sicher auch das Ergebnis der Katastrophe, die Juden und Judenchristen zwischen 66 und 70 n. Chr. in ihrer Heimat erlebten. Nachdem sich die Juden gegen die römische Besatzungsmacht erhoben hatten, schlug diese den Aufstand brutal nieder und zerstörte den Tempel in Jerusalem. Die Judenchristen hatten sich an der Erhebung nicht beteiligt und wurden nach Pella im Ostjordanland evakuiert oder flüchteten in Städte Syriens, Kleinasiens oder nach Alexandria. Die Aufständischen sahen dies als Aufkündigung der Solidarität mit dem nationalen Geschick Israels. Hier liegt der Bruch der Kirche mit dem Judentum. Nach dem Krieg begannen die Christen, die Überlieferungen zu Leben, Tod und Auferstehung Jesu zu sammeln und niederzuschreiben.

Die folgenden rund 250 Jahre waren durch die kontinuierliche Ausbreitung des Christentums in alle Teile des Römischen Reiches, aber auch von Wellen der Christenverfolgungen gekennzeichnet. Die erste fand direkt nach dem Großbrand Roms unter Nero im Jahr 64 n. Chr. statt. Man hatte den Christen Brandstiftung unterstellt, wahrscheinlich musste auch Paulus in diesem Zusammenhang sein Leben lassen. Gegen Ende der Regierungszeit des Kaisers Domitian (81–96) wurden wegen der Angst des Herrschers vor Verschwörungen auch die Christen verfolgt. Dabei handelte es sich jedoch noch nicht um eine Verfolgung größeren Ausmaßes, wie sie um 250 unter Kaiser Decius, um 257/58 unter Kaiser Valerian und vor allem zwischen 303–313 unter Kaiser Diokletian stattfanden. Alle Verfolgungen wurden mit dem Vorwurf begründet, die Christen würden den Kaiserkult ablehnen. Dieser widersprach in der Tat ihrem Glauben, nachdem es nur einen Gott gab, der in Jesus Christus Mensch geworden war, und somit der Kaiser nicht als Gott verehrt werden durfte. Die Verfolgungen im 3. und 4. Jh. waren aber auch Reaktionen auf die zunehmende Macht der christlichen Kirche, die inzwischen straff hierarchisch organisiert war. Mitte des 2. Jh. war das monarchische Bischofsamt entstanden. Der Bischof hatte als Stellvertreter Christi alle richterlichen Vollmachten und Entscheidungsbefugnis über die wahre Lehre. Nur er und die von ihm geweihten Priester durften den Gottesdienst leiten und das Abendmahl austeilen. Bischofssynoden und übergeordnete bischöfliche Instanzen bildeten bald eine eigene Macht im römischen Staat.

Die Christenverfolgungen endeten abrupt unter Kaiser Konstantin, der 313 mit dem Toleranzedikt von Mailand alle Religionen juristisch gleich stellte. Unter ihm und seiner Mutter, Kaiserin Helena, entstanden die ersten bedeutenden Kirchen an den frühen Wirkungsstätten Christi, die Grabeskirche und die Himmelfahrtskirche in Jerusalem und die Geburtskirche in Bethlehem. Auf dem Totenbett ließ sich Konstantin 337 selbst noch taufen. Seine Religionspolitik hatte jedoch höchstwahrscheinlich weniger religiöse, sondern eher politische Motive. Er hatte erkannt, dass das Christentum die geeignetste Religion zur Stärkung seines Reiches war.

Im Jahr 380 machte der christliche Kaiser Theodosius das Christentum de facto zur Staatsreligion. Dies war jedoch noch kein echter Schlag gegen das Heidentum, sondern eher ein Bekenntnis zur katholisch-orthodoxen Kirche und eine Ablehnung anderer Richtungen wie der des Arianismus. Erst unter Kaiser Justinian I., der von 527 bis 565 n. Chr. regierte, wurde das Christentum endgültig zur alleinigen Staatskirche.

Ostermesse in der Grabeskirche in Jerusalem, Rotunde des Konstantin

Ausbreitung des Christentums
Nicht nur die planmäßige Mission führte zur raschen Ausbreitung des Christentums. Auch fehlende Grenzen im gesamten Römischen Reich, eine gemeinsame Sprache, gute Verkehrswege und damit der rege Handel zwischen den verschiedenen Regionen verbreiteten die neuen Ideen schnell. Das sittlich-moralische Verhalten der Christen beeindruckte: Sie kümmerten sich um Kranke, Arme, Witwen, Waisen, linderten Not, wo es ihnen möglich war, und nahmen Ausgegrenzte in ihre Gemeinschaft auf. Die griechische Philosophie hatte zudem monotheistisches Denken populär gemacht, die alten Götter konnten den Menschen ihre Ängste nicht mehr nehmen. Die christliche Erlösungsbotschaft befriedigte die religiösen Sehnsüchte vieler.

Bräuche, frühe Konzilien, erste Spaltungen
Mit der Ausbreitung des Christentums erst als tolerierte, dann als allein gültige Staatsreligion, übernahm es viele Vorstellungen und Bräuche aus den zuvor verbreiteten heidnischen Kulten. Aus dem umfangreichen Götterpantheon im Römischen Reich wurden inbrünstig verehrte christliche Heilige. Kulte der Muttergottheiten Isis und Artemis lebten im Marienkult fort. Kirchen und Klöster entstanden an Orten alter Götterverehrung, Kirchenbauten kopierten jedoch nicht Tempel, sondern orientierten sich an der Bauform der Basilika. Aus der antiken Markt- und Gerichtshalle wurde die christliche Versammlungshalle, die Kirche. Im byzantinischen Raum entstanden aber auch Zentralbauten wie die eindrucksvolle Hagia Sophia in Konstantinopel, die antike Mausoleen zum Vorbild hatten.

Das Christentum entwickelte sich in diesen ersten Jahrhunderten der Befreiung jedoch nicht nur äußerlich. Innere umfangreiche Diskussionen und die Abhaltung mehrere großer Bischofssynoden, der Konzilien, dienten zur Verabschiedung der ersten Dogmen.

Eine der großen Streitfragen ging um das Wesen Christi, der als Sohn Gottes ein besonderes Verhältnis zu seinem Vater hatte. Arius von Alexandria (230–336) interpretierte Christus als ein vom Vater geschaffenes Geschöpf, diesem untergeordnet und vom Wesen her dem Vater fremd. Athanasius von Alexandria (um 298–373) betrachtete hingegen Christus als dem Vater wesensgleich, als wahren Gott. Kaiser Konstantin berief 325 wegen dieser Streitfrage das ökumenische Konzil von Nicaea ein und bestand auf einer Lösung. Diese manifestierte sich im Glaubensbekenntnis von Nicaea, nach dem Vater und Sohn als wesensgleich definiert und die Lehre des Arius als Ketzerei verurteilt wurde.

Ein weiterer Streitpunkt war die Frage nach der Einordnung des Heiligen Geistes, die 381 auf dem Konzil von Konstantinopel so gelöst wurde, dass auch der Heilige Geist dem Vater als wesensgleich zugeordnet wurde. Somit wurde die Lehre von der Trinität, der Dreieinigkeit Gottes, zum ersten Grunddogma der christlichen Kirche erklärt.

Auf dem Konzil von Chalkedon schließlich, der größten bisher abgehaltenen Bischofssynode 451, stand die Frage nach dem Verhältnis der menschlichen zur göttlichen Natur Christi im Vordergrund. Sie wurde durch ein neuerliches Dogma beantwortet, das als Kompromiss besagt, dass die zwei Naturen in Christus, ›vollkommener Gott‹ und ›vollkommener Mensch‹, weder miteinander vermischt noch voneinander getrennt sind. Diese Zweinaturenlehre wurde von den Vertretern der Lehre der einen Natur Christi (fleischgewordenes Wort Gottes) abgelehnt. Es kam zu einer ersten Kirchenspaltung. Die altorientalischen Kirchen, z. B. die koptische Kirche Ägyptens, die syrisch-orthodoxe Kirche Antiochias und die armenische Kirche, grenzten sich von den chalkedonischen, also den orthodoxen und katholischen Kirchen ab.

Konstantinopel und Rom

In den folgenden Jahrhunderten entwickelten sich im Westen und Osten des alten Römischen Reiches die

Kirchen unterschiedlich weiter. Zwischen Rom und Konstantinopel entstand eine Konkurrenzsituation. Konstantinopel sah sich als das neue Rom, von hier aus wurden nun die Heiden verfolgt, die das Christentum nicht annahmen, der Kaiser stärkte zudem die Position seiner Bischöfe. Allerdings musste sich die Ostkirche im 7. Jh. auch mit dem sich ausbreitenden Islam auseinandersetzen und sich ihm in Syrien, Palästina, Ägypten und Nordafrika auch geschlagen geben. Die Ursprungsgebiete des Christentums waren nun verloren. Dagegen war die Ostkirche im 9. und 10. Jh. erfolgreich bei der Missionierung der Slawen.

Im Westen bildete sich mit Rom und den Päpsten ein mächtiges Zentrum der Kirche heraus. Das theologische Denken wurde stark geprägt durch Augustinus, der einerseits die Idee der Erbsünde entwickelte und andererseits die Weltgeschichte als zwei Reiche interpretierte, die beständig im Kampf miteinander stünden. Das eine, das Reich der Gottesliebe, setzte man mit der Kirche gleich, das andere, das Reich des Teufels, mit der weltlichen Macht. Nach Augustinus war das Finden des Heils außerhalb der Kirche nicht möglich. Diese Ideen stärkten die Stellung des Papstes in einer politisch eher zerrissenen Zeit. Die Differenzen zwischen den Theologen in Konstantinopel und Rom nahmen zu und führten vor allem wegen des Vormachtanspruchs des Papstes unter den Bischöfen 867 schließlich zur Spaltung zwischen orthodoxer und katholischer Kirche. Dieses Schisma wurde nach einer kurzen Zeit des Aufeinanderzugehens schließlich 1054 festgeschrieben und dauert bis heute an. Bemerkenswert sind die Versuche der Annäherung an die griechisch-orthodoxe Kirche durch Papst Johannes Paul II. und in allerjüngster Zeit durch Papst Benedikt XVI.

Ein wichtiger Konflikt, der vornehmlich im östlichen Mittelmeerraum ausgetragen wurde, war der Bilderstreit. Bei der Diskussion um das, was auf den Christusikonen dargestellt wurde, ging es darum, dass der göttliche Aspekt Christi nicht darstellbar sei und es laut Beschluss des Konzils von Chalkedon nicht zu einer Trennung der menschlichen und der göttlichen Natur kommen dürfe. Kaiser Leon III. ließ 730 die Bilder verbieten, es setzte ein wilder Bildersturm ein, viele wertvolle Fresken und Ikonen in Kirchen und Klöstern wurden zerstört. Das Konzil von Konstantinopel erlaubt schließlich 843 die Bilderverehrung wieder, 870 wurde sie gar zum Dogma erklärt. Sie darf jedoch nicht mit einer Anbetung von Bildern verwechselt werden. Verehrt wird auch nicht die menschlich dargestellte Person Jesu oder der Heiligen, sondern das dahinter stehende göttliche Urbild.

Machtkampf zwischen Kaiser und Papst

Nach der Völkerwanderung und dem Untergang des Weströmischen Reiches im 5. Jh. verlagerte sich der Schwerpunkt des politischen Geschehens von Rom in die Gebiete nördlich der Alpen. Einige Germanenstämme waren schon zum arianischen Christentum konvertiert, andere hatten den katholischen Weg eingeschlagen. Letzterer setzte sich durch, als sich der Frankenkönig Chlodwig Ende des 5. Jh. in Reims zum katholischen Christen taufen ließ. Altgermanische religiöse Vorstellungen prägten die Herrschaft der Franken. Selbstverständlich sah sich der König nach alter Tradition als oberster Kultherr und blieb auch als Christ Mittler zwischen Volk und Gott. Er ernannte die Bischöfe und leitete die obersten Kirchenversammlungen. Die Päpste in Rom nahmen viele der alten germanischen Bräuche auf und sicherten sich dadurch ihren Einfluss auf die abendländische Kirche. Aus der germanischen Rechtsprechung wurde die Vorstellung der Buße übernommen, die vom Verursacher an einen Geschädigten geleistet werden musste, oft in Form von Geldbeträgen. Daraus entwickelte sich das bezahlte Ablasswesen, das in dieser Form in der Ostkirche unbekannt blieb.

Das ägyptische Alexandria war im 2. und 3. Jh. das große geistige Zentrum des Christentums. Hier wurden verschiedene Denkmodelle zur Klärung christlicher Fragen diskutiert. Die Taufe sollte nach den Briefen des Apostel Paulus die Menschen von den Sünden befreien. Doch wie konnte man sich der Sünden entledigen, die nach der Taufe begangen wurden, wie den direkten Weg zu Gott finden? Manche Christen sahen den Weg der Erlösung und Vereinigung mit Gott in der Askese, dem weltabgewandten Leben. Erste Asketen zogen sich in Ägypten, Syrien, Palästina und Kleinasien in die Einsamkeit zurück. Der berühmteste Asket war Antonius (um 251–356), der 80 Jahre seines Lebens in der Einsamkeit der ägyptischen Wüste verbracht haben soll. Er gründete bereits erste Einsiedlergemeinschaften, daher gilt er heute als Vater des Mönchswesens. Die ersten Klöster entstanden erst unter dem Ägypter Pachomius, der um 320 das ungeregelte Leben der Eremitengemeinschaften durch ein geregeltes Klosterleben ersetzte.

Die erste abendländische Mönchsregel verfasste Augustinus. Sie lebt bis heute in der Augustinerregel fort. Die ersten abendländischen Klöster waren das Martinskloster im französischen Tours (4. Jh.) und das Kloster auf der Insel Lérins nahe dem südfranzösischen Cannes. Auf der irischen Insel schossen im 5. Jh. Klöster wie Pilze aus dem Boden, ihre Mönche zogen missionierend auch auf das europäische Festland. Im 6. Jh. schuf der irische Mönch Kolumban eine Klosterregel, die von vielen Klöstern auf dem Festland übernommen wurde.

Als Vater des abendländischen Mönchtums bezeichnet man heute jedoch Benedikt von Nursia (um 480–547). Das dekadente Leben der Römer beeinflusste den leidenschaftlichen Sucher nach Gott in seiner Entscheidung, einer Eremitengemeinschaft beizutreten und schließlich 529 sein eigenes Kloster Montecassino südlich von Rom zu gründen. Es war das Jahr, in dem Kaiser Justinian in Athen die uralte Philosophenschule schließen ließ, die einst von Platon gegründet worden war. Die Regula Sancti Benedicti aus der Feder des Klostergründers prägte das Klosterwesen bis in die heutige

Kloster Montecassino, mittlerer Kreuzgang mit der Statue der Heiligen Scholastika

Zeit. Im 9. Jh. setzte Kaiser Ludwig der Fromme die Idee seines Vaters Karls des Großen um und machte die Benediktregel für sein gesamtes Reich zur verbindlichen Klosterregel.

Zisterzienserkloster Sénanque in der Provence

Die Klöster waren längst keine abgelegenen Orte asketischen Lebens mehr, sondern hatten sich zu geistig-kulturellen Zentren des Frankenreiches entwickelt. Von hier gingen theologische, architektonische, künstlerische und praktische landwirtschaftliche Impulse aus. Klöster waren Orte der Bildung, Karl der Große hatte für jedes Kloster die Gründung einer Schule verfügt.

Ab dem 10. Jh. gab es mehrere Reformen innerhalb der Benediktinerbewegung, die sich alle in Frankreich herausbildeten: Die cluniazensische Reform ging vom burgundischen Kloster Cluny aus und strebte eine Rückkehr zur Benediktregel an, da das Klosterleben eine zunehmend weltliche Seite angenommen hatte. Aus dem mächtigen Cluniazenserorden lösten sich Ende des 11. Jh. einige Mönche, die in den einsamen burgundischen Wäldern die Abtei Cîteau und mit ihr bald den Zisterzienserorden gründeten. Er rückte mit seiner Rückkehr zu den fundamentalen Aussagen der Benediktinerregel die alten Mönchsideale Armut und Askese erneut in den Vordergrund.

Im Hochmittelalter wurde die Welt der Klöster und Orden immer differenzierter. Neben den alten Orden folgten viele Gläubige nun den Ritterorden, die sich im Zuge der Kreuzzugsbewegung herausgebildet hatten. Neu war die Entstehung der Bettel- und Predigerorden, eine Reaktion auf die sich ändernden sozialen Verhältnisse der Zeit. Das Wachstum der Städte hatte neue soziale Brennpunkte entstehen lassen, in denen die Mönche des Franziskanerordens (vom Heiligen Franziskus Anfang des 13. Jh. gegründet) nun wirkten. Gegen die zunehmenden häretischen Gruppen (›Ketzer‹) predigten die Dominikaner, die versuchten, sie in den Schoß der Kirche zurückzuholen und führend waren bei den Prozessen der Inquisition. Für sie stand außerdem die Bildung im Mittelpunkt, und sie prägten wie kein anderer Orden das intellektuelle Leben des Hochmittelalters.

König Heinrich IV. und Hugo von Cluny bitten die Markgräfin Mathilde von Tuscien um Vermittlung bei Papst Gregor VII.

Mit der Zeit kristallisierte sich eine Konkurrenz zwischen Herrscher und Papst heraus. Je stärker die Stellung des Papstes in Rom – die katholische Kirche war dabei, sich zur Papstkirche umzugestalten – desto heftiger wurde der Konflikt zwischen weltlicher und geistlicher Macht. Karl der Große sah sich an der Wende vom 8. zum 9. Jh. noch als Herrscher über Volk und Kirche, der Papst betonte jedoch mit der Krönung Karls zum Kaiser in Rom schon seinen erhöhten geistlichen Machtanspruch. Die Nachfolger Karls des Großen, Karolinger, Ottonen und frühe Salier setzten ihre weltliche Herrschaft über die Kirche fort. Diese endete 1075 unter Papst Gregor VII. (1073–1085) und König Heinrich IV. (ab 1053) mit dem Investiturstreit. Der Papst beanspruchte nun allein das Recht, Bischöfe und Äbte einzusetzen. Nach heftigen Auseinandersetzungen, die in der Absetzung des Papstes durch den König und in der Exkommunikation des Königs durch den Papst endeten, kam es zur einstweiligen Versöhnung durch Heinrichs IV. Bußgang nach Canossa im Januar 1077. Die endgültige Einigung brachte aber erst das Wormser Konkordat 1122 unter Papst Calixt II. und Kaiser Heinrich V. Eine Kompromissformel erkannte dem Papst das Recht der Bischofs- und Abtswahl zu und schwächte letztlich die Rolle des weltlichen Herrschers.

Der hohe Machtanspruch der Päpste konnte nicht lange gehalten werden. Im 11. Jh. hatte er schon zum Bruch mit der Ostkirche geführt, im 14. Jh. gelangten die Päpste dann in demütigende Abhängigkeit von den französischen Königen, weil diese ihnen im südfranzö-

Der Zölibat
Ehelosigkeit und Keuschheitsgelübde gibt es seit der Entstehung des Mönchtums. Für Bischöfe bestimmte Kaiser Justinian im 6. Jh. die Ehelosigkeit, für Priester wurde sie damals zwar gefordert, war aber nicht Gesetz. Die katholische Kirche beschloss den Zölibat als unabdingbare Zugangsvoraussetzung für den Empfang der Priesterweihe erst 1139 im Zweiten Laterankonzil unter Papst Innozenz II. In der orthodoxen Kirche und in den katholischen Ostkirchen sind die meisten Priester verheiratet, die reformierten Kirchen kennen ebenfalls keinen Zölibat für ihre Geistlichen. In der katholischen Kirche wurde der Zölibat zu allen Zeiten diskutiert. Heute wird seine Aufhebung besonders in den modernen westlichen Gesellschaften gefordert, da der Priestermangel inzwischen eklatant ist. Laut Vatikan ist der Zölibat kein Dogma, sondern eine disziplinarische Norm. Papst Benedigt XVI. bestätigte 2007 den Zölibat für Priester. Der neue Vorsitzende der Deutschen Bischofskonferenz, Robert Zollitsch, nannte den Zölibat 2008 »nicht theologisch notwendig«.

sischen Avignon Exil gewährten, dessen sie wegen der Bürgerkriege in Rom dringend bedurften. Ab 1378 gab es wegen der innerkirchlichen und großmachtpolitischen Streitigkeiten schließlich zwei Päpste, einen in Rom und einen in Avignon, ab 1409 regierten gar drei Päpste die Kirche, sie erkannten sich allerdings nicht an und exkommunizierten sich gegenseitig. Dem Konzil von Konstanz (1414–1418) gelang schließlich die Beendigung der Kirchenspaltung (Schisma) und die Einsetzung eines neuen, einzigen Papstes. Die Zeit des sogenannten Babylonischen Exils der Päpste in Avignon und das anschließende Schisma legten die Wurzeln für die im 16. Jh. erfolgende große Kirchenspaltung in Europa.

Kreuzzüge, Scholastik und Kritik an der Kirche
Nachdem der byzantinische Kaiser das Abendland um Hilfe gegen das Vordringen der Muslime gebeten hatte, rief Papst Urban II. 1095 in Frankreich zum ersten Kreuzzug auf. Ziel war die Befreiung der heiligen Stät-

ten im Ursprungsgebiet des Christentums und der Kampf gegen die Ungläubigen. Insgesamt sieben Kreuzzüge wurden zwischen 1096 und 1272 in Richtung Palästina und Ägypten unternommen, zu Beginn noch mit gewissem Erfolg, gegen Ende nur noch mit desaströsen Ergebnissen. Unter der ansässigen muslimischen und jüdischen Bevölkerung richteten die Kreuzfahrer verheerende Blutbäder an. Das Trauma, das damals bei den Menschen entstand, wirkt bis heute im Islam nach. Es gelang den Christen nicht, die heiligen Stätten in Jerusalem, Bethlehem und Nazareth auf Dauer zu halten. Auch die Zusammenarbeit mit dem byzantinischen Kaiser wurde bald aufgekündigt. Der vierte Kreuzzug (1202–1204) wandte sich direkt gegen Konstantinopel, die christliche Kaiserstadt wurde von den abendländischen Rittern geplündert, ein Franzose auf den Kaiserthron gesetzt und das orthodoxe Patriarchat für einige Jahre dem römischen Papst unterstellt. Die Schwächung von Byzanz durch die Kreuzritter erleichterte das Vordringen der muslimischen Osmanen, die 1463 Konstantinopel eroberten.

Eine der Auswirkungen der Kreuzzugsbewegung war die Gründung von Ritterorden, die sich einerseits für den Schutz der Pilger militärisch engagierten, andererseits Kranke und Verwundete pflegten. Sie wirkten nach der Zeit der Kreuzzüge im Abendland weiter und wurden zu einer nicht zu unterschätzenden Macht innerhalb der katholischen Kirche.

Kreuzritterfestung Krak des Chevaliers in Syrien

Das Denken innerhalb der Kirche begann sich mit den Ideen des Anselm von Canterbury im ausgehenden 11. Jh. zu wandeln. Er berief sich auf die Philosophie Platons, als er sagte, dass die Vernunft notwendig zu den

Wahrheiten des christlichen Glaubens führen müsse. Mit diesen Gedanken begründete er das Denken der Scholastik. Der Dominikanerprediger Thomas von Aquin verstärkte Ende des 13. Jh. diese Vorstellungen noch, indem er das Vernunftdenken Aristoteles' gleichberechtigt neben die bisherige Lehre der Kirche stellte. Die Verbreitung der Scholastik führte auch zu einem Aufblühen der Wissenschaften, der sogenannten Sieben freien Künste Grammatik, Rhetorik, Dialektik, Arithmetik, Geometrie, Musik und Astronomie. Der Hauptskeptiker in Bezug auf das Vernunftdenken im Glauben war Wilhelm von Ockham (um 1285–1347), dessen Vorstellungen zwei Jahrhunderte später den Reformator Martin Luther maßgeblich beeinflussten.

Machtmissbrauch der Amtskirche und verweltlichtes Leben des Klerus führten im 12. und 13. Jh. zum starken Anwachsen antiklerikaler Bewegungen wie der Katharer oder der Waldenser. Sie riefen im Gegensatz zum Reichtum der Kirche zu Armut und einfachem Leben auf. Der Papst gründete 1231 die Inquisition, eine Institution, die mit allen Mitteln, auch mit Folter, versuchen sollte, die Abtrünnigen in den Schoß der Kirche zurückzuholen.

Reformation und Kirchenspaltung

Im 15. Jh. entwickelte sich in Italien mit der Renaissance die neue Idee, dass nicht mehr die Kirche und das Denken an ein Jenseits im Zentrum stehe, sondern der diesseitige Mensch. Diese Vorstellungen gelangten als Humanismus auch über die Alpen und führten vermehrt zu kirchenkritischen Äußerungen. Blühender Ablasshandel, Hexenverfolgungen und andere mittelalterliche Praktiken, die veraltet schienen, provozierten vermehrt Rufe nach Reformen in der Kirche. Die katholische Papstkirche verschloss sich jedoch diesen Rufen.

Auslöser der kirchlichen Reformbewegungen, die schließlich zur großen Kirchenspaltung führten, war

Lucas Cranach der Ältere, *Reformator Martin Luther,* 1528

der Augustinermönch Martin Luther (1483–1546) aus Thüringen. Als Theologieprofessor verbreitete er seine neuen Ideen in seinen Vorlesungen, konnte seine Gedanken aber auch dank des noch jungen Buchdrucks in hohen Auflagen einem größeren Interessentenkreis zukommen lassen. Das Fundament seiner Theologie war seine Rechtfertigungslehre: Gerecht vor Gott war der Mensch nicht wegen seiner guten Taten (Ablasszahlungen, Reliquienverehrung, fromme Lebensführung), sondern einzig und alleine wegen der Gnade Gottes, die er durch den Glauben an Christus erlangte. Die katholische und die orthodoxe Kirche gestanden dem Menschen Gerechtigkeit vor Gott nur durch den Erhalt der Bußsakramente durch den Priester zu. Buße war durch gute Taten und sogar den Kauf von Ablassbriefen möglich.

Ein historisches Datum ist der 31. Oktober 1517, als Luther seine 95 Thesen gegen den Ablass an das Tor der Schlosskirche von Wittenberg anschlug. Den Handel mit Ablassbriefen, der zu dieser Zeit besondere Blüten trieb, verabscheute er zutiefst. 1520 forderte eine päpstliche Bulle Luther zur Rücknahme seiner Thesen auf. Als er dies verweigerte und gar die Bulle öffentlich verbrannte, wurde er exkommuniziert. Luther verwarf nun die Vorrangstellung des Papstes und reduzierte die Anzahl der kirchlichen Sakramente von sieben auf zwei: Taufe und Eucharistie (Abendmahl) blieben übrig, Buße, Priesterweihe, Firmung, Heirat und Letzte Ölung entfielen. Für Luther stand die Heilige Schrift im Zentrum des Glaubens. Daher übersetzte er die Bibel ins Deutsche, um sie jedem Gläubigen zugänglich zu machen. Alle kirchlichen Handlungen und Ämter sollten durch die Heilige Schrift legitimiert sein. Für einen Papst oder den Zölibat fand Luther dort keine Rechtfertigung. Deshalb heiratete er die ehemalige Nonne Katharina von Bora.

Ursprünglich hatte Luther keine neue Kirche gründen wollen, doch vollzog er durch sein Verhalten und die Radikalität seiner Lehre schließlich den Bruch mit Rom. Ab 1526 entstanden die ersten lutherischen Landeskirchen, nachdem Fürsten und Freie Reichsstädte den neuen Glauben angenommen hatten. Kaiser Karl V., der katholisch blieb, wollte dennoch den Frieden in seinem Reich bewahren und berief deshalb 1555 einen Reichstag nach Augsburg ein. Der dort geschlossene Religionsfrieden gestand den Landesherren die Freiheit der Religionswahl zu, für ihre Untertanen galt diese Entscheidung auch (»Cuius regio, eius religio« – wessen Land, dessen Religion).

Luthers Reformen breiteten sich schnell auch außerhalb Deutschlands aus, die Schweiz brachte eigene Reformatoren hervor. Ulrich Zwingli (1484–1531) aus Zürich war ein noch radikalerer Anhänger der Heiligen Schrift als Luther. Alles, was in ihr nicht vorkam, wurde verworfen, z. B. das Orgelspiel im Gottesdienst. Der wichtigste Unterschied zwischen ihm und Luther war das Verständnis der Gegenwart Christi in der Eucharistie. Zwingli sah in der Austeilung von Brot und Wein ein symbolisches Nacherleben des Leidens Christi. Für Luther waren Leib und Blut Christi in Brot und Wein real präsent. Er lehnte jedoch die katholische Lehre der Eucharistie ab, nach der der Priester im Auftrag Christi handelt und Brot und Wein in Fleisch und Blut Christi verwandelt (Transsubstantiation). Wichtiger als Zwingli wurde Johannes Calvin (1509–1564), ein Franzose, der hauptsächlich in der Schweiz wirkte. Er übernahm viele lutherische Thesen, setzte sich jedoch wie Zwingli durch die Abendmahlspraxis von ihm ab. Auch seine Prädestinationslehre stand im Gegensatz zu Luther, die besagte, dass jedem Menschen vorherbestimmt sei, ob er den Weg des Heils oder des Unheils ginge. Wirtschaftlicher Erfolg galt als Zeichen der Erwählung zum Heil, deshalb blühte in calvinistischen Kreisen bald die Wirtschaft. Die theologische Akademie in Genf, wo Calvin wirkte, entsandte ausgebildete Prediger in viele Gebiete Europas. Teile Frankreichs wurden von hier aus reformiert, ihre Anhänger wurden ›Hugenotten‹ genannt. Eine calvinistische Kirche, seit Ende des 16. Jh. als reformiert bezeichnet, ist an der spartanischen Innenausstattung zu erkennen.

In England hatte die Entstehung der anglikanischen Kirche wenig mit der Reformation zu tun. Sie geht auf einen Streit zwischen Papst Clemens VII. und König Heinrich VIII. zurück. Der König wollte eine päpstliche Anerkennung seiner Scheidung, der Papst verweigerte sie, worauf Heinrich sich von der Papstkirche lossagte und seine eigene Kirche gründete. Der Gottesdienst blieb weiterhin in seiner Gestalt katholisch, die Lehre der anglikanischen Kirche glich sich aber im Laufe der Zeit zunehmend an calvinistische Vorstellungen an.

Die reformatorischen Bewegungen, die zunächst nur innere Reformen der Kirche im Sinn hatten, begründeten schließlich neuen Kirchen: die lutherische, die calvinistisch-reformierte, die anglikanische und kleineren Gruppen, aus denen später die Freikirchen hervorgingen.

Innerhalb der katholischen Kirche brachte das Konzil von Trient (1545–1563) nur gemäßigte Reformen. Es versuchte zwar, das überzogene Ablasswesen und die Unmoral vieler Priester einzudämmen, stärkte aber ansonsten die Stellung des Papstes und die der konservativen Kräfte innerhalb der Kirche.

Gegenreformation, Aufklärung und Säkularisation

In der zweiten Hälfte des 16. und zu Beginn des 17. Jh. fand in vielen evangelischen Gebieten eine Rekatholisierung statt. Dieser Prozess wurde bekannt als Gegenreformation und getragen vom jungen Orden der Jesuiten, der 1534 von dem Spanier Ignatius von Loyola gegründet worden war. Im Auftrag des Papstes waren die Jesuiten insbesondere in Österreich, Böhmen, Mähren und in Polen erfolgreich. In Deutschland konnten sie einige Fürsten zur Rückkehr zum Katholizismus bewegen, so wurden deren Lande wieder katholisch. In

Matthäus Merian der Ältere, *Bartholomäusnacht,* 1630

Frankreich führten die Hugenottenkriege mit der blutigen »Bartholomäusnacht« 1572 schließlich zum Edikt von Nantes, in dem König Heinrich IV. 1598 Religionsfreiheit gewährte.

Der Dreißigjährige Krieg (1618–1648), der große Teile Europas verwüstete, wurde neben politischen Motiven von religiösen Interessen gelenkt. Dank des Eingreifens des schwedischen Königs Gustav Adolf überlebte der deutsche Protestantismus. Böhmen hingegen wurde wieder vollständig katholisch. In Frankreich widerrief König Ludwig XIV. 1675 das Edikt von Nantes, die Hugenotten wurden aller religiösen und bürgerlichen Rechte beraubt, die meisten von ihnen wanderten aus und ließen sich in den protestantischen Niederlanden, in der Schweiz und in Deutschland nieder.

Durch den Kolonialismus gelangten die Glaubensformen der Kolonialmächte auf alle Kontinente. Die Engländer brachten die anglikanische Kirche überwiegend nach Asien und Zentralafrika, die Niederländer die reformierte Kirche nach Asien, Südamerika und Südafrika und die Spanier die katholische Kirche nach Lateinamerika. Zudem wanderten viele verfolgte christliche Splittergruppen nach Nordamerika aus, wo sie sich entwickeln konnten. Sie bildeten die Wurzeln der heute starken evangelikalen Kirchen Nordamerikas.

Der Gegenreformation gelang es jedoch nicht, die sich ausbreitenden Gedanken der Aufklärung zu unterdrücken. Mithilfe der Vernunft wurde das christlich-mittelalterliche Denken und die unkritische Obrigkeitstreue hinterfragt. Die Strömung ging von den Niederlanden, Frankreich und England aus und verbreitete sich bald über ganz Europa. Die religions- und kirchenkritischen Schriften des Niederländers Spinoza und des Franzosen Voltaire regten viele Zeitgenossen dazu an, das Ende der Macht der Kirche zu fordern. Dies führte schließlich zur Säkularisation, die in verschiedenen Ländern Europas sehr unterschiedlich vonstatten ging. Die radikalste Lösung wählten die Franzosen mit ihrer Revolution 1789, indem sie das Christentum verboten, alle Klöster auflösten und den gesamten Kirchenbesitz verstaatlichten. Die Säkularisation in Deutschland ist geprägt durch den Reichsdeputationshauptschluss 1803 in Regensburg, der die Auflösung aller geistlichen Reichsstände und vieler Klöster beschloss und den Kirchenbesitz weltlichen Herrschaften zuschlug. Überall, wo die Säkularisation besonders radikal durchgeführt worden war, wurde sie im 19. Jh. teilweise wieder rückgängig gemacht. Ihre alte wirtschaftliche und gesellschaftliche Macht erlangte die Kirche aber nirgendwo mehr. Sie rückte an den Rand des Geschehens, in vielen Ländern kam es zu einer strikten Trennung von Kirche und Staat.

Das 19. Jh. ist gekennzeichnet durch die Entstehung einer evangelischen Erweckungsbewegung als Gegenreaktion zur Aufklärung einerseits und ein Erstarken der Religionskritik andererseits. Aus der gemäßigten Kritik Ludwig Feuerbachs wurde die radikale Forderung Karl Marx' (1818–1883) nach der Abschaffung der Religion, die »Opium fürs Volk« sei. Friedrich Nietzsche (1844–1900) erklärte Gott für tot, Sigmund Freud beschrieb die Religion schließlich als große psychische Störung des Menschen, eine belastende Zwangsneurose. Die Erweckungsbewegung lieferte die entscheidenden Impulse für die Gründung der Diakonie, den sozialen kirchlichen Dienst am Menschen.

Die katholische Kirche setzte durch das Erste Vatikanische Konzil (1869–1870) auf eine Stärkung ihrer Position, das Dogma von der Unfehlbarkeit des Papstes wurde erlassen. Daraufhin löste sich die altkatholische Kirche von Rom. Papst Leo XIII. formulierte 1891 das Konzept der römisch-katholischen Soziallehre, 1897 entstand der Deutsche Caritasverband.

Christentum heute

Die Theologen der großen christlichen Kirchen folgen heute fast alle der ursprünglich von reformierten Christen eingeführten historisch-kritischen Methode bei der Erforschung von Bibeltexten, der Kirchen- und Dogmengeschichte. Die evangelikalen Christen, die meist in Freikirchen organisiert sind, bestehen hingegen weiterhin auf die wörtliche Annahme der biblischen Texte.

Auch im Bereich der Ökumene haben die meisten Kirchen große Fortschritte gemacht. Die engen Beziehungen zwischen den christlichen Konfessionen wurden 1948 durch die Gründung des Ökumenischen Rates der Kirchen (ÖRK, World Council of Churches) manifestiert, dem inzwischen rund 350 Kirchen angehören, darunter alle großen evangelischen, die anglikanische und die altkatholische Kirche und fast alle orthodoxen Kirchen. Die meisten Freikirchen distanzieren sich vom ÖRK. Die katholische Kirche entsendet zwar Beobachter zu den Tagungen, kann aber wegen ihrer Auffassung, dass Ökumene nur im Schoß der römisch-katholischen Kirche verwirklicht werden könne, nicht Mitglied werden. Deshalb sind die Kirchen der Reformation laut katholischer Lehre keine echten Kirchen, sondern nur kirchliche Gemeinschaften, was auf reformierter Seite regelmäßig Irritationen hervorruft.

Allerdings kam die katholische Kirche mit dem Zweiten Vatikanischen Konzil (1962–1965) vielen ihrer Gläu-

Papst Benedikt XVI. feiert eine Messe zum dritten Jahrestag seiner Papstwahl

bigen entgegen, die eine Modernisierung innerhalb der Kirche gefordert hatten. Seither darf die Messe in den jeweiligen Landessprachen gefeiert werden, wird den Worten der Heiligen Schrift größere Bedeutung beigemessen und ist die Stellung der Laien innerhalb der Kirche gestärkt.

Am 31. Oktober 1999 unterzeichneten Vertreter des Vatikans und des Lutherischen Weltbundes in Augsburg eine gemeinsame Erklärung zur Rechtfertigungslehre, die diese Jahrhunderte alte Kontroverse über die Frage des Weges zum Heil abschloss. Offen bleibt die Frage der unterschiedlichen Betrachtungsweise des Abendmahls (Eucharistie) und damit der Weg zur Abendmahlsgemeinschaft von Katholiken und Protestanten.

Stärker als der reformierten versucht die römisch-katholische Kirche, sich der orthodoxen Kirche anzunähern. Schon 1964 war der gegenseitig ausgesprochene Bannfluch von 1054 aufgehoben worden. Später bemühten sich die Päpste Johannes Paul II. und Benedikt XVI. um eine Überwindung der Gegensätze. Die orthodoxe Kirche ihrerseits pflegt jedoch mit den reformierten Kirchen eine engere Gemeinschaft als mit der römisch-katholischen Kirche.

1986 demonstrierte Papst Johannes Paul II. mit der Einladung an Vertreter aller Weltreligionen zum Friedensgebet in Assisi den Willen zum Dialog. Auch gegenüber dem Judentum gibt es seit dem Papstbesuch 1986 in der römischen Synagoge eine neue Öffnung und neue Toleranz. Im Jahr 2000 besuchte der Papst Israel und bekannte sich an der Klagemauer in Jerusalem zur Unterlassungsschuld der katholischen Kirche während des Holocaust. Außerdem schlug er mit der Anerkennung der ewigen Erwählung Israels neue Töne hinsichtlich des Judentums an.

Das Christentum ist heute mit rund 2,1 Milliarden Anhängern, fast einem Drittel der Menschheit, die umfangreichste aller Religionsgemeinschaften. Die größte Dynamik hat es jedoch nicht in den reichen Ländern der Nordhalbkugel, sondern in den Ländern der Dritten Welt, vor allem auf der Südhalbkugel. In vielen wohlhabenden Ländern prägen Kirchenaustritte und Priestermangel das Bild, in den armen Ländern wachsen die Kirchengemeinden und hier wiederum die Freikirchen besonders stark an. Die Pfingstler, eine charismatische Bewegung des Protestantismus, die das Wirken des Heiligen Geistes betonen, sind erst zu Beginn des 20. Jh. entstanden und gehören heute zu den am stärksten anwachsenden Kirchen der Welt. Sie missionieren besonders erfolgreich in Schwarzafrika, Südkorea und in Brasilien.

Obwohl es heute Hunderte von christlichen Konfessionen und Bewegungen gibt, sind sich alle einig im Glauben an einen dreieinigen Gott (Vater, Sohn und Heiliger Geist), an die Auferstehung der Toten, das stellvertretende Leiden Christi für die Sünden der Menschen am Kreuz und seine Auferstehung am Ostermorgen. Alle halten am Sonntag, dem Tag der Auferstehung, als wöchentlichem Feiertag fest, und alle lesen die Bibel, die in über 1500 Sprachen übersetzt und das am meisten verbreitete Buch der Welt ist.

Der Glaube an Allah als den einzigen Gott und an dessen wichtigsten und letzten Propheten Mohammed ist die Basis des islamischen Glaubens. Der liebende und gerechte Gott ist Schöpfer der Welt und zugleich oberster Richter nach der Auferstehung der Toten. Der arabische Begriff ›Islam‹ bedeutet ›Hingabe‹ oder ›Unterwerfung vor Gott‹. Davon abgeleitet ist der Begriff ›Muslim‹ als ›der sich Unterwerfende‹. Die Bezeichnung ›Mohammedaner‹ wird von Muslimen abgelehnt, weil nicht Mohammed (wie im Christentum Jesus), sondern Gott und seine offenbarten Worte im Koran im Mittelpunkt stehen.

Mohammed und die neue Religion

Mohammed ist der einzige große Religionsstifter, dessen Leben grob rekonstruierbar ist. Die Quellen, der Koran und die Hadithe (Überlieferungen über Mohammed) stellen ihn als Verkünder einer göttlichen Wahrheit dar. Sie sind ebenso wenig neutral wie christliche Quellen, in denen Mohammed abgelehnt wird. Die biografischen Aussagen über ihn dürften der Wahrheit sehr nahe kommen.

Geboren wurde Mohammed um 570 n. Chr. in Mekka als Mitglied eines verarmten Zweigs des einflussreichen Stammes der Quraisch. Der Vater starb vor seiner Geburt, die Mutter, als er sechs Jahre alt war. Das Waisenkind wuchs zunächst bei seinem Großvater, dann bei seinem Onkel Abu Talib auf. Als junger Mann trat Mohammed in den Dienst der reichen Kaufmannswitwe Chadidscha und unternahm in deren Auftrag ausgedehnte Handlungsreisen. Mit 25 Jahren heiratete er die 15 Jahre ältere Frau und zeugte sieben Kinder mit ihr.

Die Religion seines Umfeldes war ein altarabischer Polytheismus mit dem wichtigen Pilgerzentrum in Mekka. Dort stand die Ka'aba, ein würfelförmiges Gebäude, in dem ein schwarzer Meteorit lag, der himmlischer Herkunft sein sollte. Hier wurde eine ganze

Reihe von Göttern aus dem altarabischen Pantheon verehrt. Mohammed traf außerdem nicht nur in Mekka, sondern auch während seiner Handelsreisen ins byzantinische Syrien auf Christen. Ebenso kannte er Juden und war teilweise mit ihrem Glauben und ihren Bräuchen vertraut.

Die Ka'aba während der Pilgerfahrt in Mekka

610 n. Chr. hatte Mohammed seine ersten Offenbarungen. Er befand sich zur Meditation in einer Berghöhle in der Wüste. Dort erschien ihm der Erzengel Gabriel und berichtete ihm von Allah, dem alleinigen liebenden und barmherzigen Schöpfergott. Zunächst erschrak Mohammed über die Erscheinung, erfuhr sie immer wieder und berichtete nur seiner Frau Chadidscha und seinen engsten Vertrauten davon. Erst im Jahr 612 begann er mit seiner öffentlichen Mission, verkündete den Beduinen der Wüste und den Bewohnern Mekkas die Existenz des einzigen Gottes und dessen Rolle als Schöpfer und ewigem Richter. Mohammed predigte die Auferstehung des Fleisches am Jüngsten Tag und die göttliche Verdammung des rücksichtslosen Besitzstrebens. Diese Predigten kamen vor allem bei den wohlhabenden Kaufleuten in Mekka nicht gut an. Sie sahen in Mohammed einen gefährlichen Sozialrevolutionär, der ihre wirtschaftliche und politische Machtstellung bedrohte. Mit seiner Ankündigung des Weltendes, den Beschreibungen der Höllenqualen für die Sünder und den Glückseligkeiten im Paradies für die Gläubigen erntete er herben Spott. Da Mohammed keine Wunder vollbrachte, glaubte man ihm seine prophetische Sendung nicht.

Den Beweis für seinen göttlichen Auftrag lieferte er jedoch bald: Eine nächtliche Reise auf der geflügelten Stute Burak führte ihn nach Jerusalem und von dort direkt in den Himmel, wo Gott ihm mitteilte, dass er ihn vor allen anderen Propheten erwählt habe. Gott vertraute Mohammed den Koran an, den dieser nach seiner Rückkehr seiner Umgebung offenbarte. Ob das Ziel der Reise wirklich Jerusalem war, geht aus der 17. Sure des Korans nicht hervor. Dort heißt es nur: »Preis dem, der seinen Diener des Nachts entführt von der heiligen Moschee zur entferntesten Moschee, deren Umgebung wir gesegnet haben, um ihm unsere Zeichen zu zeigen.« Wichtig wurde diese Vereinnahmung der für Juden und Christen heiligen Stadt bei der späteren Ausbreitung des Islam und der Eroberung Jerusalems. Sie legitimierte die Eroberer politisch und erleichterte die Überwindung von Juden- und Christentum durch die neue Religion. Mohammed legte Jerusalem als Richtung (arab. *qibla*) für Gebete fest.

Durch seine wunderbare Reise und den direkten göttlichen Auftrag der Verbreitung der Offenbarungen gewann Mohammeds Mission an Gewicht. Andererseits verschärfte sich der Konflikt mit seinen Gegnern, die ihre Macht zunehmend bedroht sahen. Zudem starben 619 seine wichtigsten Unterstützer, seine Frau Chadidscha und sein Onkel Abu Talib, der ihn stets in Schutz genommen hatte. Mohammed und seine Anhänger verloren jetzt die Rechte innerhalb ihrer Stämme, was sie in große Gefahr brachte, weil die Stammeszugehörigkeit wichtigster Schutz für Araber war.

Der Prophet wählte deshalb 622 das Exil. Die etwa 300 km nördlich von Mekka gelegene Oasenstadt Yathrib gewährte ihm und seinen Anhängern Aufnahme. Später nahm sie den Namen Medina (von arab. *madinat an-nabi* – Stadt des Propheten) an. Die Auswanderung (arab. *hidschra*) Mohammeds nach Medina markiert den Beginn der islamischen Zeitrechnung. Bis heute wird nach dem Mondkalender gerechnet, das

Der Felsendom mit goldener Kuppel in Jerusalem

islamische Jahr ist also mit 354 Tagen um elf Tage kürzer als das Sonnenjahr.

In Medina wurde ein Haus für den Propheten errichtet, das nicht nur ihm und seiner Familie Wohnraum bot, sondern auch den Gläubigen als Versammlungsort diente. Es wurde zum Prototyp vieler späterer Moscheen. Die Aktivitäten Mohammeds konzentrierten sich auf die Organisation der Gemeinde der Gläubigen (arab. *umma*). Nicht die Stammeszugehörigkeit zählte, sondern der Glaube. Kultische Regeln wie Gebete, Fasten und Almosen wurden festgelegt.

Während der ersten Jahre in Medina pflegte Mohammed engen Kontakt zu den drei jüdischen Stämmen, die dort lebten. Er lernte in Ausschnitten die Hebräische Bibel kennen und übernahm außer der Gebetsrichtung noch weitere jüdische Bräuche. Da es ihm jedoch nicht gelang, die Juden zur Konvertierung zu bewegen, wandte er sich von ihnen ab. Den Bruch markiert das Jahr 624, in dem Mohammed nach einer Offenbarung die Gebetsrichtung von Jerusalem nach Mekka verlegte. Er verkündete den Bau der Ka'aba durch Abraham und dessen Sohn Ismael. Dieser geniale Schachzug ermöglichte eine Rückkehr zu den arabischen Wurzeln und letztlich die Einigung der arabischen Stämme – nun aber unter dem Vorzeichen des islamischen Monotheismus.

Mekkapilger küssen während der Umrundung der Ka'aba den in die Mauer eingelassenen in Silber gefassten Stein, einen Meteoriten

Mohammeds Ansehen in Medina stieg nicht zuletzt wegen seiner militärischen und wirtschaftlichen Erfolge. Er ließ wiederholt Handelskarawanen aus Mekka überfallen. Die Schlacht bei Badr 624 gegen die Bewohner Mekkas, die Mohammed trotz seiner militärischen Unterlegenheit gewann, wurde als Bestätigung seiner göttlichen Berufung gewertet. 628 erfuhr Mohammed in einer neuen Offenbarung, dass die Muslime die uralte Pilgerfahrt zur Ka'aba nach Mekka unternehmen sollten. Dank eines Waffenstillstandes wurde dies möglich. Zwei Jahre später brach Mohammed ihn und besetzte die Stadt. Die Ka'aba wurde von alten Götterbildern befreit und für den Islam gereinigt. Als Hauptstadt seines ›Gottesstaates‹ bestimmte Mohammed diplomatisch nicht Mekka, sondern Medina. Dort empfing er Stammesvertreter aus ganz Arabien, die ihm den Übertritt ihrer Stämme zum Islam mitteilten. Als Mohammed 632 in Medina starb, war es ihm gelungen, die arabische Halbinsel nicht nur religiös, sondern auch politisch fast vollständig zu einen.

Der Koran

Der Koran, die heilige Schrift des Islam, wurde laut Überlieferung zwischen 610 und 632 n. Chr. als Wort Gottes dem Propheten Mohammed offenbart. Dies geschah sowohl durch den Erzengel Gabriel (arab. *djibril*) als auch durch Gott selbst.

Der Koran wird als das Buch gewordene Wort Gottes verehrt, Jesus Christus von den Christen als das Fleisch gewordene Wort Gottes. Da Mohammed nur das Medium der göttlichen Offenbarung ist, steht er, was die Rangfolge der Verehrung betrifft, hinter dem Koran.

Da der Koran als das Wort Gottes angesehen wird, darf er nicht verändert werden. Eine Übersetzung ist nur die ungefähre Wiedergabe der göttlichen Offenbarung und somit für gläubige Muslime nicht zulässig. Der Koran muss auf Arabisch rezitiert werden, was zur Ausbreitung der arabischen Sprache und Schrift im gesamten muslimischen Raum beigetragen hat. In nicht arabischsprachigen Ländern sind die Koranschulen wichtig, weil dort Muslime lernen, den Koran zu verstehen.

Einen Beweis für die Göttlichkeit des Textes stellt laut islamischer Lehre die unnachahmlich schöne Sprache des Korans dar. Sie muss deshalb sorgfältig wiedergegeben werden, sei es als Rezitation oder als Schrift. Letztere hat zur Entwicklung einer kunstvollen Kalligrafie geführt.

Der Koran ist in 114 Abschnitte, die Suren, eingeteilt, die weder einer thematischen noch einer chronologischen Ordnung folgen, sondern nach abnehmender Länge niedergeschrieben sind. Ausnahme ist die erste Sure, ›die Eröffnung‹ *(al-Fatiha)*. Sie wird in regelmäßigen rituellen Gebeten neben anderen Suren gesprochen und ist in ihrer Bedeutung vergleichbar dem Vaterunser der Christen.

Die Suren wurden nicht von Mohammed selbst aufgeschrieben, sondern teilweise noch zu seinen Lebzeiten von Vertrauten, teilweise aber erst nach seinem Tod von Schreibern unter dem Kalifen Abu Bakr. Etwa 20 Jahre nach Mohammeds Tod ließ der dritte Kalif Uthman einen neuen Koran niederschreiben und die alten Texte, die in verschiedenen Dialekten abgefasst

1. Sure des Koran, die Eröffnung (al-Fatiha)

1 Im Namen des barmherzigen und gnädigen Gottes.
2 Lob sei Gott, dem Herrn der Menschen in aller Welt,
3 dem Barmherzigen und Gnädigen,
4 der am Tag des Gerichts regiert!
5 Dir dienen wir, und dich bitten wir um Hilfe.
6 Führe uns den geraden Weg,
7 den Weg derer, denen du Gnade erwiesen hast, nicht (den Weg) derer, die d(ein)em Zorn verfallen sind und irregehen!

waren, vernichten. Im 10. Jh. wurde der Text modifiziert und erhielt seine heutige Form. Die Sprache ist der Dialekt des mekkanischen Stammes der Quraisch, das heutige Hocharabisch.

Bei den Suren lassen sich jene der mekkanischen Zeit von jenen der Offenbarungen in Medina unterscheiden. Erstere sind kürzer und beziehen sich eher auf Glaubensinhalte, Letztere enthalten in längeren Abschnitten vorwiegend Gedanken über die Organisation der muslimischen Gemeinde (arab. *umma*).

Der Koran ist für einen gläubigen Muslim die oberste Richtschnur für jedes Handeln. Er enthält Glaubensgrundsätze, die ähnlich christlichen Dogmen als unveränderbar wahr gelten. Diese beziehen sich auf die Einheit Gottes, die Propheten und Gesandten, die Engel und das Jüngste Gericht. Andere Suren beschreiben das religiöse Leben und die Bräuche wie Gebet, Gottesdienst, Fasten und Pilgerfahrt. Ferner sind das weltliche Leben, seine Regeln und sittlich-moralischen Maßstäbe erfasst, dies reicht von Anweisungen zum Zähneputzen bis zum Straf- und Familienrecht. Hier ist klar zu erkennen, dass es im Islam keine Trennung zwischen religiösen und weltlichen Lebensbereichen gibt. Wichtig sind die Erzählungen, die man ähnlich in der Bibel der Juden und Christen wiederfindet. Man liest von Adam, Noah, Abraham und Mose. Abraham soll allerdings laut Koran nicht versucht haben, seinen Sohn Isaak, sondern Ismael, den gemeinsamen Sohn

Illuminierte Koran-Handschrift, Beginn der 38. Sure

mit der Magd Haggar, zu opfern. Jesus gilt als wichtiger Prophet, jedoch nicht als Gottes Sohn. Die heiligen Bücher der Christen und Juden werden wegen dieser Abweichungen als falsch eingeordnet, ihre Religionen als überwunden betrachtet. Deren Anhänger werden dennoch als Völker des Buches geachtet.

Aus dem Koran wird nicht nur während der Gottesdienste in der Moschee gelesen, sondern zu vielen feierlichen Anlässen wie Hochzeiten, Begräbnissen oder politischen Versammlungen.

Eine textkritische Fassung, vergleichbar der historisch-kritischen Methode der Bibelexegese, wurde lange von der islamischen Welt abgelehnt. Wissenschaftler der Berlin-Brandenburgischen Akademie der Wissenschaften beschäftigen sich derzeit mit dieser Thematik, um den Koran im Rahmen seines historischen Entwicklungsprozesses zu verstehen. Die türkische Religionsbehörde Diyanet arbeitet seit einigen Jahren an einem Korankommentar und an einer kritischen Edition der Hadithe (Aussprüche und Handlungen des Propheten). Ziel ist nicht eine Reformation des Islam oder eine revolutionäre Neuinterpretation, sondern die Aufbereitung alter Quellen im Licht des 21. Jh. Hadith- und Korantexte sollen nicht verändert, sondern aus der Zeit ihrer Entstehung heraus verstanden und ausgelegt werden. 35 türkische Wissenschaftler, die im Auftrag der Religionsbehörde arbeiten, wollen dazu

Die Fünf Säulen des Islam

Aus den Vorschriften des Korans und der Sunna, der Sammlung überlieferter Aussprüche und Verhaltensweisen Mohammeds, wurden die ›Fünf Säulen des Islam‹ abgeleitet.

1. Das Glaubensbekenntnis (arab. *schahada*): »Ich bezeuge, dass es keinen Gott außer Gott gibt und dass Mohammed sein Gesandter ist«. Es bekräftigt den strengen Monotheismus des Islam, wird vor jedem Gebet gesprochen und dem Neugeborenen und dem Sterbenden ins Ohr geflüstert. Wer zum Islam konvertieren möchte, spricht es drei Mal vor Zeugen aus tiefster Überzeugung. Das Glaubensbekenntnis ist ein beliebtes Motiv der Kalligrafie und findet sich als Schriftzug auf der Flagge Saudi-Arabiens, der Heimat des Propheten.

2. Das Gebet (arab. *salat*). Das tägliche Gebet hat fünf Mal am Tag an einem sauberen Ort zu erfolgen, der nicht zwingend eine Moschee sein muss. Es kann ein gereinigter Platz sein oder der Gebetsteppich, den viele Muslime auf Reisen mit sich führen. Gebetet wird kurz vor Sonnenaufgang, am Mittag, am Nachmittag, vor Sonnenuntergang und am späten Abend. In islamischen Ländern ruft der Muezzin vom Tonband aus über die Lautsprecher des Minaretts zum Gebet auf. Es wird im Stehen oder auf Knien in Richtung Mekka gebetet. Ein Mal in der Woche, am Freitag, ist das Gemeinschaftsgebet in der Moschee vorgeschrieben.

3. Die Unterstützung der Armen (arab. *zakat*). Die Abgabe ist gesetzlich festgelegt und wird von der islamischen Gemeinde eingefordert, in wenigen Ländern vom Staat.

4. Das Fasten (arab. *saum*) im Fastenmonat Ramadan. Eine Monat lang sind alle erwachsenen Muslime verpflichtet, während des Tages auf Essen, Trinken, Rauchen und Geschlechtsverkehr zu verzichten. Nach Sonnenuntergang wird im Beisein von Familie und Freunden besonders bewusst gegessen; kurz vor Sonnenaufgang wird eine leichte Mahlzeit eingenommen. Vom Fasten ausgenommen sind Kranke, schwangere und stillende Frauen und Reisende. Bedingt durch den Mondkalender findet der Ramadan jedes Jahr zu unterschiedlicher Zeit statt, besonders beschwerlich ist er, wenn er in die heiße Jahreszeit fällt. In nicht islamischen Ländern, in denen es im Sommer kaum oder gar nicht dunkel wird, wie in Skandinavien, gelten die Fastenzeiten des nächstgelegenen islamischen Landes.

5. Die Pilgerfahrt (arab. *haddsch*) nach Mekka zur Ka'aba. Wer es sich leisten kann, muss mindestens ein Mal im Leben die Wallfahrt durchführen. Sie soll während des letzten Monats des islamischen Kalenders stattfinden. Früher war sie sehr beschwerlich, im Zeitalter von Bus und Flugzeug jedoch nicht mehr. Jährlich pilgern über zwei Millionen Muslime nach Mekka.

sechs Bände herausgeben. Inwiefern die Bücher in islamischen Ländern außerhalb der Türkei und in fundamentalistisch-türkischen Kreisen Beachtung finden werden, bleibt abzuwarten.

Der Koran ist zwar nicht das meist gedruckte Buch der Welt, da hält immer noch die Bibel den Rekord, aber er holt auf. Die königliche Druckerei in Saudi-Arabien druckt derzeit etwa acht Millionen Exemplare pro Jahr, Mekkapilger erhalten ein Freiexemplar.

Ausbreitung des Islam und frühe Spaltungen

Nach dem Tode Mohammeds im Jahr 632 wählten seine engsten Getreuen seinen Schwiegervater Abu Bakr zum Nachfolger und ersten Kalifen. Der Prophet selbst soll keinen Nachfolger benannt haben. Abu Bakr hatte während seines zweijährigen Kalifats Mühe, die Gemeinschaft der Gläubigen *(umma)* zusammenzuhalten. Der von ihm bestimmte Nachfolger, General Umar (Omar) herrschte von 634 bis 644 und konnte in dieser Zeit aus der kleinen islamischen Herrschaft auf der arabischen Halbinsel durch Eroberungen ein islamisches Weltreich begründen. 636 schlug er die Byzantiner in der Schlacht am Yarmuk (heute Israel) und entriss ihnen Syrien, im Jahr darauf Antiochia (heute Türkei). Im selben Jahr unterwarf Umar das persische Sassanidenreich. Die Byzantiner und Sassaniden waren durch jahrelange Auseinandersetzungen geschwächt und so eine leichte Beute für die islamischen Soldaten. 642 eroberten Umars Truppen Ägypten. Der dritte Kalif, Uthman, ein Schwiegersohn Mohammeds, regierte von 644 bis zu seiner Ermordung 656. Während seines Kalifats wuchs die innere Opposition, seine Steuerpolitik und die Ämtervergabe waren umstritten. Erst nach seinem Tod kam Ali zum Zuge. Er war der Cousin und Schwiegersohn Mohammeds. Sein Kalifat wurde jedoch nicht von allen Muslimen anerkannt, denn manche beschuldigten ihn der Beteiligung an der Ermordung Uthmans und folgten Muawiya, dem

Statthalter Syriens und Begründer der Umayyadendynastie. Damals kam es zur ersten Spaltung innerhalb des Islam, die Sunniten (von arab. *sunan* – überlieferte Norm) erkannten die vier ersten ›recht geleiteten‹ Kalifen und Muawiya als Nachfolger an, die Schiiten (von arab. *schi'at Ali* – Partei Alis) nur Ali, seine Söhne und deren Nachkommen. Eine dritte Gruppe, die Charidschiten, sprach sich für den jeweils gläubigsten und besten Kandidaten als Kalifen aus und erkannte nur Abu Bakr und Umar als recht geleitet an; sie stellen heute eine winzige Minderheit dar. Zur Radikalisierung kam es durch den gewaltsamen Tod Alis 661, die Abdankung seines Sohnes Hasan zugunsten Muawiyas und die Ermordung seines zweiten Sohnes Husain. Der Mord an Husain in der Schlacht von Kerbela 680 durch den Umayyadenkalifen Yazid I. führte zum endgültigen Bruch von Schiiten und Sunniten. Kerbela mit dem Grab von Husain ist bis heute eines der bedeutendsten Pilgerziele der Schiiten. Es liegt im Irak, wo während der Herrschaft des Diktators Saddam Hussein Massenwallfahrten verboten waren. Erst seit dem Sturz des Regimes 2003 durch US-amerikanische Truppen gibt es wieder große Wallfahrten nach Kerbela. 2004 waren sie durch fundamentalistische Bombenattentate überschattet, die fast 300 Pilgern das Leben kosteten.

Schiitische Pilger im Wallfahrtsort Kerbela geißeln sich

Bis heute unterscheiden sich die Schiiten von den Sunniten nicht wegen ihrer Glaubensinhalte, sondern wegen der unterschiedlichen Anerkennung der auf Mohammed folgenden Kalifen. Allerdings entwickelten die Schiiten im Laufe der Zeit, bedingt durch ihr Dasein als Minderheit, einige markante Merkmale. Ihr ausgeprägter Märtyrerkult zeigt sich in der besonderen Verehrung der im Martyrium umgekommenen Imame (das schiitische Äquivalent zum sunnitischen Kalifen), deren Gräber im Irak, Iran und Saudi-Arabien sie auf Wallfahrten besuchen. Dort erleben sie häufig das Leiden nach, indem sie sich geißeln und tränenüberströmt die Grabstätten aufsuchen. Innerhalb der Schia kam es später zu weiteren Aufsplitterungen, wobei heute noch die Zwölfer-, die Siebener- und die Fünferschiiten Bestand haben. Erstere bilden die Mehrheit und erkennen zwölf direkt von Gott erwählte Imame als rechtmäßig an. Die Schiiten erwarten noch immer die Rückkehr des letzten ermordeten Imam. Diese Vorstellung ähnelt der Hoffnung der Juden auf das Kommen des Messias und der Christen auf die Wiederkehr Christi. Im Iran fühlen sich seit der islamischen Revolution des Ayatollah Chomeini 1979 die religiösen Führer als legitime Stellvertreter des zwölften Imams und beanspruchen deshalb für ihre Handlungen Unfehlbarkeit.

Die sunnitischen Umayyaden breiteten sich von ihrem Herrschaftszentrum Damaskus weiter aus, eroberten ganz Nordafrika, die Iberische Halbinsel, Gebiete in Zentralasien und drangen bis ins Indusgebiet vor. 732 wurde ihr weiteres Vordringen in Europa schließlich durch den karolingischen Hausmeier Karl Martell verhindert (Schlacht von Poitiers). Die Umayyaden führten eine dynastische Erbfolge für das Kalifat ein, herrschten wie weltliche Fürsten und ließen prachtvolle Wüstenschlösser erbauen. Als ab 750 die Dynastie der Abbasiden die Umayyaden unterwarf und die Führungsfamilie ausrottete, gelang es dem Umayyadenprinzen Abd ar-Rahman mit seinem Gefolge auf die Iberische Halbinsel zu fliehen und 756 das Emirat

Innenansicht der Mezquita in der andalusischen Stadt Córdoba

von Córdoba zu begründen, aus dem später ein eigenständiges Kalifat wurde.

Im islamischen Kernraum herrschten die sunnitischen Abbasiden, eine Dynastie, die einer Familie aus Mekka entstammte, allerdings starke Unterstützung aus Persien erhielt. Deshalb verlegten die Abbasiden bald ihren Herrschaftssitz ins neu gegründete Bagdad. Sie leiteten das Goldene Zeitalter des Islam ein. Aus dem ehemals arabisch dominierten Reich wurde ein multinationaler Staat, sodass sich der Islam zu einer Weltreligion entwickeln konnte. Durch das Zusammentreffen von arabischen und persischen Denkern und die Übersetzung von Werken der griechischen Antike entwickelten sich insbesondere die Philosophie und die Naturwissenschaften weiter. Berühmte Mathematiker erfanden die Algebra und den Dezimalbruch, Physik und Astronomie wurden ausgeweitet. Die Medizin erreichte einen Entwicklungsstand, von dem man in Europa nur träumen konnte. Bis ins Abendland bekannt war der persische Arzt Ibn Sina (auch als Avicenna bekannt, 980–1037). Sein Lehrbuch wurde an den großen europäischen Universitäten Jahrhunderte lang genutzt. Die Philosophie von Avicenna und von Ibn Ruschd (auch als Averroes bekannt, 1126–1198) aus Spanien, die aristotelisches und neuplatonisches Denken mit dem Islam verband, beeinflusste jüdische und christliche Denker maßgeblich. Sowohl der jüdische Philosoph Maimomides schöpfte aus diesen Ideen als auch die christlichen Philosophen Thomas von Aquin und Albertus Magnus.

Die Moschee

Die Moschee ist der Ort des islamischen Gemeinschaftsgebets. Ihr Name leitet sich vom arabischen Wort *masdschid* (Ort, an dem man sich niederwirft) ab. Sie ist kein Gotteshaus oder Heiligtum wie antike Tempel oder christliche Kirchen, auch kein Ort kultischer Handlungen und enthält keinen Altar und keine Abbildungen Gottes oder Mohammeds.

Die Institution der Moschee und ihre frühe Architektur gehen auf das Haus des Propheten Mohammed in Medina zurück. Hier traf man sich zu Gebeten, politischen Zusammenkünften und Gerichtsverhandlungen. Das Haus war theologische Lehrstätte, Domizil für obdachlose Gläubige und manchmal Hospital. Diese Funktionen gingen später auf die Moschee über, machten sie zum echten Gemeindezentrum und blieben vielfach bis heute mit ihr verbunden. Nach dem Tode Mohammeds und mit der Ausbreitung des islamischen Reiches unter dem zweiten Kalifen Umar (634–644) wurde die Moschee zum wichtigen Abgrenzungsort von anderen Religionsgemeinschaften. In dieser Zeit setzte sich der Freitag als wöchentlicher Feiertag durch, der sich vom jüdischen Schabbat und dem christlichen Sonntag unterscheiden sollte.

Eine Moschee muss eine Abgrenzung nach außen und eine Kennzeichnung der Gebetsrichtung aufweisen. Dies waren im Fall des Prophetenhauses in Medina eine Lehmumwallung und ein in den Boden gestoßener Speer.

Muslime beim Gemeinschaftsgebet in der Großen Moschee in Damaskus

Zunächst wies die Gebetsrichtung (arab. *qibla*) nach Jerusalem, wurde jedoch nach einer erneuten Offenbarung Mohammeds in Richtung Mekka verlegt. Die Hof- und Hallenmoscheen gehen noch immer auf diese ursprüngliche Bauform aus Medina zurück, wobei später auf der Qibla-Seite große Säulenhallen an den offenen Hof angebaut wurden. Beispiele hierfür sind die Ibn-Tulun-Moschee in Kairo und die Mezquita im spanischen Córdoba. Aus der altpersischen Palastarchitektur entwickelten sich die Liwan-Moscheen, Bauten mit riesigen offenen Torhallen, die sich um einen Innenhof gruppieren. Berühmte Beispiele sind die Königsmoschee (heute Imam-Moschee) in Isfahan (Iran) und die drei Medresen mit ihren Moscheen auf dem Registan-Platz in Samarkand (Usbekistan). In der osmanischen Architektur hat sich der Zentralkuppelbau entwickelt, der sich auf der Qibla-Seite an den offenen Hof anschließt. Ausgehend vom berühmten Baumeister Sinan (1489–1588) verbreitete sich dieser Baustil, der bis heute populär ist und vielfach auch in Deutschland beim Neubau von Moscheen Anwendung findet. Beispiele für Sinan-Bauten sind die Süleymanye-Moschee in Istanbul und die Selimiye-Moschee in Edirne.

Gebetsnische (Mihrab) der Sidi Oqba-Moschee in Kairouan, Tunesien

Im Innern jeder Moschee findet man auf der Qibla-Seite die Gebetsnische (arab. *mihrab*), die wie eine christliche Apsis in die Wand eingebaut ist und die Gebetsrichtung markiert. Ihre konkave Form verstärkt den Schall des Vorbeters und Predigers. Sie ist meist prachtvoll dekoriert, sei es mit Mosaiken oder Einlegearbeiten aus Holz, Elfenbein, Perlmutt, Stein. Daneben steht die Kanzel (arab. *minbar*), die der Prediger (arab. *chatib*) während des Freitagsgebets besteigt.

Die Moschee ist ansonsten nur sparsam ausgestattet; auf dem Boden liegen meist Teppiche oder Matten, da die Gläubigen im Stehen oder Knien beten. Die Wände sind wegen des Bilderverbots mit Ornamenten oder Inschriften dekoriert, die umso prächtiger ausfallen. Bei den kunstvoll gestalteten Inschriften (Kalligrafie) handelt es sich um Koranverse, die Allah, den einzigen Gott verherrlichen. Die Ornamente zeigen häufig florale Motive, die der Liebe der Wüstenvölker zu Blumen entspringt. Da die göttliche Schöpfung nicht naturgetreu wiedergegeben werden darf, sind die Ranken und Blüten als Arabesken in unendlicher Wiederholung zu sehen. Sie erfreuen, beruhigen und regen zur Meditation an.

Manche Muslime besuchen auch unter der Woche die Moschee anlässlich eines oder mehrerer der täglich vorgeschriebenen fünf Gebete. In diesem Fall wird alleine gebetet, in der Regel kürzere Koransuren. Ein Mal in der Woche, zum gemeinsamen Freitagsgebet, versammelt sich die Gemeinde in der Moschee, man betet längere Koransuren und hört die Predigt (arab. *chutba*). Sie behandelt meist ein Thema des Glaubens oder der Moral. Wenn der Prediger politische Ereignisse aufgreift, löst er damit in Krisengebieten immer wieder Unruhen aus. Leiter der Gottesdienste und Vorbeter ist der Imam, der ehrenamtlich oder fest angestellt fungiert. Der Prediger ist häufig mit dem Imam identisch, muss es aber nicht sein. Ein Koranrezitierer kann hinzugezogen werden, der an Freitagen und Feiertagen in kunstvollem Sprechgesang die Koranverse wiedergibt. Früher wurde ein Gebetsrufer (arab. *muezzin*) angestellt, der fünf Mal am Tag vom Minarett aus zu den Gebeten aufrief. Heute kommt dieser Ruf in der Regel vom Tonband. Einen besonderen Priesterstand kennt der Islam nicht.

Im Hof einer jeden Moschee findet man die Anlagen zur rituellen Reinigung vor dem Gebet. Häufig sind dies prächtig verzierte Brunnen, manchmal nur profane

Fußwaschung vor dem Gebet jedes Muslim

Wasserhähne. Nach dem Waschen von Händen, Füßen und dem Gesicht begibt sich der Gläubige barfuß in die Moschee und verneigt sich in Richtung Mekka.

Frauen sind nicht verpflichtet, am Freitagsgebet teilzunehmen, haben aber die Erlaubnis, dies in einem abgesonderten Bereich zu tun. Moscheen durften früher nur von Muslimen betreten werden, was in manchen Ländern, wie z. B. in Marokko oder Tunesien, noch immer der Fall ist. In anderen Ländern wurden die Moscheen wegen des Tourismus für andersgläubige Besucher geöffnet, z. B. in Ägypten oder in der Türkei. Die beiden heiligsten Stätten des Islam, Mekka und Medina, sind nur Muslimen zugänglich, der Felsendom und die Al-Aqsa-Moschee in Jerusalem, drittheiligste Stätte des Islam, ist je nach politischer Lage für Touristen zugänglich.

Vom Niedergang bis zur Moderne

Nach der abbasidischen Hochblütezeit im 8. und 9. Jh. kam es zum Niedergang des großen islamischen Reiches, das in viele lokale Teildynastien zerfiel. Einige Zeit erkannten die Regionalherrscher den Kalifen von Bagdad noch als oberste religiöse Instanz an, bald gab es jedoch in Kairo und Córdoba eigene Kalifate und unzählige weltliche Sultanate. Die politische Zerrissenheit innerhalb des islamischen Raums nutzten im 11. Jh. die Kreuzfahrer. Beim ersten Kreuzzug eroberten sie 1099 Jerusalem und gründeten ein unabhängiges christliches Königreich, das während seiner größten Ausdehnung vom Golf von Aqaba im Süden bis Beirut im Norden reichte. Wenige Jahre später gelang den Muslimen die Rückeroberung weiter Gebiete und schließlich 1291 mit Akko die Unterwerfung der letzten Kreuzfahrerbastion im Heiligen Land. Aus heutiger Sicht stellten die Kreuzfahrer für die islamische Welt eine geringe Bedrohung dar; bis heute verfolgt sie jedoch das Trauma der Eroberungen und Massaker.

Die islamischen Kulturen haben nie wieder die hohe Blüte der Zeit vor den Kreuzzügen erreicht. Dies lag vor allem an der inneren Zerrissenheit der islamischen Herrschaftsgebiete. Eine Ausnahme bildete das Kalifat Córdoba und das Nachfolgereich der Nasriden in Granada auf der Iberischen Halbinsel, wo bis ins 15. Jh. die Künste und Wissenschaften gepflegt wurden und ein reger kultureller Austausch mit Juden und Christen stattfand. Ein weiterer Grund des kulturellen Niedergangs ist im wachsenden Einfluss konservativer Theologen zu sehen, die eine Auseinandersetzung mit nicht islamischer Philosophie ablehnten. Hinzu kam die Unterbrechung von Handelsverbindungen durch Regionalkonflikte und damit der unterbrochene Austausch von Wissen.

Eine weitaus größere Katastrophe als der Einfall der Kreuzfahrer war Anfang des 13. Jh. der Mongolensturm aus dem Osten. Dschingis Khan und seine Nachkommen eroberten mit unvorstellbarer Brutalität den Iran, Bagdad, Aleppo und Damaskus. In Bagdad ermordeten sie den letzten Abbasidenkalifen. Ein Teil der Mongolen übernahm den Islam und verbreitete ihn bis tief nach Asien hinein.

In Palästina hielten die Mamluken, eine ehemalige Gruppe von indogermanischen Soldatensklaven, die Mongolen auf, übernahmen die Macht in Ägypten und Syrien und herrschten über 200 Jahre im arabisch-islamischen Raum. Sie wurden von den immer stärker werdenden Osmanen abgelöst, einem turkmenischen Stamm aus Innerasien, der seine Macht von Kleinasien über Serbien und Bulgarien bis weit nach Europa ausdehnte. 1453 eroberten die Osmanen die byzantinische Kaiserstadt Konstantinopel und machten sie unter dem Namen Istanbul zu ihrer neuen Hauptstadt. Die größte Ausdehnung ihrer Macht erlebten sie unter Sultan Süleyman dem Prächtigen (1520–1566), einem Zeitgenossen Kaiser Karls V. Damals reichte das Osmanische Reich vom Jemen im Süden bis nach Ungarn im Norden, von Tripolis im Westen bis zum persischen Golf im Osten. Der osmanische Sultan war weltlicher wie geistlicher Herrscher, trug also auch den Titel des Kalifen.

Im Iran entstand im 16. Jh. der schiitische Staat der Safawiden, dessen Oberhaupt sich nach altpersischer Tradition ›Schah‹ nannte. Die schiitischen Heiligtümer wurden zu wichtigen Pilgerzielen ausgebaut. Bedeutendster Herrscher war Abbas I. (1587–1629), der Isfahan zu seiner Residenz machte und großartige Bauwerke errichten ließ, die noch heute Besucher in Staunen versetzen.

Nach dem Ende der osmanischen Herrschaft als Folge des Ersten Weltkriegs und der Absetzung des letzten Kalifen 1924 entstanden in der islamischen Welt verschiedene Nationalstaaten. Manche Gebiete erlebten zunächst eine Periode kolonialer Herrschaft, die als demütigend empfunden wurde (z. B. französische Herrschaft in Algerien, im Libanon und in Syrien, britische Herrschaft in Ägypten, Palästina, Transjordanien und im Irak). In den 1950er-Jahren hatten schließlich alle Gebiete ihre Unabhängigkeit erlangt. Die westliche Moderne hielt in vielen Staaten Einzug, vor allem in der Türkei, wo der General Mustafa Kemal Atatürk (»Vater der Türken«) 1923 eine Trennung von Religion und Politik erwirkte und den Frauen in der Öffentlichkeit das Tragen des Kopftuchs verbot. In manchen islamischen Ländern emanzipierten sich die Frauen, trugen westliche Kleidung und waren berufstätig. Erst in jüngster Zeit kommt es in einigen dieser Staaten zu einer Bewegung der Re-Islamisierung, d. h. einer Rückbesinnung auf den Islam als geistige, politische und kulturelle Kraft.

Die islamische Mystik
Islamische Mystiker heißen Sufis. Sie streben eine direkte Gotteserfahrung, ein Einswerden mit Gott an. Sie stellen die reine Liebe zu Gott in den Mittelpunkt und stehen deshalb immer wieder im Gegensatz zur islamischen Orthodoxie. Viele Sufis sehen Askese und Meditation als Weg der Annäherung an Gott. Diese mystische Bewegung gibt es seit dem 8. Jh. Sie wurde von christlichen Wüstenmönchen und neuplatonischen Gedanken beeinflusst. Man findet Sufis unter Sunniten wie unter Schiiten. Es gab und gibt viele verschiedene Gruppen innerhalb des islamischen Sufismus. Am bekanntesten sind die tanzenden Derwische von Konya in der Türkei, die sich durch beständiges Drehen in Trance begeben, um Gott zu erfahren. Im Iran wurden die Sufis unter der Herrschaft der Ayatollahs seit 1979 immer wieder verfolgt. Heute fühlen sich besonders jugendliche Iraner von der Sufi-Bewegung angezogen, weil sie den Koran weltoffener auslegt als die Staatsreligion und weil Musik und Tanz die Sinne eher ansprechen als ein erstarrter Islam der Gesetze. Besondere Spuren hat die Mystik in der islamischen Dichtkunst hinterlassen, in der berühmte Poeten wie die Perser Omar Chayyam (11./12. Jh.), Sadi (13. Jh.) und Hafiz (14. Jh.) neben der Liebe zu Gott auch die Liebe zwischen Mann und Frau besangen. Bis heute beeinflusst der Sufismus die islamische Volksfrömmigkeit maßgeblich. Im Westen fühlen sich besonders nicht islamische esoterische Kreise von der Bewegung angezogen.

Islam heute

Der Islam ist heute mit 1,3 Milliarden Gläubigen nach dem Christentum die zweitgrößte Weltreligion. Er hat außerdem den größten Zulauf, 1970 war noch jeder siebte Mensch Muslim, heute ist es schon jeder fünfte. Man kann ihn ebenso wenig wie das Christentum und das Judentum als einheitliche Religion betrachten. Bedingt durch frühe Spaltungen, politische Einflüsse, Volksglauben und Mystik gibt es heute eine Vielzahl von Strömungen.

Die größte ist der sunnitische Islam, dem die große Mehrheit der Muslime angehört. Sie sind Anhänger des von Abu Bakr, dem direkten Nachfolger des Propheten Mohammed, gegründeten Kalifats und seiner drei Nachfolger, den vier recht geleiteten Kalifen. In

Muslimische Frauen im Iran nach dem Freitagsgebet

den meisten islamischen Ländern der Welt stellen sie die Mehrheit der Muslime. Innerhalb des sunnitischen Islam bildeten sich unterschiedliche Rechtsschulen heraus, wobei die wahhabitische Richtung innerhalb der hanbalitischen Rechtsschule die strengste ist. Sie entstand im 18. Jh. und ist heute vorwiegend in Saudi-Arabien als Staatsreligion präsent. Die Scharia, das islamische Recht, verfolgt Gesetzesbruch äußerst streng bis hin zu öffentlichen Hinrichtungen und Auspeitschungen. Frauen ist es z. B. nicht gestattet, Auto zu fahren und sich in der Öffentlichkeit mit fremden Männern zu zeigen. In Afghanistan regierte von 1996 bis 2001 das wahhabitisch ausgerichtete Regime der Taliban, das den Islam noch weitaus konservativer interpretierte als das Regime in Saudi-Arabien und das den Frauen praktisch alle Rechte entzog. Sorgen bereitet vielen westlichen Staaten, dass der wahhabitische Islam sich durch großzügige Geldspenden und die Entsendung von Predigern in Europa zunehmend ausbreitet. Dem will z. B. Frankreich Einhalt gebieten, indem

Prediger und Lehrer von Koranschulen in Frankreich ausgebildet werden, um sie der Kontrolle Saudi-Arabiens zu entziehen.

Die zweitgrößte Gruppe innerhalb des Islam sind die Schiiten, denen heute mindestens 10 % der Muslime angehören, nach manchen Quellen sogar 25 %. Die Schiiten erkennen Ali, den Schwiegersohn Mohammeds als ersten Kalifen, religiösen Führer und ersten Imam an. Heute bilden sie in Ländern wie Iran, Irak, Aserbaidschan, Bahrain und Libanon die Mehrheit. Im Jemen sind sie eine große Minderheit. In vielen islamischen Ländern ist der schiitische Glaube verboten. 1979 übernahm im Iran der schiitische Klerus die Staatsgewalt.

Unter den Muslimen gibt es ein breites Spektrum an Ausrichtungen: Den einen Rand repräsentieren die liberalen Anhänger, die den Koran und die Sunna zeitgemäß auslegen. Beispiel hierfür ist der ägyptische Islamwissenschaftler Nasr Hamid Abu Zaid, der den Koran nach der historisch-kritischen Methode analysiert und davon überzeugt ist, dass Gott zu Mohammed in Bildern gesprochen hat, die wir auf unsere Zeit übertragen müssen. Für seine Ergebnisse wurde er von den Professoren der Al-Azhar-Universität in Kairo zum Ungläubigen erklärt und deshalb von seiner Frau zwangsgeschieden. Heute lebt er im niederländischen Exil und lehrt an der Universität Utrecht. Das andere Extrem bilden die orthodoxen Fundamentalisten, die jeden Koranvers wörtlich verstehen und das Rad der Geschichte am liebsten ins 7. Jh. zurückdrehen würden. Aus westlicher Sicht dominieren sie gegenwärtig das Bild des Islam. Dies liegt sowohl an der zunehmenden Bewegung der Rückbesinnung auf die Ursprünge als auch an der Zunahme eines politischen Islamismus, der religiös-fundamentalistische Positionen übernimmt, aber auch an einer lautstarken Artikulation dieser Vorstellungen. Im Namen Allahs fordern die Radikalen den ›Heiligen Krieg‹ (arab. *dschihad*), was letztlich zur Radikalisierung der Verhältnisse führt. Sie bekämpfen die ›Verwestlichung der islamischen Kultur‹, den politischen Einfluss der USA und den Staat Israel. Ihre eigenen Regierungen fordern sie durch Anschläge auf Touristen heraus und schädigen somit den für viele Länder wichtigen Erwerbszweig des Tourismus (z. B. Attentate in der Türkei und in Ägypten). Ihr Islamismus bedient sich als politische Bewegung der religiösen Sprache und maßt sich an, die einzig wahre Auslegung des Korans zu liefern. Die weltweite Reaktion von Muslimen auf die Mohammed-Karikaturen einer dänischen Zeitung im September 2005, auf eine Papstrede im Herbst 2006 an der Universität Regensburg und die Re-Islamisierung vieler vormals westlich orientierter Muslime (Zunahme der Kopftuchträgerinnen) tragen das ihre dazu bei.

Doch auch in islamistischen Kreisen gibt es große ideologische Unterschiede: Das Spektrum geht von der Moslembruderschaft in Ägypten, die den Staat mit legalen Mitteln islamisieren will, über die Taliban, die Afghanistan mit Gewalt ins Mittelalter zurückgeführt haben, bis zu al Qaida mit Osama Bin Laden an der Spitze, die den Westen bekämpfen.

Als Außenstehender darf man sich jedoch nicht täuschen lassen: Die überwiegende Mehrheit der Muslime ist gemäßigt sowohl im Glauben als auch in der politischen Einstellung. Sie lehnt Terrorismus ab, wünscht größere wirtschaftliche Unabhängigkeit von der westlichen Welt, Linderung der Armut, Abbau der Korruption und Zukunftschancen für die Nachkommen.

Einen erfreulichen Anstoß zum Dialog mit den Christen gaben zwei offene Briefe, die eine große Anzahl von angesehenen Korangelehrten aus aller Welt im Herbst 2006 und 2007 gemeinsam verfassten. Der erste wandte sich an Papst Benedikt XVI., der zweite an eine ganze Reihe von christlichen Religionsführern. Die Gelehrten stellten die ›allumfassende, konstante und aktive Liebe Gottes‹ als zentrales Gebot aller drei monotheistischen Religionen heraus. Dabei zitierten sie neben dem Koran aus dem Alten und Neuen Testament.

Der Islam in Deutschland ist besonders von den Türken geprägt. Die Mehrheit der etwa 3,3 Millionen Muslime stammt aus der Türkei. 2007 haben sich die wichtigsten islamischen Verbände zum Koordinierungsrat der Muslime (KRM) zusammengeschlossen, in dem jetzt etwa 20 % aller Islamanhänger in Deutschland organisiert sind. Langfristig strebt der Koordinierungsrat die Anerkennung als Religionsgemeinschaft und damit den Status einer Körperschaft des öffentlichen Rechts an. Er wäre damit den christlichen Kirchen gleich gestellt und könnte über die Finanzämter Steuern eintreiben. Dann hätten die Kultusminister der Länder endlich einen Ansprech- und Verhandlungspartner zum Thema ›islamischer Religionsunterricht‹. Bisher gibt es dazu nur verschiedene Arbeitsgruppen. In einigen Bundesländern leistet man in Form von Projekten schon zukunftsweisende Arbeit. Seit 2004 gibt es an der Universität Münster den ersten Lehrstuhl für Religion des Islams. Hier werden künftige Lehrer für islamischen Religionsunterricht ausgebildet.

Die meisten der 1,3 Milliarden Muslime leben heute in den nicht arabischen Ländern Asiens: in Indonesien fast 200 Millionen, in Pakistan etwa 160 Millionen, in Indien etwa 150 Millionen und in Bangladesch etwa 130 Millionen. In den arabischen Staaten Vorderasiens und Nordafrikas leben heute knapp 300 Millionen Muslime, im Iran 75 Millionen und in der Türkei 70 Millionen.

Der Hinduismus

Farbenfroh und sinnlich, aber auch verwirrend und geheimnisvoll – so erleben viele Indienreisende die erste Begegnung mit dem Hinduismus. Ist der Buddhismus, die zweite indischstämmige Lehre, im Westen seit Jahren sehr populär, so ist der Hinduismus nach wie vor die große Unbekannte unter den Weltreligionen. Das ist nicht verwunderlich, wenn man bedenkt, dass Hindus – anders als Christen und Buddhisten – nie Missionare entsendet haben, um für ihre Religion zu werben. Das hat einen einfachen Grund: Als Hindu wird man geboren und zum Hinduismus kann man nicht konvertieren.

Der Begriff ›Hinduismus‹ leitet sich genau wie der Name ›Indien‹ vom Indus-Strom ab, und Inder waren ursprünglich die Menschen vom Indus. Erst die Europäer begannen im 19. Jh., zwischen dem religiösen Begriff ›Hindu‹ und dem weltlichen Begriff ›Inder‹ zu unterscheiden.

Anders als Christentum, Buddhismus oder Islam ist der Hinduismus keine Stifterreligion, und Vielfalt statt Dogmatik kennzeichnet die indische Lehre. Es gibt weder ein geistliches Oberhaupt wie den Papst noch eine feste Institution wie die Kirche. Anders als in den monotheistischen Religionen gilt die Verehrung nicht einem Gott, vielmehr steht ein großes Heer von Göttern gleichberechtigt nebeneinander. Doch ist der Glaube an einen oder mehrere Götter keinesfalls verbindlich; Hindus können an viele Götter glauben, an einen Gott, der allen Dingen innewohnt, oder an gar keinen Gott. Auch die Tatsache, dass viele Wege zum Heil führen, von denen jeder Gläubige den für ihn angemessenen wählt, verblüfft auf den ersten Blick. Geheime Sexualkulte und strenge Askese existieren friedlich nebeneinander.

Wählt man das Bild eines Gartens, so sind die Stifterreligionen planmäßig angelegte Gärten, die später erweitert und/oder abgewandelt und gesellschaftlichen Veränderungen angepasst wurden. Der Hinduismus erscheint dagegen wie ein Garten ohne Architekt, ein Urwald, der wild gewachsen ist. Lediglich Schneisen und Pfade wurden in unterschiedlichen Epochen geschlagen. Als Ganzes erscheint er vielen Außenstehenden undurchdringbar – fremd und faszinierend gleichermaßen.

Eine Entwicklungsgeschichte

Die Ursprünge der Lehre gehen auf die Zeit zurück, als die aus Zentralasien nach Indien einwandernden Arier (*aryas*, die ›Edlen‹) die einheimische Bevölkerung unterwarfen – vor etwa 3000 Jahren. Waren die Eindringlinge auch militärisch überlegen, so nahmen sie in Glaubensfragen Ideen der Unterworfenen auf. Nach und nach bildete sich eine erste, mündlich tradierte Religion in Indien heraus, die wir heute als ›Vedismus‹ bezeichnen.

Das Kastenwesen entwickelte sich bereits in der vedischen Epoche, und auch die ältesten Gottheiten, die ihren Ursprung in der Verehrung oft bedrohlicher Naturgewalten haben, gehen zurück auf dieses Zeitalter. Durch magische Rituale, Opferhandlungen und das

Sonnentempel von Konarak in Orissa am Golf von Bengalen, 13. Jh.

Singen von Hymnen versuchte man, die Götter wohlwollend zu stimmen und die Kräfte der Natur zu bannen. Basis für den Kult war eine Sammlung heiliger Texte – die Veden (Sanskrit: Wissen), die über viele Jahrhunderte hinweg, bis etwa 1000 v. Chr., zusammengetragen wurde. Rigveda (das Wissen um die Verse), Samaveda (das Wissen um die Lieder), Yagurveda (das Wissen der Opferformeln) und Atharvaveda (das Wissen um die Zauberformeln) enthalten heilige Formeln, Lieder und Verse werden bis heute als heilige Schriften verehrt. Zwischen 1000 und 700 v. Chr. entstanden die Lehrtexte der Brahmanas, Kommentare und Erläuterungen zum Umgang mit den Veden.

Drei Gottheiten, die heute noch verehrt werden, sind Indra, Agni und Surya. Agni, der Gott des Feuers, gilt als Mittler zwischen Menschen- und Götterwelt; Surya ist der Sonnengott; Indra, Gott des Himmels und des Lichts, ist in den Veden König und Beherrscher der Götter. Er galt außerdem als Verkörperung des Kriegerideals, war Hauptgott der Krieger- und Herrscherklasse.

Dem Vedismus folgte nach abgeschlossener arischer Eroberung der Brahmanismus, das Zeitalter der Upanischaden (etwa 900–400 v. Chr.), die Blütezeit indo-arischer Kultur. Das magische Weltbild der vedischen Zeit vergeistigte zusehends. Die vedische Götterwelt verlor an Bedeutung, nun sah man den gesamten Kosmos als durchdrungen von göttlichem Geist an. Einige Glaubensprinzipien der indischen Philosophie prägten sich in dieser Zeit aus, die bis heute Gültigkeit haben. Hauptmerkmal dieser Epoche waren umfangreiche und komplizierte Opferrituale, deren wichtigster Bestandteil wiederum heilige Opferformeln waren. Diese kannten nur die Angehörigen des Priesterstandes, die Brahmanen, und das Wissensmonopol verlieh ihnen Macht und die höchste Stellung in der Gesellschaftsordnung, dem Kastensystem. An zweiter Stelle folgte die Kaste der Kshatriyas, der Stand der Krieger und Adeligen, und an dritter die Vaishyas, die vor allem Bauern und Händler waren. Diesen drei oberen Kasten, die allein die heiligen Veden studieren durften, mussten die nicht arischen Shudras dienen. Die vier Kasten sind bis heute Grundpfeiler des Kastensystems, in das jeder Hindu hineingeboren wird.

Im Zeitalter des Brahmanismus sind die wichtigsten Schriften die Upanischaden, die zwischen 800 und 400 v. Chr. als letztes Teilstück der vedischen Literatur entstanden. Upanischad bedeutet ›bei jemandem sitzen‹. Dazu ist das Bild des zu Füßen seines spirituellen Lehrers sitzenden Schülers denkbar, der dessen Worten lauscht. Es handelt sich um Werke in Prosa und in Versen, ähnlich aufgebaut wie die platonischen Dialoge. Im Gegensatz zur lebensfrohen vedischen Zeit kennzeichnen Weltmüdigkeit und Pessimismus die Bewertung des Daseins. Weniger Göttermythen als religionsphilosophische Erörterungen bestimmen den Charakter der Texte, die für die indi-

Sri-Krishnan-Tempel in Singapur, Teilansicht der Fassade mit Hanumam-Skulptur

Der Jainismus

Der Jainismus entwickelte sich in Indien gleichzeitig mit dem Buddhismus im 6. Jh. v. Chr. Wie Buddha lehnte Vardhama Mahavira, der Begründer der Lehre, den rituellen Opferkult und das Kastensystem ab. Er sah sich als den letzten der 24 Weltenlehrer *(tirthankaras)*, die immer wieder den Weg der Erlösung aufzeigen. Später erhielt er den Namen Jaina (der Sieger), von dem sich der Name der Lehre ableitet.

Wie Hindus und Buddhisten glauben die Jainas an den Kreis auf der Wiedergeburten und sehen das Ziel darin, diesem Kreislauf zu entfliehen. Wie der Theravada-Buddhismus ist der Jainismus eine Lehre, die keine Götter kennt. Um das Heil zu erlangen, leben seine Anhänger streng asketisch, sind Vegetarier und tragen traditionell, um nicht aus Versehen ein Insekt zu verschlucken, einen Mundschutz. Die Jain-Heiligtümer in Mount Abu oder Ranakpur, Rajasthan, dagegen beeindrucken durch besonderen Prunk.

sche Philosophie prägend werden sollten. Veden und Upanischaden zählen zu den Shruti-Schriften. Sie gelten als göttliche Offenbarungen.

Gautama Buddha schuf eine Lehre, die durch die Fürsprache Kaiser Ashokas (274–232 v. Chr.) weite Teile Indiens eroberte. Der Buddhismus wurde damals zur bestimmenden Religion Indiens und von Missionaren in weiten Teilen Asiens verbreitet. Heute hat er sich in vielen Ländern Südostasiens und Ostasiens durchgesetzt, im Mutterland jedoch spielt der Buddhismus heute kaum noch eine Rolle. Hier bildete sich im Laufe der Zeit der Hinduismus heraus, wie er gegenwärtig praktiziert wird.

Die Bedeutung des Kastenwesens blieb erhalten, philosophische Gedanken wurden übernommen, die Veda und deren Nachfolgeschriften werden auch heute noch als heilige Schriften verehrt. Im religiösen Alltag der Hindus genießen allerdings andere Werke Priorität, die sehr viel volkstümlicher sind als die symbolträchtigen Verse der Veda oder die philosophischen Gedankengebäude der Upanischaden: das indische Nationalepos Mahabharata, deren wichtigster Teil die Bhagavadgita ist (Gesang des Erhabenen), und das Ramayana. Alle zählen zu den Smriti-Schriften.

Farbenfrohe Tempelprozession auf der indonesischen Insel Bali

Die alten vedischen Götter wurden herabgestuft, und früher unbedeutende Gottheiten wie Vishnu oder Rudra/Shiva rückten in den Mittelpunkt der Verehrung. Außerdem verlor der brahmanische Ritualismus an Bedeutung zugunsten einer persönlicheren Beziehung der Gläubigen zu den Göttern.

Inwieweit der Mensch aktiv an seiner Erlösung mitwirken kann, darüber streiten die verschiedenen Schulen. Was sich auf jeden Fall gegenüber dem älteren Brahmanismus veränderte, ist die Abstraktionsebene. Der Hinduismus ist weniger dogmatisch und bietet allen Bildungsschichten einen Weg zum Heil. Neben den Weg des Asketen und den Weg des Intellektuellen tritt der Weg des einfachen Menschen, der durch innige Liebe und Hingabe zur Erlösung finden kann.

Da der Hinduismus keine Mission kennt, blieb die Lehre auf den indischen Subkontinent, Nepal (wo der Hinduismus Staatsreligion ist) und Sri Lanka beschränkt. Dass Hindus heutzutage dennoch in aller Welt zu finden sind, ist einzig und allein Handelsbeziehungen und Emigration zuzuschreiben. So nahmen auf den indonesischen Inseln im Mittelalter die einheimischen Herrscher die Religion ihrer indischen Handelspartner an – in der Hoffnung auf bessere Geschäftsbeziehungen. Buddhistische und hinduistische Reiche wechselten, und so entstanden im Abstand von nur rund 100 Jahren buddhistische Heiligtümer und Hindutempel in nächster Nachbarschaft. Wurde auf Java der Hinduismus durch den Islam verdrängt, so ist die kleine Nachbarinsel Bali bis heute eine hinduistische Enklave im Land mit den meisten Muslime der Welt. Allerdings ist die indische Lehre hier ganz andere Wege gegangen und hat wenig mit dem Kult im Mutterland des Hinduismus gemeinsam.

Weltbild und Lehre

Gott Brahma, so heißt es, schuf die Welt in Form eines Eis (Ei des Brahma) aus den beiden Urprinzipien Urgeist und Urmaterie. Das Weltenei besteht aus mehreren Schichten. Unter der Erde hausen in sieben Weltenschichten Dämonen und Schlangengeister. Ganz unten liegen die Höllenregionen. Die Menschen leben auf der Erde, darüber liegen vier sich nach oben hin verfeinernde Himmelsregionen, in denen Götter und Geister leben, während ganz oben Brahmaloka liegt, die Welt Brahmas und die Welt der Wahrheit. Im Zentrum der Welt liegt der Weltenberg Meru, der die Inder

Ramayana und Mahabharata

Nur wenige Hindus kennen die heiligen Veden, aber Ramayana und Mahabharata sind allen von Kindesbeinen an vertraut. Wie *Ilias* und *Odyssee* das Denken nicht nur der alten Griechen prägten, so sind die beiden indischen Epen bis heute aus dem Alltag der Hindus nicht wegzudenken und so populär wie vor 2000 Jahren. Sogar in Regionen Südostasiens, wo der Buddhismus oder gar der Islam (wie auf Java, Indonesien) heutzutage das Leben prägen, begegnet man Szenen aus dem Ramayana auf Tempelfriesen und auf Theater- und Tanzbühnen. In Indien sorgten die alten Epen neu verpackt in TV-Serien für leer gefegte Straßen. Und Affengeneral Hanuman wird in Comic-Heften zum indischen Superman.

Ramayana

Das Ramayana ist ein Stück Weltliteratur – anrührende Liebesgeschichte und spannende Abenteuergeschichte gleichermaßen. Seine 24 000 Doppelverse werden dem Weisen Valmiki zugeschrieben. Tatsächlich wurde das Werk wohl über mehrere Jahrhunderte hinweg (4. Jh. v. Chr.–2 Jh. n. Chr.) ergänzt und verändert.

Rama, der Sohn des Königs von Ayodya – und siebte Inkarnation des Gottes Vishnu – fällt einer höfischen Intrige zum Opfer. Als Erstgeborener sollte er nach dem Tod des Vaters den Thron besteigen, aber seiner Stiefmutter gelingt es, ihren Sohn zum Thronerben erklären zu lassen. Rama wird für 14 Jahre verbannt. Seine Gattin Sita und sein Bruder Lakshmana begleiten ihn. Kaum haben sich die Verbannten an das Leben in der Einsamkeit des Waldes gewöhnt, trifft sie ein neuer Schicksalsschlag: Sita wird gekidnappt. Der Dämonenherrscher Ravana hat ein Auge auf die schöne junge Frau geworfen und entführt sie in sein Reich Lanka (Sri Lanka). Obwohl er Sita nach Kräften umwirbt, bleibt diese treu. Dem Helden gelingt es unterdessen mithilfe des weisen Affengenerals Hanuman den Aufenthaltsort seiner Gattin ausfindig zu machen. Es befreit sie nach dramatischer Verfolgungsjagd und erbitterter Schlacht. Das königliche Paar kehrt nach Ayodya zurück, doch Rama kommen Zweifel: Hat Sita wirklich Ravana widerstanden? Erst als Sita eine Feuerprobe besteht und unversehrt vom Scheiterhaufen steigt, ist Rama von der Treue seiner Frau überzeugt.

Und die Moral der Geschichte? Das Ramayana singt ein Loblied auf Pflichterfüllung und Treue. Rama erweist sich als würdiges Mitglied der Kriegerkaste, kämpft siegreich gegen das Böse. Sita aber ist noch heute ein Vorbild an Tugend und das Idealbild der Ehefrau.

Mahabharata

Das längste Gedicht der Weltliteratur weist stolze 100 000 Verse auf und

Die Liebesgeschichte von Rama und Sita steht im Mittelpunkt des Ramayana-Epos

entstand wohl zwischen 400 v. Chr. und 300 n. Chr. Lässt man die zahlreichen Nebenschauplätze beiseite, so steht im Mittelpunkt des Geschehens eine Familienfehde: Die Nachfahren des Königs Bharata – die beiden miteinander verfeindeten Sippen der Kauravas und Pandavas – kämpfen um die Herrschaft im Königreich. Die Haupthandlung wird ergänzt von Fabeln und Gleichnissen, Mythen und Legenden, die ein Bild Indiens vor rund 2000 Jahren vermitteln.

Der bekannteste Teil ist die Bhagavadgita (Gesang des Erhabenen) – eine Quintessenz indischer Philosophie und reinste Poesie zugleich. Sie entstand wahrscheinlich später als das eigentliche Epos, erlangte aber schon bald ungeheure Popularität. Alexander von Humboldt nannte die 700 Strophen das »schönste philosophische Gedicht aller Zeiten«.

Steht im Mahabharata der Konflikt zwischen den verfeindeten Parteien im Mittelpunkt, so wird in der Gita das Geschehen in einem Dialog zwischen dem Pandava-Prinzen Arjuna und seinem Wagenlenker Krishna – wie Rama eine Inkarnation Vishnus – reflektiert. Der Prinz hat Skrupel, seine Verwandten im Kampf zu töten. Krishna erinnert ihn jedoch an seine Pflichten: Als Angehöriger der Kriegerkaste muss er für das Gute kämpfen. Es kommt zur Schlacht, in der zahlreiche Helden ihr Leben lassen. Nun verweist Krishna auf die Unsterblichkeit der Seele und fügt in diesem Moment dem indischen Denken einen neuen Aspekt hinzu: Er stellt den Glauben an das Weiterleben der Seele nach dem Tod neben die traditionelle Vorstellung, dass die Einzelseele am Ende des Kreislaufs der Wiedergeburten in der Weltseele aufgeht, die noch die Upanischaden prägte. Nicht nur derjenige erlangt das Heil, der losgelöst von der Welt den intellektuellen Weg zur Erlösung findet. Auch selbstlose Pflichterfüllung und fromme Gottergebenheit führen zum Heil. Wer glaubt, der kann – ähnlich wie im Christentum – auf Gnade und Erlösung hoffen.

konkret benennen: Es handelt sich um den Mount Kailash in Tibet, der Ziel auch buddhistischer Pilgerfahrten ist. Neben dem Weltenberg sind die heiligen Flüsse, die ihren Ursprung im Himalaja haben, für die Inder von großer Bedeutung – allen voran der Ganges.

Eine Konstante im indischen Denken ist der Glaube an den Kreislauf der Wiedergeburten *(samsara)*, der als Naturgesetz gilt und als leidvoll erlebt wird. Die Hindus glauben, dass jeder Mensch einen ewigen und unveränderlichen Wesenskern, eine unsterbliche Seele *(atman)*, besitzt, die nach dem Tod des Körpers in ein neues Wesen schlüpft. Der Tod ist für einen Hindu also nicht das Ende des Lebens, sondern markiert nur eine Übergangsstation von einem Leben in das nächste Leben. Das erklärt, warum der Tod für einen Hindu an sich nicht angstbesetzt ist. Der Körper wird verbrannt, damit er durch das Feuer eine Reinigung erfährt; die Seele verlässt den Körper, um weiterzuwandern.

Das Kastenwesen

Eine weitere Konstante im religiösen System der Hindus ist die Vorstellung, dass es eine Hierarchie des Seins gibt, die von Pflanzen bis zu Göttern reicht. Die Menschen befinden sich auf der mittleren Stufe, aber auch sie sind nicht gleich.

Jeder Hindu ist von Geburt an Mitglied einer Kaste, und das Kastensystem ist noch immer ein tragender Pfeiler der Hindugesellschaft. Kein Wunder – ein System, das 3000 Jahre alt ist, ist tief verwurzelt in der Bevölkerung. Doch einiges hat sich gerade in den letzten 50 Jahren verändert.

Der Begriff ›Kaste‹ (vom portugiesischen Wort *casta* – Art, Rasse, Stamm) bezeichnet eine Gesellschaftsgruppe, deren Mitglieder durch Geburt eine Einheit bilden und fest gelegte Rechte und Pflichten haben. Zusammen bilden die Kasten ein hierarchisch gegliedertes Sozialsystem. Begründet wurde diese gesellschaftliche Einteilung mit dem Mythos von der Opfe-

Brahmanen gehören als Priester zur obersten Kaste

rung des Urriesen Purusa, der in der Rigveda nachzulesen ist: »Zum Brahmanen ist sein Mund geworden, die Arme zum Krieger sind gemacht, der Händler aus Schenkeln, aus den Füßen der Knecht damals ward hervorgebracht ...«

In welche Kaste man geboren wird, entscheidet das Karma: Wer in seiner letzten Existenz ein tugendhaftes Leben führte, wird im nächsten Leben durch die Wiedergeburt in einer höheren Kaste belohnt; für ein sündiges Leben wird man entsprechend durch eine niedrigere Geburt im nächsten Leben bestraft.

Vier Hauptkasten zählt man, die allerdings im Laufe der Jahrhunderte vielfach verzweigt und untergliedert wurden: Die Brahmanen ganz oben auf der gesellschaftlichen Leiter gingen traditionell religiösen Tätigkeiten nach, waren Priester oder auch Lehrer, und noch heute entstammen viele indische Intellektuelle der Brahmanenkaste. Ihre religiösen Pflichten sind besonders umfangreich, Verfehlungen werden besonders streng beurteilt. Die Mitglieder der Ksatriya-Kaste waren ursprünglich Krieger, sie stellten die Gruppe der Herrschenden. Die Vaishyas gelten als der Nährstand, sie betrieben Ackerbau und Viehzucht oder waren Händler. Die Söhne dieser ersten drei Kasten hatten Zugang zu den heiligen Texten. Die unterste Kaste (Shudras) war die Kaste der Arbeiter. Die obersten drei

Kasten sind sogenannte reine Kasten, d. h. sie haben sich mindestens ein Mal schon Verdienste erworben. Deshalb müssen die Vertreter der vierten Kaste ihnen dienen.

Darüber hinaus gibt es Kastenlose, die unreine Berufe ausübten: Straßenkehrer, Gerber, Schuster. Insgesamt steht rund ein Viertel der indischen Hindus außerhalb des Kastensystems. ›Unberührbare‹ wurden sie früher genannt, ›Harijan‹ (Kinder Gottes) nannte Mahatma Gandhi sie, heute nennen sie sich selbst ›Dalits‹ (die Gebrochenen).

In der Vergangenheit konvertierten viele Kastenlose oder Angehörige niederer Kasten zum Buddhismus, Islam oder Christentum und versuchten damit, dem Kastensystem zu entkommen und einen sozialen Aufstieg zu schaffen. Sie verloren damit zugleich den positiven Aspekt des Kastensystems: Die Funktion des staatlichen Sozialsystems, das die Mitglieder der Gemeinschaft im Notfall auffängt, übernimmt in Indien das Kastensystem. Die gemeinsamen Werte und Traditionen innerhalb der Kasten bedeuten für den Einzelnen, in einer Gemeinschaft aufgehoben zu sein und schützen ihn vor Isolation.

Heute sind alle Inder vor dem Gesetz gleich, und die Berufswahl ist längst nicht mehr kastengebunden. Die Zeiten, als ein Dalit die Höherkastigen durch Trommeln vor seinem Erscheinen warnen musste, um sie nicht zu verunreinigen, sind glücklicherweise vorbei. Heute können die Dalit genauso wie Kastenangehörige Universitäten besuchen und auf der Karriereleiter nach oben klettern. Ein Paradebeispiel für den Aufstieg eines Kastenlosen ist Kocheril Raman Narayanan, der 1997 zum Staatspräsidenten gewählt wurde. Vor allem in den Städten verwischen sich zunehmend die Kastengrenzen, immer mehr entscheiden Einkommen und Ausbildung über die gesellschaftliche Einordnung des Einzelnen. Ein Brahmane kann als Wäscher einen bescheidenen Lebensunterhalt verdienen, während ein

Dhobi, Mitglied der Kaste der Wäscher, als Börsenmakler erfolgreich sein kann. Hochburgen des Kastensystems sind dagegen die Dörfer, in denen die Brahmanenhäuser sich im Zentrum hinter Mauern verbergen, während die Hütten der Kastenlosen außerhalb liegen.

Weichen im öffentlichen Leben die Kastengrenzen immer weiter auf, so spielt sich das Sozialleben nach wie vor meist innerhalb der Kasten ab. Nicht zuletzt deshalb, weil Reinheitsvorschriften den unbefangenen Umgang außerhalb der Kasten erschweren. Jede Kaste hat ihre eigenen Hochzeits- und Bestattungsriten. So ist gemeinsames Essen mit Angehörigen anderer Kasten traditionell tabu, genau wie die Heirat über Kastengrenzen hinweg. Immer noch zögern viele Mitglieder oberer Kasten, ihre Söhne und Töchter mit Angehörigen niedriger Kasten zu verheiraten.

Was gutes, den Regeln der göttlichen Ordnung entsprechendes Handeln ist, beschreiben Bücher wie das Gesetzbuch des Manu, in dem von Sitten und Normen die Rede ist. Die Gesamtheit der Normen, die religiöse Welt- und Lebensordnung wird als *dharma* bezeichnet. Allerdings ist dharmagerechtes Verhalten von Kaste zu Kaste unterschiedlich, aber auch für Angehörige verschiedener Altersstufen oder für Männer und Frauen verschieden. Im Wesentlichen ist es immer ein der eigenen Kaste gerechtes Verhalten. Wer sich weit von den Gesetzen des *dharma* entfernt, kann tief absteigen und in der nächsten Existenz durchaus als Tier oder Pflanze wiedergeboren werden.

Der Glaube an die Seelenwanderung ist also Basis des Kastenwesens. Sie hat keinen Anfang, aber Ziel ist es, der unruhigen Wanderung der Seele ein Ende zu setzen. Die Sehnsucht gilt, ganz anders als im Christentum, nicht dem ewigen Leben, sondern genau dem Gegenteil – der Weltüberwindung. Nach dem Durchlaufen zahlloser Existenzen in tierischer wie in menschlicher Gestalt kann man sich lösen, den leidvollen Kreislauf der Wiedergeburten verlassen und Erlösung *(moksha)* erlangen. Im Brahmanismus konnte die Sehnsucht nach Erlösung nur denjenigen zuteil werden, die sich ganz von der Welt abwandten, den Asketen. Nur sie konnten, so glaubte man, die einzig reale Welt hinter unserer irdischen Scheinwelt schauen und *brahman* erkennen. Dieser zentrale Begriff des indischen Denkens ist schwer zu fassen und wird als Weltseele, als absolutes Bewusstsein, als Wesen des Universums definiert. Brahman, so heißt es, zieht sich wie ein Faden durch alles und sei in jedem Einzelnen als *atman* gegenwärtig. »Atman ist gleich brahman«, lautet der Zentralgedanke der All-Einheitslehre der Upanischaden. Wer das erkannt hat, sammelt kein neues Karma mehr an, er tritt aus dem Geburtenkreislauf aus. Doch das ist einfacher gesagt als getan. Keinesfalls genügt es, die Lehre intellektuell nachzuvollziehen. Eine vollständige Loslösung von allem Irdischen ist die Voraussetzung. Dies machte den Brahmanismus zu einer elitären Lehre. Nur der Asket konnte durch Selbstkasteiung und Meditation das Heil erlangen.

Dieser strengen Lehre setzte der Hinduismus in der Bagavadgita, dem ›Gesang des Erhabenen‹, die für viele Hindus den Rang eines Evangeliums hat, eine tröstliche Alternative entgegen. Krishna, der als Inkarnation Gott Vishnus gilt, vertritt die These, dass der Mensch nicht passiv verharren muss, sondern - wenn es seiner Kaste entspricht - aktiv für das Gute kämpfen soll. Krishna stellt den Weg des sozialen Engagements an die Stelle der Weltabkehr. Edle Gesinnung und selbstlose Pflichterfüllung (Karmamarga), aber auch einfache fromme Gottergebenheit (Bhakti Marga) führen genauso zum Heil wie Weltentsagung, und das ist eine gegenüber den Upanischaden ganz neue Aussage. Sie erweitert die Zahl derjenigen, die *mokscha* erlangen können, erheblich. Alle Menschen haben die gleichen Voraussetzungen und Möglichkeiten. Ein Gedanke der Emanzipation im indischen Denken, der revolutionär war, am Kastenwesen aber nicht rüttelte.

Daneben gibt es in Legenden und Sagen Schilderungen des Jenseits, die christlichen Vorstellungen vom Jüngsten Gericht mit Himmel und Hölle sehr nahe kommen. In den Legendensammlungen der Puranas, der wichtigsten Quelle der indischen Mythologie, findet man zahllose Göttermythen, die den griechischen Sagen ähneln, und das Bild einer lebensfrohen Göttergesellschaft vermitteln. Die alten vedischen Götter haben hier ihre Bedeutung verloren, und eine gewisse Vormachtstellung nimmt Vishnu ein, gefolgt von Brahma, dem Weltenschöpfer, und Shiva. Hier tauchen Vorstellung von Himmel und Hölle auf, die man von anderen Religionen kennt.

Die hinduistische Götterwelt

Viele Wege führen im Hinduismus zum Heil: Erkenntnis, Weltentsagung, Praktiken wie Yoga oder Meditation, liebevolle Hingabe, ein Leben als Sadhu – als Wanderasket –, sexuelle Praktiken oder Unterstützung durch weise Lehrer. Jeder Gläubige kann den seinen Fähigkeiten und seiner Persönlichkeit entsprechenden Weg wählen. Und die verschiedenen Wege können durchaus kombiniert werden. Die Götter rückten in der Übergangsperiode vom Brahmaismus zum Hinduismus zunehmend ins Zentrum des Glaubens. Es hatte sich gezeigt, dass sich die Mehrheit der Gläubigen statt einer schwer verdaulichen Philosophie volkstümliche Götter wünschte – wenn nicht zum Anfassen, so doch zum Anbeten.

Die Zahl der indischen Götter geht sicher in die Zehntausende oder gar Hunderttausende. Die Inder verehren Naturgötter, himmlische Nymphen, Schutzgötter, Halbgötter, vergöttlichte Tiere und Pflanzen, dazu regionale Gottheiten, sodass sicher kein Hindu all die Mitglieder des riesigen Götterpantheons, die für einige auch nur unterschiedliche Namen für eine göttliche Kraft sind, beim Namen nennen kann. Im Mittelpunkt stehen drei Gottheiten mit ihren Familien: Brahma, der Schöpfer, Vishnu, der Erhalter, und Shiva, der Zerstörer und Erneuerer. Sie bilden gemeinsam die *trimurti*, die Götterdreiheit.

Brahma gilt als Schöpfer, doch im Kult spielt er nur eine untergeordnete Rolle. Er ist eher der Hüter philosophischer Texte als das Ziel der kultischen Anbetung. So sind ihm nur wenige Tempel direkt geweiht – eine Ausnahme ist das Brahma-Heiligtum im Wallfahrtsort Pushkar. Stattdessen ist Brahma allgegenwärtig. In Tempeln, die anderen Göttern geweiht sind, ist er meist durch ein Kultbild vertreten. Man erkennt Brahma an seinen vier Köpfen, mit denen er gleichzeitig in alle Himmelsrichtungen blicken kann und die die vier Veden symbolisieren. Sein göttliches Reittier, wichtiges Attribut aller Götter, ist die Gans. Seine Gattin ist Sarasvati, die Göttin der Gelehrsamkeit und der Künste, der die Erfindung des Sanskrits, der heiligen Sprache des Hinduismus, zugeschrieben wird.

Sind die Gottheiten und die Kulte auch kaum zählbar, so gibt es drei Hauptkulte: Vishnuismus, Shivaismus und Shaktismus, den Kult um die weibliche Energie *(shakti)*.

Vishnu, ebenfalls Mitglied der Trimurti, gilt als Bewahrer und Erhalter der Welt, als Hüter des kosmischen Gleichgewichts. Der Favorit vieler Gläubiger ist eine volkstümliche Gottheit und wird als gütig beschrieben. Rund zwei Drittel der Hindus, schätzt man, sind Vishnuiten. Doch wer einen Weg gewählt hat, lehnt die anderen Wege nicht zwangsläufig ab. Und in einem Hindutempel findet man häufig die Statuen von Vishnu, Shiva und anderen Gottheiten nebeneinander.

Shiva ist eine der wichtigsten Gottheiten des hinduistischen Götterkosmos

Der elefantenköpfige Ganesha, Sohn von Shiva und Parvati, ist Gott der Weisheit und Helfer in schwierigen Situationen

Immer, wenn das Gleichgewicht des Kosmos in Gefahr ist, böse Mächte die Menschheit bedrohen, tritt Vishnu in Aktion und kommt in Tier- oder Menschengestalt auf die Erde. Zehn seiner Inkarnationen *(avatara)* sind bekannt – die wichtigsten darunter sind Rama, der Held des Ramayana, und Krishna, die Lichtgestalt der Bhagavadgita. Gerade als Krishna, dargestellt beim Flötenspiel und umgeben von seinen Gespielinnen, genießt Vishnu große Popularität. Aber auch der Reformer Buddha ist als neunte Inkarnation vertreten, um den Buddhismus auf diese Art und Weise in die ältere Religion einzugliedern. Das Reittier Vishnus ist der mächtige Garuda-Adler, seine Gattin ist Lakshmi, die Göttin der Vernunft, der Schönheit und des Reichtums.

Shiva ist sicher der vielfältigste Gott des indischen Götterkosmos, der widersprüchliche Wesenselemente vereint. Er ist Zerstörer genauso wie Erneuerer, und mehr als 1000 Erscheinungsformen werden im zugeschrieben. Shiva ist ein wohlwollender Gott, Verderben bringender Gott oder göttlicher Asket gleichermaßen. Gläubige können sich dem Aspekt zuwenden, der ihnen am ehesten zusagt.

Shivas Reittier ist der Stier Nandi, seine Gattin ist Parvati, die selbst in widersprüchlichen Manifestationen auftritt: als blutrünstige Kali oder als Dämonentöterin Durga genauso wie als gütige Uma. In Shiva-Tempeln sind Shiva und Parvati häufig einfach als *lingam* (stilisierter Phallus) und *yoni* (stilisierte Vulva) dargestellt.

Shiva und Parvati haben zwei Söhne. Besondere Po-

Der Elefantengott Ganesha
Zahlreiche Legenden versuchen zu erklären, warum der populäre Gott Ganesha ausgerechnet einen Elefantenkopf trägt. Eine davon erzählt, dass Shiva, vom Liebespfeil Kamas getroffen, Parvati im Bad überraschte, was dieser sehr missfiel. So schabte sie eines Tages Schmutz von ihrem Körper, mischte ihn mit Öl und geheimen Zutaten, formte ein Wesen daraus und belebte es durch das Besprengen mit Gangeswasser. Dann ernannte sie es zum Wächter vor der Tür ihres Badehauses. Als nun Shiva wieder zu einem unerwünschten Rendezvous kam, versperrte Ganesha ihm den Weg, was den mächtigen Gott so erzürnte, dass er dem Wächter den Kopf abschlug. Parvati brach das Herz, weshalb Shiva Boten aussandte, einen neuen Kopf für Ganesha zu suchen. Diese begegneten einem Elefanten, hieben ihm den Kopf ab und eilten damit zurück zu Shiva, der Ganesha das Rüsselhaupt auf die Schultern setzte.

pularität genießt der elefantenköpfige Ganesha, der Gott der Weisheit und Helfer in schwierigen Situationen. Zu Ganesha betet man vor Prüfungen, und Geschäftsleute erbitten seinen Beistand in Verhandlungen, er fehlt auf kaum einem Hausaltar. Der Zweitgeborene ist Kartikeya (auch Subrahmanya oder Kanda), der Kriegsgott. Neben dem Shiva- und Vishnukult hat auch der Shaktismus seine Anhänger. Sie verehren die weibliche Energie und Kraft.

Opfergaben wie tropische Früchte im Wallfahrtsort Kataragama auf Sri Lanka erfreuen die Götter

Kulte, Feste, Heilige

Durch tägliche Kulthandlungen *(puja)* möchte der gläubige Hindu die Götter gnädig stimmen und erbittet die Erfüllung von Wünschen. Das kann zu Hause, aber auch im Tempel geschehen. Der Familienschrein ist Zentrum des Hauses: Hier werden den Göttern Opfer dargebracht in Form von Kokosnüssen, Früchten oder Süßigkeiten, Blumengirlanden oder Räucherstäbchen. Hier wird gebetet, allein oder in der Gruppe.

Wurden in der Frühzeit des Hinduismus Opferhandlungen auf Altären durchgeführt, so

Heilige Männer
Mönche oder Einsiedler gibt es in vielen Religionen. In Indien jedoch sind Männer, die sich entschieden haben, ihr Leben ganz und gar der Religion zu widmen, besonders zahlreich. Wenn das Berufsleben hinter ihm liegt, sollte ein Hindu sich von allem Weltlichen lösen und sich der Suche nach Erlösung widmen. Samnyas heißt diese letzte von vier Stufen eines idealen Hindulebens. Doch viele Männer entscheiden sich schon in jungen Jahren für ein Leben als Sadhu, als Wanderasket. In der Regel schließen sie sich einem Guru, einem spirituellen Lehrer, an. Sie erlernen Techniken der Meditation und legen vielfach eine Gelübde ab, das unterschiedliche Absprachen beinhalten kann: Häufig geloben sie Heimatlosigkeit und begeben sich auf die ewige Wanderschaft, entscheiden sich wie westliche Mönche für ein Leben in Armut und Keuschheit. Nicht wenige Sadhus verzichten sogar auf Kleidung und nehmen schwere Kasteiungen auf sich. Viele von ihnen sind Einzelgänger, manche bilden Gemeinschaften in Ashrams. Sie sind so individuell in ihrem Aussehen und in ihrem Auftreten wie die Religion, der sie angehören. Gemeinsam ist ihnen, dass sie sich dem spirituellen Leben widmen, die heiligen Schriften studieren und lehren. In Indien genießen die Sadhus großen Respekt.

Sadhus, Wanderasketen, sind in ganz Indien unterwegs

kannte man wohl seit der Gupta-Zeit (um 4. Jh. n. Chr.) Tempelbauten aus Stein – eigens für einen oder mehrere Götter erbaute Stätten und Orte mit besonderer Kraft, an denen ein Kultbild oder eine Götterfigur verehrt wurde. Für den gläubigen Hindu ist der Dorftempel neben dem Hausaltar der wichtigste Platz für Kulthandlungen. Im Mittelpunkt der Verehrung steht ein heiliges Bild, das man als Symbol der Gottheit ansieht. Es wird mit Opfergaben gespeist und liebevoll gebadet. Der Brahmanenpriester, der den Tempeldienst versieht, ist Mittler zwischen Menschen und Göttern. Er allein darf das Allerheiligste des Tempels betreten und dort die Opfergaben darbringen. Durch das Singen von heiligen Silben beschwört er die Anwesenheit der Gottheit. Im Tempel werden an Feiertagen auch aufwendigere Kulthandlungen abgehalten. Die Gottheit akzeptiert die Gaben symbolisch, dann werden die nun geheiligten Speisen an die Götter verteilt.

Neben der Puja gibt es noch zahlreiche andere Möglichkeiten, mit den Göttern in Kontakt zu treten und ihnen zu huldigen. Bei zahlreichen Festen treffen sich die Gläubigen, um die Götter zu feiern:

Das Frühlingsfest Holi im März/April besiegelt das Ende des Winters. Am Vortag des eigentlichen Fests wird gebetet und abends ein großes Feuer entfacht, in dem man symbolisch den Dämon Holika verbrennt. Am Festtag selbst sind die Inder unterwegs zu Familienbesuchen, und man bewirft sich ausgelassen mit farbigem Pulver.

Ebenfalls im März/April begeht man den Geburtstag des Helden Rama: Ramnavami. Vor allem in Tempeln Vishnus, dessen siebte Inkarnation Rama ist, werden Verse und Szenen aus dem Ramayana zum Besten gegeben.

Das Fest Durgapuja begeht man vor allem in Bengalen zu Ehren der Göttin Durga. Man glaubt, dass diese im Himalaja lebt und nur ein Mal im Jahr (September/Oktober) zu den Menschen kommt. Man gedenkt der Tatsache, dass die Göttin den Büffeldämon besiegte, und große Statuen der Göttin aus Ton oder Pappmaschee werden neun Tage lang verehrt und dann in Flüssen oder im Meer versenkt.

Wenn die Regenzeit endet (September/Oktober), ist

Heilige Kühe

Im Westen ist ›dumme Kuh‹ ein Schimpfwort, in Indien ist die Kuh Sinnbild der Gelassenheit und Duldsamkeit und gilt seit jeher als Lebensspenderin. Kein Wunder – in einer traditionell dörflichen Gesellschaft war sie unverzichtbar, weil sie die Bevölkerung mit Grundnahrungsmitteln wie Milch, Joghurt und Butterfett versorgte und Dung für das Herdfeuer lieferte. Außerdem war sie Transportmittel und zog vielfach den Pflug. Somit war die Kuh ein Symbol für die Mutter Erde und Zeichen ihrer mütterlichen Güte und Opferbereitschaft. Bis heute durchstreifen Kühe die Städte und sind selbstverständlicher Teil des indischen Alltags. Auch Inder, die nicht vegetarisch leben, kämen nie auf die Idee, Rindfleisch zu verzehren.

Heilige Kühe gehören zum Straßenbild indischer Städte

Zeit für den Großputz: Divali. Lakshmi, die Göttin des Wohlstandes, würde einen schmutzigen Ort nicht besuchen. Da sie auch dunkle Plätze verschmäht, werden überall Butterlampen *(dipavali)* entzündet.

In Pushkar, Rajasthan, liegt einer der wenigen Tempel für Gott Brahma. Er steht im Mittelpunkt des Pushkar-Festes (Pushkarmela), das von einem berühmten Kamelmarkt begleitet wird.

Die Götter stritten einst beim Aufquirlen des Milchozeans um einen Topf *(kumbha)* Unsterblichkeitstrank. Sie verschütteten einige Tropfen, und überall dort, wo diese auf den Boden fielen, wird alle zwölf Jahr die Kumbhmela gefeiert – denn nach zwölf Tagen brachte ein Gott den Topf in den Himmel. Riesige Prozessionen und rituelle Bäder stehen im Mittelpunkt des wohl größten Festes der Welt, zu dem sich zuletzt 2001 in Allahabad 70 Millionen Menschen versammelten, um sich bei rituellen Bädern von ihren Sünden zu reinigen.

Pilgerfahrten

Wallfahrten kennt man in allen Religionen. Sie führen den Menschen zu Gott, ermöglichen Zeit für Besinnung und Gebet. Im Hinduismus bieten sie zusätzlich die Möglichkeit, gutes Karma anzusammeln und sich durch Buße von schlechtem Karma zu befreien. Hunderte von Kilometern sind die Gläubigen oft unterwegs – zu Fuß, per Bus oder per Bahn. Pilgerziele gibt es mehr als genug. So gibt es kaum einen gläubigen Hindu, der nicht ein Mal im Leben nach Varanasi reisen möchte, in die heilige Stadt am Ganges, deren alter Kolonialname Benares war. Aber auch Mathura, der Geburtsort Krishnas, Ayodya, die alte Hauptstadt Ramas, Kurukshetra, der Schauplatz der Entscheidungsschlacht des Mahabaratha, sind bedeutende Pilgerorte. Hinzu kommen viele weitere heilige Plätze – berühmte Tempel, aber auch Flüsse oder Berge. Insbesondere Berge als Wohnsitze der Götter ziehen Gläubige an. So mancher Yogi zieht sich zurück in Höhlen im Himalaja, um zu meditieren. Hier liegen viele Ashrams, in denen Gläubige Meditationstechniken üben können.

Der mystische Berg Meru markiert in der Hindu-

Der heilige Fluss Ganges – hier die Ghats in Varanasi – gehört zu den wichtigsten Pilgerzielen in Indien

Mutter Ganga

Wenn in Varanasi (früher Benares), die Sonne aufgeht, herrscht am Ufer des Ganges schon Hochbetrieb. Pilger singen, beten, baden, um sich von ihren Sünden zu befreien: Beleibte Brahmanenpriester rezitieren heilige Mantras, Yogis meditieren in starrer Pose. Arme Bettler wie Frauen in glänzenden Saris suchen gleichermaßen ein Stück vom Heil. Die Stadt ist über 3000 Jahre alt und die heiligste aller indischen Städte. Nicht minder heilig ist der Ganges, der von seiner Quelle im Himalaja hinabströmt und an dessen Ufer die Stadt erbaut wurde. Er ist für die Gläubigen Göttin Ganga. Ghats, breite Treppen, säumen das Ufer. Sie sind die erste Anlaufstelle für alle Pilger, die das ganze Jahr über dorthin strömen, um sich durch rituelle Waschungen spirituell zu reinigen. Nebenan nimmt das profane Leben seinen Lauf – Wäsche wird gewaschen, ein Barbier bedient seine Kunden, selbst ernannte Guides warten auf Touristen. Zahllose Lingam-Schreine, Symbole für Gott Shiva, dem die Stadt geweiht ist, sind entlang der Ghats aufgereiht. Über 500 Tempel zählt die Stadt. Auch die Verbrennungsplätze sind nicht weit. In Varanasi zu sterben, ist der Wunsch eines jeden Hindu: Wer hier den letzten Atemzug tut, kann quasi eine Abkürzung ins Nirvana nehmen und den Kreislauf der Wiedergeburten durchbrechen. Für die Hindus ein höchst erstrebenswertes Ziel. Deshalb lodern die Flammen in den Kremationsstätten Tag und Nacht. Bestattungsunternehmer ist in Varanasi ein einträglicher Beruf. Ist die Zeremonie beendet, streuen die Angehörigen die Asche in den Fluss; die Leichname von Kindern, Sadhus oder Menschen, die an Schlangenbissen sterben, wandern direkt hinein. Der Ganges ist daher eine einzige stinkende Kloake. Die Gläubigen scheinen jedoch nichts davon zu bemerken. Und wenn die Seele Indiens irgendwo im Land ganz deutlich zu spüren ist, dann hier.

mythologie den Mittelpunkt des Universums. Von dort, so heißt es, fließen die Ströme des Ganges herab. Für viele Hindus (auch für Buddhisten) ist der Mount Kailash, der sich 6700 m in Westtibet erhebt, der sagenhafte Weltenberg, zu dem eine anspruchsvolle Pilgerreise führt. Nicht minder gut fürs Karma ist eine Reise zur spirituellen Quelle des Ganges im Himalaja.

Der Buddhismus

Die 2500 Jahre alte Heilslehre des Buddha ist die drittälteste der fünf großen Weltreligionen nach Hinduismus und Judentum. Prinz Siddhartha Gautama, der später den Ehrentitel ›Buddha‹ (der Erleuchtete) erhielt, wirkte rund 500 Jahre vor Jesus und ein Jahrtausend vor Mohammed und schuf eine klare philosophische Lehre, die im Laufe der Jahrtausende viele Wandlungen erfuhr. Heute bekennen sich rund 400 Millionen Menschen weltweit zu einer der Schulen des Buddhismus.

Die zweite große Religion indischen Ursprungs ging in einer Zeit des geistigen Umbruchs aus der vedischen Religion hervor – so wie die protestantische Reformbewegung rund 2000 Jahre später in einer Krise des Katholizismus zur Spaltung der christlichen Kirche führte. Die Brahmanen hatten im 5./4. Jh. v. Chr. in der indischen Gesellschaft die Führungsposition inne, weil sie diejenigen waren, die zwischen Himmel und Erde vermittelten. Die vedische Religion selbst hatte jedoch an Kraft verloren, war erstarrt in Ritualen. Der Adel und eine wohlhabende, selbstbewusste Schicht von Kaufleuten wollten die Vormacht der Brahmanen nicht länger hinnehmen. Die Zeit war reif für neue Ideen und neue geistliche Führer.

Tibetischer Buddha, erste Hälfte des 14. Jh.

In dieser Zeit des Wandels rebellierte der Fürstensohn Siddhartha Gautama wie andere Reformer seiner Zeit gegen das Kastenwesen, das die indische Gesellschaft prägte und schuf eine Lehre ohne Priesterstand, ohne göttliche Offenbarung und ohne Götter. Buddha sah sich lediglich als Lehrer, als ›Wegweiser zum Heil‹.

Ist der Buddhismus in seinem Mutterland Indien längst von Hinduismus und Islam verdrängt worden, so trat er nach dem Tod des Meisters einen einzigartigen Siegeszug durch weite Teile Asiens an, erlebte aber große Veränderungen. Weil den Massen die Lehre Buddhas zu asketisch war, wurde sie nach und nach um kultische Elemente erweitert, Buddha wurde vergöttlicht und vor allem in Ostasien von weiteren Gottheiten und Geistern umgeben. Neue Strömungen entstanden wie der Mahayana-Buddhismus, der durch Missionare nach China gebracht wurde. Aber auch der Zen-Buddhismus in Japan und der tibetische Buddhismus (Lamaismus) sind Varianten der ursprünglichen Lehre.

Leben und Werk Gautama Buddhas

Wie der Hindu glaubt der Buddhist an den Kreislauf der Wiedergeburten. Und so hatte Siddhartha Gautama, der historische Buddha, wohl bereits viele Existenzen als Tier und als Mensch durchlaufen, bevor er erleuchtet wurde und seine Lehre formulierte.

Buddhas Existenz ist überliefert. Im Abendland nahm man lange Zeit an, dass er von 563–483 v. Chr. lebte. Heute tendiert man dazu, seine Geburt auf das 4. Jh. v. Chr. zu datieren. Somit wäre er ein Zeitgenosse des Sokrates gewesen, der in Griechenland ebenfalls die Welt neu erklärte. Wir wissen, dass Buddha im heutigen Nepal als Sohn eines Rajas, eines lokalen Fürsten, zur Welt kam, der einen Kleinstaat mit etwa 20 000 Untertanen regierte.

Wenn auch die Existenz Buddhas historisch nachgewiesen ist, so sind Einzelheiten aus seinem Leben nur aus Aufzeichnungen, die erst Jahrhunderte nach seinem Tod entstanden, und aus Legenden *(jatakas)*, die historische Ereignisse unentwirrbar mit der Mythologisierung durch den gläubigen Erzähler verbinden, bekannt. Die Buddha-Legende gehört zur literarischen Tradition des indischen Kulturkreises, deren Symbolgehalt biblischen Texten durchaus verwandt ist. Sogar zu einzelnen Motiven gibt es erstaunliche Parallelen. So soll Buddha wie Jesus jungfräulich gezeugt worden sein.

Die Geburt des Buddha
Königin Maya, die Mutter des künftigen Buddha, träumt, dass ein weißer Elefant in ihre rechte Seite eintritt. Voller Erstaunen stellt sie kurz darauf fest, dass sie schwanger ist. Maya ist schon knapp 40 Jahre alt und hat lange vergeblich auf Nachwuchs gewartet. Als die Zeit für die Geburt gekommen ist, macht sie sich mit ihrem Gefolge auf den Weg zu ihrer Familie. Als sie den Hain von Lumbini erreicht, setzen jedoch die Wehen ein, das Kind kommt im Stehen und ohne Schmerzen zur Welt. Der Junge tritt aus ihrer rechten Seite, macht seine ersten Schritte und aus seinen Fußstapfen sprießen Lotusblüten. Er sagt: »Ich bin der Höchste in der Welt. Dies ist meine letzte Geburt. Ich werde Geburt, Alter, Krankheit und Tod ein Ende bereiten.«

Der neugeborene Knabe erhielt den Namen Siddhartha (›der das Ziel erreicht hat‹). Wenige Tage nach seiner Geburt starb die Königin, und ihre Schwester übernahm die Erziehung des Prinzen. Wahrsager wurden an den Hof bestellt, die weissagten, er würde entweder ein Weltenbeherrscher oder ein Weiser werden. Der Raja entschloss sich, den Sohn im Palast von allen äußeren Einflüssen abzuschotten und umgab ihn mit Luxus. Ähnlich wie Jesus verblüffte Buddha seine Lehrer schon in jungen Jahren mit Expertenwissen. Bald zeigte sich aber, dass der junge Mann in zur Schwermut neigte, weshalb ihn der Vater im Alter von 16 Jahren mit einer Cousine verheiratete. Doch die Ehe konnte seine Suche nach neuen Erfahrungen nicht aufhalten.

Als der Prinz 29 Jahre alt geworden war, gelang es ihm, den Palast heimlich zu verlassen. Auf den berühmten ›Vier Ausfahrten‹ tauchte er in den Alltag ein. Vergänglichkeit und Leid begegneten ihm in Gestalt eines Kranken, Greisen, Toten. Auf der letzten Ausfahrt aber sah er einen Mönch, der über dem menschlichen Leid zu stehen schien. Bewegt von diesen Begegnungen verließ Siddartha, kurz nachdem er Vater eines Sohnes geworden war, sein Zuhause und tauschte das

Leben im Palast gegen den Weg des Wanderasketen. Aus dem verwöhnten Jüngling wurde ein mittelloser Bettler. Bald schloss er sich einer Gruppe von Asketen – heute würde man sie wohl Aussteiger nennen – und einem spirituellen Lehrer an. Doch dessen Worte fesselten ihn nicht, und so zog er weiter. Über ein Jahr lang suchte er vergeblich nach geistiger Erfüllung, schließlich suchte er sein Heil in strenger Askese. Sechs Jahre lang quälte er Leib und Seele und kam doch auf seiner Heilssuche nicht voran. Fast zum Skelett abgemagert, erkannte er, dass er auf dem falschen Weg war und dass der ›Mittlere Weg‹, der Weg zwischen den Extremen, der richtige war und begann, wieder Nahrung zu sich zu nehmen. Empört wandten sich die fünf Anhänger, die er in der Zwischenzeit gefunden hatte, von ihm ab.

In diesem Moment der Orientierungslosigkeit erinnerte sich Gautama, inzwischen 35 Jahre alt, an ein tröstendes Ritual seiner Kindheit: In Krisensituationen hatte er Zuflucht unter einem Baum gesucht. So ließ er sich in einer Vollmondnacht unter einem Feigenbaum bei Bodhgaya nieder und beschloss, erst wieder aufzustehen, nachdem er die Erleuchtung erlangt hatte. Er begann zu meditieren. Siddartha Gautama erinnerte sich in dieser Nacht an all seine früheren Existenzen, sein Geist löste sich von allen weltlichen Begierden

Reliefs mit der Heilsgeschichte des Gautama Buddha am Borobodur-Tempel in Zentraljava, Indonesien, 8./9. Jh.

und wurde von Unwissenheit befreit. Er erkannte die Ursache des Leidens, die Vergänglichkeit der irdischen Welt und den Pfad zur Erlösung aus der unendlichen Kette der Wiedergeburten. Aus dem Suchenden wurde in dieser Nacht Buddha, der Erleuchtete.

Nun hätte er die Welt hinter sich lassen können, doch er erkannte, dass es seine Aufgabe war, das erworbene Wissen weiterzugeben. Er machte sich auf den Weg nach Varanasi, in die heilige Stadt der Hindus. Nicht weit von dort, im Gazellenpark von Sarnath, predigte er erstmals und setzte damit das Rad der Heilslehre *(dharmacakra)* in Bewegung. Nun zeigte sich, dass Buddha der Sohn eines Raja war, der häufig an Ratsversammlungen teilgenommen hatte und die Kunst der Rhetorik beherrschte. Seine Reden begeisterten die Zuhörer, und seine Worte zeigten Wirkung. Die Anhänger, die er verloren hatte, kehrten zurück und neue kamen hinzu. Als Buddha sie aufforderte, ihm zu folgen, war der buddhistische Mönchsorden *(sangha)* geboren. Erstmals traten die ›Drei Juwelen‹ des Buddhismus in Erscheinung: der Erwachte oder Erleuchtete = Buddha, das Gesetz oder die Lehre = Dharma, die Mönchsgemeinde = Sangha.

Felsskulptur mit Darstellung des Gautama Buddha beim Übergang vom Diesseits ins Parinirvana in Polonnaruwa auf Sri Lanka, 12. Jh.

Der junge Orden wuchs schnell, und nach einigen Monaten hatte Buddha rund 60 Anhänger, denen er den Auftrag gab, die Heilslehre als Bettelmönche zu verbreiten. Bei der Organisation des Ordens kam ihm sicher zugute, dass der Vater ihn auf die Übernahme der Regierungsgeschäfte vorbereitet hatte. Buddha erwies sich als wahre Führungspersönlichkeit.

Ursprünglich sollten die Mönche unter freiem Himmel leben, doch die alljährliche Regenzeit zwang sie, die ersten Klöster zu erbauen. Bis zum Tod Buddhas wanderte er mit seinen Jüngern in der Gangesebene und predigte die neue Lehre. Ihren Lebensunterhalt sicherten Almosen von Laiengläubigen.

Das Wander- und Missionsgebiet des Buddha erstreckte sich über das heutige Nepal und den Norden Indiens, die heutigen Bundesstaaten Uttar Pradesch und Bihar. Schon bald zog Buddha breite Volksmassen an – nicht zuletzt, weil er nicht in Sanskrit, der elitären Sprache der Brahmanen, predigte, sondern in der Umgangssprache Nordostindiens, dem Magadhi. Buddhas Lehre vom ›Mittleren Weg‹ zwischen Sinneslust und Kasteiung fand großen Anklang. Anhänger fand er vermehrt unter den Angehörigen der eigenen Kaste, der Kriegerkaste, die die Bevormundung durch die Brahmanen schon lange nicht mehr unterstützen wollte. Doch auch unter den vielfach rational eingestellten Kaufleuten fand er Anhänger, die den spirituellen Kult im Brahmanismus ablehnten, und schließlich in der vierten Kaste, weil er gegen das Kastenwesen war und somit ein besseres Leben versprach.

Im Alter von 80 Jahren erkrankte Buddha an einer Lebensmittelvergiftung. Man bat ihn, die Nachfolge der Ordensgemeinschaft zu regeln, er aber antwortete: »Seid selbst eure Insel, selbst eure Zuflucht; habt die Lehre als Insel, die Lehre als Zuflucht, habt keine andere Zuflucht.« In einem großen Volksfest wurde er eine Woche später eingeäschert, und bald schon begann ein Streit um seine Reliquien. Sie wurden schließlich an acht arische Fürstengeschlechter verteilt, und Buddhas sterbliche Hülle wurde in acht Hügelgräbern (Stupas) beigesetzt.

Soweit die Lebensgeschichte Gautama Siddharthas, der zum Buddha, zum Erleuchteten, wurde, ein Vorbild und Ansporn für jeden gläubigen Buddhisten. Für buddhistische Theoretiker ist Buddha lediglich ein Urtypus, der in verschiedenen Zeitaltern in Gestalt unterschiedlicher Persönlichkeiten zur Welt kommt, um den

Sangha, die Mönchsgemeinde

Als Buddha nach seiner Erleuchtung seine ersten fünf Jünger unterwies, hatte die Geburtsstunde des buddhistischen Mönchsordens *(sangha)* geschlagen. Die ersten Mönche wurden von Buddha selbst ordiniert. Seit 2500 Jahren bis heute garantiert der Orden die Kontinuität des Glaubens in einer Religion ohne feste Institution wie die Kirche im Christentum.

Bereits zu Lebzeiten Buddhas entschlossen sich Tausende von Menschen der Welt den Rücken zu kehren und strenge Ordensregeln einzuhalten. Wer sich entschloss, ökonomische und familiäre Zwänge abzustreifen und sein Leben vollkommen nach dem Dharma auszurichten, musste Armut, Ehelosigkeit und Friedfertigkeit geloben. Zahlreiche andere Regeln sollten hinzukommen.

Die Liste der Gegenstände, die ein Mönch besitzen darf, ist kurz: Erlaubt sind Gewand, Almosenschale, Nadel, Gebetskranz, Rasiermesser und Wasserfilter zum Schutz kleinerer Lebewesen. Mönche dürfen nur ein Mal am Tag essen; ihre Nahrung spenden bis heute Gläubige. Morgens sieht man auf Sri Lanka, in Thailand oder Burma nach wie vor Scharen von Mönchen mit der Almosenschalen schweigend von Haus zu Haus ziehen. Sie dürfen nur zu sich nehmen, was ihnen gegeben wird. Doch mit ›Betteln‹ hat das nichts zu tun: Nicht die Mönche haben für die gespendete Nahrung zu danken, vielmehr danken die Spender für die Gelegenheit, Gutes zu tun und damit Verdienste zu erwerben.

Die Verletzung des Keuschheitsgebots führt zum Ausschluss aus dem Orden. Generell lehnt man aber nicht die Sexualität ab, hier vertritt der Buddhismus wie in allen Dingen eine Position des Maßhaltens. Man sieht jedoch die Gefahr, dass zu nahe Bindungen an Menschen zu Abhängigkeit führen können. Die Gebote lockerten sich in einigen Schulen, und ab 800 n. Chr. erlaubte der tantrische Buddhismus gar die Eheschließung von Mönchen.

Das Prinzip des *ahimsa*, der Gewaltlosigkeit, sollte für alle Buddhisten Gesetz sein, im besonderen Maße aber für Mönche. Buddha hatte sich damit gegen Fleischkonsum, Tieropfer und Kriegführung ausgesprochen. Auch auf Zerstreuungen wie Tanz und Musik, Schmuck, Düfte, ein bequemes Nachtlager und Geld sollen Mönche verzichten.

In vielen buddhistischen Ländern hat sich am Tageablauf der Mönche wenig geändert. Sie verrichten keine körperliche Arbeit, sondern verbringen ihre Zeit mit dem Studium heiliger Schriften, Gesprächen über die Heilslehre, Rezitation und Meditation. Dadurch, dass sie ihr Leben vollkommen nach dem Dharma ausrichten und nicht durch ökonomische und familiäre Zwänge gebunden sind, sind ihre Chancen, das Heil zu erlangen – verglichen mit denen eines Laiengläubigen – ganz ausgezeichnet. Im Theravada-Buddhismus hat allein der Mönch die Möglichkeit, die Erleuchtung zu erlangen.

In Thailand beispielsweise gibt es mehrere Zehntausend Klöster, die vor allem auf dem Land nicht nur Zentren des religiösen, sondern auch des sozialen Lebens sind. Der rasante gesellschaftliche Wandel hat kaum etwas daran geändert, dass fast jeder männliche Thai ein Mal im Leben in ein Kloster eintritt. Dieser Rückzug dauert häufig eine Regenzeit lang – rund drei Monate. Mit diesem Ordinariat auf Zeit tut ein junger Mann etwas für sein Karma, mehrt aber auch die Verdienste der Familie. Mönche und, in geringerem Maße, Novizen und Nonnen werden als Vorbilder gesehen und genießen in der Gesellschaft hohes Ansehen.

Weibliche Nonnen (Bhikkhuni) gibt es nicht in allen buddhistischen Ländern. Buddha selbst war – geprägt vom patriarchalischen Denken seiner Zeit – erst nach langem Drängen seiner Tante und Pflegemutter Mahajapati bereit, der Gründung eines Nonnenordens zuzustimmen. In vielen buddhistischen Ländern ging die Tradition der Nonnenklöster im Laufe der Jahrhunderte ganz verloren. Nur im Mahayana-Buddhismus gibt es eine ununterbrochene Bhikkhuni-Tradition. Die volle Ordination von buddhistischen Nonnen, vergleichbar der Priesterweihe im Christentum, wird seit Ende der 1990er-Jahre auf Sri Lanka und Thailand wieder anerkannt. Die Zahl der buddhistischen Nonnen wird weltweit auf rund 360 000 geschätzt.

Junge Mönche auf Sri Lanka im traditionellen orangefarbenen Gewand

Menschen ein Beispiel zu geben. Als Gautama Siddhartha geboren wurde, hatte er bereits viele Lebenszyklen hinter sich, war als Tier und als Mensch auf die Welt gekommen – schließlich ist der Weg zur Erleuchtung lang und steinig und kann nicht in einem einzigen Leben absolviert werden.

Die Lehre

Da sich der Buddha nicht als Gott oder Prophet, sondern nur als Künder des ewigen, unpersönlichen Weltgesetzes *(dharma)* verstand, wird auch seine Lehre als *dharma* bezeichnet. Kern der Lehre sind die ›Vier edlen Wahrheiten‹ von der Leidensentstehung und -aufhebung:

1. Die edle Wahrheit vom Leiden: Alles Leben ist Leiden. Von der Geburt bis zum Tod macht der Mensch leidvolle Erfahrungen durch Krankheit, Trennung oder die Mühen des Alters. Selbst Liebe oder Wohlstand bedeuten letztendlich Leid, da sie vergänglich sind.

2. Die edle Wahrheit von der Entstehung des Leidens: Die Ursache des Leidens sind Unwissenheit und falsche Leidenschaften wie Hass und Gier, der Durst nach irdischen Freuden und das Festhalten an Vergänglichem wie Geld oder Macht. Das führt zu unheilvollen Taten, durch die neues Karma angehäuft wird. So kann der Mensch dem Kreislauf der Wiedergeburten nicht entkommen.

3. Die edle Wahrheit von der Aufhebung des Leidens: Nur derjenige, dem es gelingt, Begierde und Durst zu überwinden, sammelt kein Karma mehr an und lässt das Leiden hinter sich.

4. Die edle Wahrheit von der Aufhebung des Leidens ist der ›Edle achtfache Pfad‹ der Selbstdisziplin, der immer der ›Mittlere Weg‹ zwischen Genusssucht und Askese ist. Die acht Geisteshaltungen und Verhaltensweisen sind:

- rechte Anschauung – das Wissen um die ›Vier Edlen Wahrheiten‹,

- rechte Gesinnung – sich Fernhalten von negativen Gelüsten,
- rechte Rede – Lüge und Geschwätz vermeiden,
- rechtes Handeln – nicht töten, nicht stehlen, sich von sinnlichen Ausschweifungen fernhalten,
- rechter Lebensunterhalt – nichts tun, das das Wohl der Mitmenschen beeinträchtigt, und keinen Beruf ausüben, der der buddhistischen Ethik widerspricht,
- rechtes Streben – schlechte Gedanken nicht aufkommen lassen und wenn sie schon vorhanden sind, diese zurückdrängen,
- rechtes Bedenken – Kontrolle über Körper und Geist gewinnen,
- rechtes Sichversenken – den Geist nach innen richten (Meditation).

Wer die ›Vier edlen Wahrheiten‹ und den ›Achtfachen Pfad‹ erkennt, überwindet Leiden und erlangt Erleuchtung. Sie beinhaltet Erlösung aus dem Kreislauf der Wiedergeburten. Diese Grundpfeiler der Lehre kann man wohl mit der Bedeutung der Bergpredigt für den gläubigen Christen vergleichen.

Gegenüber dem Hinduismus bricht der Buddhismus mit den heiligen Schriften und dem daraus abgeleiteten Kastensystem. Er hält fest an der Re-Inkarnationslehre, dem Glauben an den Kreislauf der Wiedergeburten und der qualitativen Bestimmung jeder neuen Existenz durch das Karma, die Summe der guten und schlechten Taten. Anders als im Hinduismus spricht man jedoch nicht von einer Seelenwanderung, denn eine unsterbliche Seele gab es für Buddha nicht. Er glaubte, dass alle Erscheinungen in unserer Welt vergänglich sind und leugnete eine einzige Ursubstanz, die in der All-Einheitslehre des Brahmanismus vorhanden ist. Im Urbuddhismus gibt es nichts Unveränderliches wie die Seele. Der Mensch gleicht vielmehr einem beständig dahin fließenden Teil verschiedener Daseinsfaktoren. So sind streng genommen der Verstorbene und der Wiedergeborene zwei verschiedene

Wesen. Aus dem Karma des verstorbenen Wesens erwächst ein völlig neues Wesen.

Pflichten der Laien

Der Buddhist muss in keine Kirche eintreten, er wird zum Buddhist, indem er sich zum Buddha, zum Dharma und zur Sangha bekennt. Der Mönch muss einen ganzen Kanon von Vorschriften beachten, der Laiengläubige nur fünf grundsätzliche ethische Verpflichtungen: nicht töten, nicht stehlen, nicht lügen, sich sexueller Ausschweifung und rauschhaften Getränken enthalten.

Ethische Vorschriften sind keine Gebote, sondern Selbstverpflichtung. Der Buddhismus kennt weder Sünde noch Strafe, sondern ausschließlich Ursache und Wirkung. Aus Absicht und Tat folgt das Karma mit der Sicherheit eines Naturgesetzes.

Buddha wandte sich zudem gegen hinduistische Rituale wie Tieropfer, Feuerkult und rituelle Bäder. Weil der Buddhismus an keine Kastenordnung gebunden ist, konnte er auch außerhalb Indiens Fuß fassen und ist im Gegensatz zum Hinduismus eine Missionsreligion. Ein Buddhist braucht keinem Zeremoniell folgen, keine Tempel betreten und niemanden anbeten. Rituale gibt es zwar heute in allen buddhistischen Ländern, aber es handelt sich dabei ausnahmslos um spätere Zutaten zur Lehre.

In der ursprünglichen buddhistischen Lehre trägt allein der Mensch die Verantwortung dafür, dass er aus dem als leidvoll empfundenen Kreislauf der Wiedergeburten ausbrechen und Weg zum Heil finden kann. Jedes Lebewesen bleibt so lange im Kreislauf der Wiedergeburten, bis alle Bindungen an die Welt gelöst sind und kein neues Karma mehr angesammelt wird.

Wer wie Buddha die Erleuchtung erlangt hat, kann ins Nirvana eingehen – das Ziel eines jeden Buddhisten. Doch was ist darunter zu verstehen? Sicher kein Ort, sondern ein Zustand des ›Verlöschens‹ oder ›Verwehens‹, in dem der Mensch sich endgültig lossagt

Buddhistische Laien verehren den Erleuchteten, der nach buddhistischer Auffassung kein Gott, sondern nur weiser Lehrer ist

von irdischen Bindungen und Besitztümern und der Geist Ruhe und Frieden findet. Die Möglichkeit, Erleuchtung zu erlangen, ist in jedem Menschen angelegt, lehrt Buddha. Doch der Weg dahin ist steinig.

Der Mensch des Westens spricht von einer Religion, wenn Götter oder zumindest überirdische Kräfte im Spiel sind, die der Welt Sinn geben und dem Menschen Trost. Die strenge Lehre Buddhas kennt keine Götter und keine Offenbarung. Es gibt niemanden, der belohnt oder bestraft, keine übergeordnete Macht, an die der Hilfe suchende Mensch sich wenden kann. Kann man diese auf den ersten Blick so wenig tröstliche Lehre überhaupt als Religion bezeichnen? Darüber haben sich viele Gelehrte gestritten. Doch schließlich beinhaltet auch der Buddhismus eine Hoffnung auf Erlösung – sicher ein Merkmal einer Religion.

Verbreitung der Lehre

Hatten Buddha und seine Anhänger die neue Lehre auch erfolgreich verbreitet, so war sie doch eine von vielen Lehren, die in der damaligen Zeit im Norden Indiens entstanden. Sie wäre vielleicht untergegangen, hätte sie nicht das Interesse von Kaiser Ashoka (um 303–232 v. Chr.) geweckt. Dieser herrschte über das erste indische Großreich, das sich von Kandahar im heutigen Afghanistan bis zum Himalaja erstreckte.

Ashoka war berüchtigt als brutaler Gewaltherrscher. In seinen Schlachten nahm er keine Rücksicht auf Verluste und behandelte Gefangene mit größter Grausamkeit. Umso wundersamer war seine Wandlung im Jahr 260 v. Chr.

Der König nahm Kontakt zu buddhistischen Mönchen auf und lauschte gefesselt ihren Ausführungen. Die friedliche Lehre Buddhas beeindruckte den kriegerischen König tief. Bald unternahm er seine erste Pilgerreise nach Bodhgaya und stand voller Ehrfurcht unter den Baum, unter dem Buddha erleuchtet worden war. Ashoka bekannte sich offen zum Buddhismus, zeigte öffentlich Reue für seine Taten und entwarf eine Morallehre für sein Volk, die er in Fels meißeln ließ. Mitgefühl, Großzügigkeit und Respekt waren die Tugenden, die er von seinen Untertanen fortan erwartete. Ashoka selbst gelobte, in Zukunft auf Eroberungszüge zu verzichten. Das buddhistische Ideal der Gewaltlosigkeit *(ahimsa)* versuchte er durch Reformen umzusetzen und verbot dem Volk u. a. Tieropfer. Dieser Grundsatz fand allerdings keinen ungeteilten Zuspruch. Wenn keinem Lebewesen Leid zugefügt werden darf, was tun dann Jäger oder Fischer? Und Tieropfer galten im Indien des 3. Jh. v. Chr. als unverzichtbares Allheilmittel gegen Probleme.

Ashoka ließ sich nicht beirren. Bestärkt wurde er in

Stupas, Grabhügel, in Sanchi, Zentralindien, 2. Jh. v. Chr.

seinem Tun durch die Erkenntnis, dass ein großes Reich eine Staatsreligion benötige, die es innen wie von außen gegen Feinde festigt. Ashoka schickte Missionare über die Grenzen hinaus bis tief in den Süden Indiens und weiter nach Sri Lanka, sogar bis nach Makedonien und Nordafrika.

Schon bald erfuhr die Religion, die nur mündlich überliefert wurde, erste Spaltungen. Um einen Streit um die Auslegung der Ordensregeln beizulegen, rief Ashoka 250 v. Chr. ein Konzil in seiner Hauptstadt Pataliputra ein. Die Lehre erfuhr eine neue Ausprägung, denn es wurde immer klarer, dass der Buddhismus langfristig nur eine Lehre für die Massen werden konnte, wenn man die schwierige Philosophie auf leicht verständliche Grundzüge reduzierte. So versah Ashoka die reine Lehre Buddhas mit Elementen des religiösen Kults: Reliquien, Pilgerfahrten und Kunst. Er war der Erste, der begann, Stupas – Reliquienhäuser für die Reliquien Buddhas, später auch anderer Heiliger – aus Stein zu errichteten, die zu Symbolen des Buddhismus werden sollten. Er errichtete ferner schlanke Säulen, in die er Edikte einmeißeln ließ, und deren Schäfte Lotosblüten und Tierskulpturen schmückten – der Beginn der frühen symbolhaften buddhistischen Kunst. Außerdem ließ er Hunderte von Klöstern erbauen, die nicht nur Zuflucht für Mönche waren, sondern zugleich kulturelle Zentren des Volkes.

Wahrscheinlich 232 v. Chr. starb Ashoka, und 50 Jahre nach seinem Tod zerfiel sein Imperium. Die buddhistische Lehre aber blieb weiterhin auf Erfolgskurs. Bis zu Christi Geburt hatte sie den ganzen Subkontinent durchdrungen.

In den folgenden Jahrhunderten gelangte der Buddhismus bis nach Hinterindien, China und Japan. Ausgerechnet im Ursprungsland musste er jedoch Rückschläge einstecken. Der Hinduismus gewann in der zweiten Hälfte des 1. Jahrtausends die Oberhand, und aus dem Nordwesten kam eine neue Religion – der Islam.

Vom Kleinen und Großen Fahrzeug

Buddha hatte viele Reden gehalten, aufgeschrieben wurden die Grundzüge seiner Lehre zu seinen Lebzeiten nie. Das erste Konzil wurde bereits vier Monate nach dem Tod des Meisters abgehalten. Etwa 500 Mönche waren versammelt, man rezitierte die Lehrreden und die Mönchsregeln des Buddha. Die Mönche lernten die Verse monatelang auswendig, um sie weiterzugeben. Es wäre niemandem eingefallen, sie vergänglichem Papier anzuvertrauen. So entstand der Pali-Kanon (Pali ist eine Kunstsprache, in der die Texte später aufgezeichnet wurden) mit den Lehrreden des Buddha und den Ordensregeln, später ergänzt um Erläuterungen zu den Schriften.

Beim zweiten Konzil (383 v. Chr.) kam es bereit zur ersten Spaltung der Lehre. Uneinigkeit herrschte wegen der Ordensregeln. Das dritte Konzil wurde 250 v. Chr. von Kaiser Ashoka einberufen und verstärkte die Spaltung zwischen den Anhängen der alten Lehre und den Vertretern neuer Ideen.

Der Kaiser hatte damals bereits Missionare in alle ihm bekannten Länder entsandt. Auf Sri Lanka hatte die Missionierung dauerhaften Erfolg, und dort wurde nach rund 400 Jahren mündlicher Überlieferung erstmals der gesamte buddhistische Kanon im 1. Jh. v. Chr. in der mittelländischen Pali-Sprache niedergeschrieben, die seither als heilige Sprache des Buddhismus gilt. Diese erste Schriftensammlung wird ›Tipitaka‹ (Drei Körbe) genannt, da die Palmblattmanuskripte in drei großen Körben aufbewahrt wurden.

Goldene Buddhafigur aus Malaysia

Shwezigon-Pagode der Tempelstadt Bagan in Burma, 11 Jh.

Zusammengefasst waren dort Ordensspezifisches und Metaphysisches, vor allem aber bargen sie die Lehrreden Buddhas und seiner Schüler.

So trafen im Laufe der Jahrhunderte immer wieder führende Buddhisten zu Konzilen zusammen und diskutierten Fragen des Glaubens, und zahlreiche Schulen mit jeweils eigenen Auslegungen der Lehre bildeten sich. Heute sind es vor allem zwei große Traditionen, die den Buddhismus bestimmen: Theravada und Mahayana, später kam noch der Vajrayana-Buddhismus hinzu.

Buddha hatte die Lehre mit einem Floß verglichen – man benötigt es für die Überfahrt zum Heil, sollte aber nicht daran festhalten. »Wäre jemand ein kluger Mann, wenn er, am anderen Ufer angelangt aus Dankbarkeit für das Floß, das ihn über den Fluss zur Sicherheit trug, am Floß haften bliebe, es auf seinen Rücken nehmen und mit dessen Gewicht herumwandern würde?«, fragte der Meister. Die Lehre als Floß oder überhaupt als Fahrzeug, als Mittel zur Befreiung, ist ein geläufiges Bild, mit dem allerdings auch Spott getrieben wurde. So wurde die alte Lehre abwertend als Hinayana-Buddhismus (Kleines Fahrzeug) bezeichnet, das nur wenige Gläubige ins Nirvana mitnehmen kann – im Gegensatz zum Mahayana-Buddhismus (Großes Fahrzeug), das Platz für viele Gläubige bietet. Die Anhänger der alten Lehre bezeichnen sich deshalb lieber als Theravadins und ihre Lehre als Theravada-Buddhismus. Für den, der das Ziel erreicht hat und über den Fluss des Lebens vom Ufer der Unwissenheit und des Leidens zum Ufer der Weisheit und Erleuchtung gereist ist, ist es auf jeden Fall unerheblich, welches Fahrzeug er gewählt hat. Entscheidend ist das Ziel.

Die Theravada-Schule besteht als einzige buddhistische Lehrrichtung nahezu unverändert seit Anbeginn im 4. Jh. v. Chr. weiter. Im Zentrum der Verehrung steht Gautama Buddha, der jedoch nicht als Gott, son-

Sri Lanka – Heimat der reinen Lehre

Auf Sri Lanka ist der Theravada-Buddhismus bis heute die Religion der Mehrheit der Bevölkerung. Die Insel war das erste Land außerhalb Indiens, in dem die Lehre des Erleuchteten Fuß fasste. Um 250 v. Chr. hatte Ashoka seinen Sohn Mahinda als Missionar zu König Devanampiya Tissa geschickt, der sich bald zum Buddhismus bekehrte und die Verbreitung der neuen Lehre im ganzen Land förderte. Er gründete in Anuradhapura das erste buddhistische Kloster der Insel und ließ zur Aufnahme einer Buddha-Reliquie die erste Dagoba, die sri lankische Variante der Stupa, errichten. Bis heute nehmen die Mönche auf der Insel gern für sich in Anspruch, Hüter der ursprünglichen Lehre zu sein. Vieles im Alltag passt jedoch nicht zur strengen Lehre des Theravada-Buddhismus: Buddha-Statuen werden überall auf der Insel verehrt, und im Mittelpunkt des Kults steht eine Reliquie: Ein Eckzahn Buddhas, dem in der alten Hauptstadt Kandy der Zahntempel errichtet wurde, ist Ziel der wichtigsten Pilgerfahrt im Land.

dern als Lehrer und Vorbild verehrt wird. Das Ziel ist die Erlösung aus eigener Kraft. Nur wer die Lehre befolgt, wird Heil erlangen – das aber ist im Theravada-Buddhismus nur den Mönchen (z. T. auch den Nonnen) vergönnt. Die alte Lehre ist heute noch maßgeblich auf Sri Lanka, in Thailand, Burma, Laos und Kambodscha, weshalb man auch von dem ›Südlichen Buddhismus‹ spricht.

Im 1. Jh. v. Chr. trat an die Seite der älteren, auf Selbsterlösung abzielenden Lehre der Mahayana-Buddhismus, der die Grundlagen der Lehre ergänzt und erstmals den Gedanken des Mitgefühls einbringt. Mit dem Großen Fahrzeug können auch Laien ins Nirvana fahren. Die neue Schule trat von Indien aus ihren Weg hauptsächlich nach Norden und Osten an und wird daher auch ›Nördlicher Buddhismus‹ genannt. Der Mahayana-Buddhismus erreichte im 1. Jh. n. Chr. China, im 4. Jh. Korea und gelangte von dort ab dem 6. Jh. nach Japan. In Tibet hielt er im 7./8. Jh. Einzug.

Anders als in der alten Schule ist der Mensch nicht mehr auf sich allein gestellt. Er wird auf seinem Weg zum Heil unterstützt durch Bodhissattvas. Darunter versteht man erleuchtete Wesen *(sattva)*, die durch Tugend die Erleuchtung *(bodhi)* erlangt hat. Aus grenzenlosem Mitleid verzichten sie jedoch darauf, ins Nirvana einzugehen. Stattdessen unterstützen sie andere Lebewesen auf ihrem steinigen Weg zum Heil und sind tätig, bis alle Lebewesen aus dem leidvollen Geburtenkreislauf befreit sind. Der Mahayana-Buddhismus unterscheidet zwischen irdischen und himmlischen Bodhisattvas, wobei die Ersteren noch auf Erden weilen.

Im Volksglauben wurde der historische Buddha vergöttlicht und alle himmlischen Wesenheiten als »Gottheiten« aufgefasst. Die Bodhisattvas sind im Mahayana-Buddhismus selbst Gegenstand der Verehrung – und damit durchaus den Heiligen im Katholizismus vergleichbar. Avalokiteshvara etwa, Bodhisattva der Barmherzigkeit, wird in unterschiedlichen Manifestationen verehrt: In Tibet gilt der Dalai Lama als seine Inkarnation, in China und Japan ist er weiblich und wird als Kuanyin (China) oder Kannon (Japan) hoch verehrt. Ihnen ist gemeinsam, dass sie Mitgefühl und Erbarmen kennen – neue Tugenden in der buddhistischen Lehre. Ein ganzes Heer von Buddhas, Bodhisattvas und Schutzgeistern hat den historischen Buddha sogar in den Hintergrund gedrängt. Auch die Zahl der verehrten Schriften ist gewachsen: Sind im Theravada-Buddhismus nur die Lehrreden Buddhas von Belang, so bezieht sich die neue Lehre ebenso auf kommentierende Schriften und Legendensammlungen.

Durch die Einführung der Bodhisattvas war etwas Entscheidendes geschehen: Der Kausalzusammenhang zwischen Ursache und Wirkung war aufgeweicht. Der moralische Wert der eigenen Handlungen war nicht mehr allein bestimmend für das eigene Karma. Hier wurde die Schwelle zwischen der Erlösungsphilosophie für den Einzelnen und der volkstümlichen Erlösungsreligion überschritten. Der Egoismus, der in der ausschließlichen Sorge um das eigene Heil liegt, wurde gedämpft. Wer Liebe gab, konnte dafür Gnade erwarten. Glaube an Gnade und Mitleid also, statt intellektueller Forderung nach rechter Erkenntnis.

Der Begriff des Nirvana wurde ebenfalls ausgeweitet. Die Theravada-Lehre kennt ein vor- und ein nachtodliches Nirvana. Unter dem Baum meditierend erlangte Gautama Buddha das vortodliche Nirvana, mit seinem Tod ging er ins Pari-Nirvana ein und hatte damit den Kreislauf der Wiedergeburten endgültig verlassen. Das Mahayana kennt außer diesen Begriffen noch das aktive Nirvana, den Zustand der Bodhisattvas, die erst nach der Erlösung aller ins Pari-Nirvana eingehen.

Zur Erlösung stehen dem Gläubigen nun neben dem strengen ›Achtfachen Pfad‹ mehrere Wege offen, zwischen denen er wählen kann. Attraktiv für die Masse der Gläubigen sind der Glaubens- und Ritualweg.

Da die Lotosblüte auch aus Schmutzwasser rein emporwächst, gilt sie im Buddhismus als Symbol für das wahre Wesen der Menschen und für den Weg aus der Unwissenheit zur Erkenntnis

Spielte in der alten Lehre der Glaube noch eine ziemlich untergeordnete Rolle und war ein Kult gar nicht vorhanden, so gewinnt im Mahayana der hingebende, vertrauende Glaube *(bhakti)* an die Gnade Buddhas überragende Bedeutung. Auch hier sind wieder Grundzüge des Hinduismus erkennbar. Der Weg des Kults und Rituals ist im Volksglauben eine weitere Möglichkeit, karmisches Verdienst anzusammeln und eine erlösungsgünstige Wiedergeburt zu erlangen. Möglichkeiten bieten sich genug: durch Stiftungen von Klöstern, Stupas, Buddha- und Heiligenbildern, aber auch durch einfache Opfergaben wie Speisen, Räucherwerk oder Blumen, durch das Drehen von Gebetsmühlen, durch Gebete oder Zeremonien.

Als drittes und letztes Fahrzeug des Buddhismus entwickelte sich parallel zum Mahayana der tantrische Buddhismus (Trantrayana) oder Vajrayana-Buddhismus. Der Name leitet sich von dem Vajra, dem wichtigsten Ritualinstrument dieser Lehre, ab. Man verstand darunter ursprünglich den Donnerkeil des vedischen Gewittergottes und Himmelskönigs Indra. Im Vajrayana sollen damit die Wolken der Unwissenheit zerteilt werden. Der Vajra wurde zum Diamantzepter, zum Symbol der diamantklaren Erkenntnis.

Die Schule entwickelte sich ab dem 2. Jh. n. Chr. vor allem in Bengalen und Assam und in Nordwestindien. Sie verbreitete sich in Nepal und Tibet (ab dem 7. Jh.) und gilt als philosophische Basis des tibetischen Buddhismus.

Neben der Anerkennung der Mahayana-Schriften brachte der tantrische Buddhismus selbst ein umfangreiches Schrifttum hervor. Die Tantras sind yogischen, rituellen und meditativen Inhalts und in einer verschlüsselten Symbolsprache abgefasst. Bis heute sind sie noch wenig erforscht.

Der Mensch wird als Abbild des Universums zu übersinnlichen Wahrnehmungen und zur geistigen Vollendung in den stufenweisen Erlösungsweg und das komplizierte Ritual auf drei Ebenen einbezogen: der Körper durch Yoga (Anspannung der Sinne etc.), die Sprache durch heilige Mantras (Gebetsformeln), unterstützt durch Mudras (symbolträchtige rituelle Gesten), und der Geist durch Versenkung (Samadhi).

Eine Variante des Vajrayana ist der tibetische Buddhismus, der sich ab dem 7. Jh. n. Chr. entwickelte und heute nicht nur in Tibet, sondern auch in Bhutan, Nepal, den Himalajaregionen Indiens und in der Mongolei verbreitet ist.

Der tibetische Buddhismus ist eine Mönchsreligion, und mächtige Klöster prägten über Jahrhunderte hinweg die Region. Nur Mönche vertiefen sich in die philosophischen Grundlagen der Lehre, die großen Meister werden nach ihrem Tode stets in einem Kind wiedergeboren – wie die bedeutendste geistliche Autorität der Tibeter, der Dalai Lama. Er ist Oberhaupt des wichtigsten tibetischen Ordens, des Ordens der Gelbmützen. Zentren des Buddhismus in Tibet sind die Klöster von Lhasa und Taschilumpo, an deren Spitze die zwei Lamas (tibet. Lehrer) stehen. Der Dalai Lama, der im indischen Exil lebt, gilt als Inkarnation des Bodhisattva Avalokiteshvara. Der Pantschen Lama dagegen, der in China gefangen gehalten wird, gilt als Inkarnation des Amithaba-Buddha. Beide gelten somit als erleuchtete Wesen, als ›lebende Buddhas‹.

Mystik und Ritual spielen in der tibetischen Variante der Lehre Buddhas eine große Rolle. Ein ganzes Heer von Buddhas, Bodhisattvas und Schutzgottheiten ist verfügbar. Besonders ausgeprägt ist der Kult der Mandalas – mystischer Diagramme in Kreisform oder als Quadrat mit einem Zentrum –, die symbolhaft eine göttliche Erfahrung darstellen. Durch Visualisierung und Meditation sollen sie den Menschen zur Einheit mit dem Göttlichen führen.

Der Dalai Lama

Der Dalai Lama, das geistliche und weltliche Oberhaupt der Tibeter, ist im Westen sehr angesehen

Einen besseren PR-Manager könnte sich der Buddhismus nicht wünschen: Der 14. Dalai Lama, das geistige und weltliche Oberhaupt der Tibeter, wird bei seinen häufigen Besuchen im Westen umjubelt wie ein Popstar. Der charismatische Weise mit sanftem Lächeln und Humor ist Umfragen zufolge dort beliebter als der Papst.

Der Dalai Lama wurde am 6. Juli 1935 als Sohn armer Bauern in der tibetischen Provinz Amdo geboren. Eine Suchexpedition von Mönchen fand den Zweijährigen und erkannte in ihm die Wiedergeburt des 13. Dalai Lama. Kaum fünfjährig bestieg er den Thron und erhielt den Mönchsnamen Tenzin Gyatso. In den nächsten Jahren erhielt er eine ausgezeichnete Ausbildung, in deren Mittelpunkt die buddhistische Philosophie stand. Kurz nachdem die Chinesen in Tibet einmarschiert waren, übernahm der Dalai Lama 16-jährig die Regierungsgeschäfte. Seine Bemühungen um eine friedliche Lösung des Konflikts mit China waren vergeblich: Die Besatzer schlugen den tibetischen Volksaufstand 1959 blutig nieder, und der Dalai Lama flüchtete aus Tibet. Er ließ sich im nordindischen Dharamsala nieder, wo er seither wie rund 100 000 weitere Tibeter im Exil lebt. Seine Heimat hat er seit seiner Flucht nicht mehr besucht, und kämpft seither um eine friedliche Lösung des Konflikts.

In Tibet ist seine Politik der Gewaltlosigkeit längst nicht unumstritten. Gruppierungen im Lande möchten die chinesischen Besatzer notfalls mit Gewalt vertreiben. Der Dalai Lama jedoch verkündet weiter seine Botschaft von Frieden, Gewaltlosigkeit und Toleranz. 1989 wurde er für seine Bemühungen im Tibetkonflikt mit dem Friedensnobelpreis ausgezeichnet.

Brachte der Dalai Lama die spirituelle Seite in manchem Sinnsucher aus dem Westen zum Schwingen, und ist er sicher auch mit für den Buddhismus-Boom im Westen verantwortlich, so mahnte seine Heiligkeit mehrfach, sich vor dem Übertritt zum Buddhismus zunächst einmal mit den eigenen religiösen Traditionen zu beschäftigen.

Eine weitere Variante des Buddhismus ist der Zen-Buddhismus, der hauptsächlich in Japan zu Hause ist. Die Schule entwickelte sich jedoch ab dem 6. Jh. n. Chr. zunächst in China. Der Schwerpunkt der asketischen Schule liegt auf strenger Meditation und Übungen, die meditativen Charakter haben, wie Bogenschießen, aber auch Gartenpflege oder Naturbeobachtung. Die Anhänger des Zen-Buddhismus glauben, dass der Mensch nur durch tiefe Selbstversenkung Erleuchtung erlangt. Der Weg führt über höchste Selbstdisziplin und Kontrolle über Körper und Geist.

Buddhismus im Westen

»Wenn der Eisenvogel fliegt und die Pferde auf Rädern daherrollen, wird der Buddhismus in Richtung Westen wandern und in die fernsten Länder kommen«, das soll der indische Meister Padmasambhava, ein tantrischer Meister, bereits vor rund 1200 Jahren prophezeit haben. Er scheint Recht zu behalten.

Der Buddhismus gewinnt in westlichen Ländern immer mehr Anhänger, darunter Prominente wie Popstar Tina Turner

Die sanfte Lehre des Buddha findet im Westen immer mehr Anhänger. Zahlreiche Prominente bekennen sich zum Buddhismus. Von rund 250 000 praktizierenden Buddhisten allein in Deutschland (davon die Hälfte in Deutschland lebende Asiaten) gehen Schätzungen der Deutschen Buddhistischen Union aus. Genau ist die Zahl nicht zu bestimmen, weil längst nicht alle Anhänger Buddhas in einer der etwa 600 buddhistischen Gemeinschaften organisiert sind.

Ein geistiger Wegbereiter des Buddhismus in Deutschland war der Philosoph Arthur Schopenhauer (1788–1860). Bereits 1903 gründete der Leipziger Karl Seidenstücker den Buddhistischen Missionsverein, die erste buddhistische Gemeinde in Deutschland. Der Schriftsteller Hermann Hesse reiste bereits vor dem Ersten Weltkrieg nach Indien, publizierte seine Erfahrungen und ließ sich von der Lebensgeschichte Buddhas zu seinem Roman *Siddhartha* inspirieren. Für Furore sorgte er aber erst viel später, als er in den 1960er-Jahren zum Lieblingsbuch der Hippies wurde.

Was macht den Buddhismus für den Menschen des Westens so attraktiv? Ein Grund für die Anziehungskraft der Lehre ist zweifellos die Tatsache, dass Anhänger Buddhas nie mit dem Schwert missionierten. Die Toleranz der Buddhisten gegenüber Andersdenkenden ist berühmt. Die Tatsache, dass die ursprüngliche Lehre keine Götter kennt, stieß in Asien nicht immer auf Akzeptanz, was schließlich zur Entwicklung des Mahayana-Budhismus führte. Im Westen erscheint die gottlose Lehre vielen modern. Auch die Tatsache, dass es keine Offenbarung und keine Dogmen gibt, sondern jeder Gläubige für sich den Weg zum Heil finden muss, trifft den Zeitgeist. Und schließlich sind es Identifikationsfiguren – allen voran der Dalai Lama –, die die beste Werbung für Buddhas alte Lehre machen.

Die chinesische Hochkultur ist beeindruckende 5000 Jahre alt. Sie bildet ein drittes, eigenständiges religiöses System neben den nahöstlichen und indischen Religionen. Das chinesische Denken setzt sich aus drei religiösen Systemen bzw. Philosophien zusammen: der konfuzianischen Ethik, der taoistischen Philosophie und der buddhistischen Spiritualität. Angereichert wird diese kreative Mischung durch einen bunten Volksglauben mit Elementen aus Animismus und Ahnenkult. Die meisten Chinesen sind nicht Konfuzianer, Taoisten oder Buddhisten, sondern bringen mehrere Denkrichtungen mühelos unter einen Hut und wählen aus, was ihnen gerade hilfreich erscheint.

Gegenüber dem indischen Denken, in dem Mystizismus und Mythologie eine große Rolle spielen, sind chinesische Glaubensvorstellungen viel stärker diesseitsbezogen und praxisorientiert. Richten die Inder den Blick weit voraus in zukünftige Existenzen, so liegt das Jenseits für die Chinesen in weiter Ferne. Ein langes Leben zählt zu den erstrebenswertesten Zielen. Der chinesische Weise hat wenig gemeinsam mit einem indischen Guru. Zentrales Anliegen chinesischer Denker war es, Harmonie zwischen den Menschen und zwischen Mensch und Natur zu erreichen. Der Buddhismus fand in China zwar Aufnahme und ergänzt bis heute einheimische Glaubensvorstellungen, allerdings wurde er stark dem chinesischen Denken angepasst.

Die drei Religionsstifter Laotse, Konfuzius und Buddha im Gespräch, Gemälde aus dem 18. Jh.

Der Konfuzianismus

Nach dem Weltbild der alten Chinesen regierte ein Herrschergott im Himmel, der die Menschen bestrafte oder belohnte, dazu Geister und Ahnen, denen man opferte – bis Konfuzius für eine Revolution im Denken sorgte und den Menschen stärker in die Verantwortung nahm. Er interessierte sich nicht für Götter oder philosophierte über ein künftiges Leben. Konfuzius prägte eine praktische, lebensnahe Moralphilosophie, die durch verbindliche Verhaltensregeln die Beziehungen zwischen den Menschen verbessern und dadurch die Basis für eine harmonische Gemeinschaft schaffen wollte. In den Mittelpunkt seiner Lehre stellte Konfuzius die ›Fünf menschlichen Grundbeziehungen‹: das Verhältnis zwischen Herrscher und Untertan, zwischen Vater und Sohn, zwischen Mann und Frau, zwischen älterem und jüngerem Bruder waren ganz klar hierarchisch geregelt. Jüngere, Untergebene und Frauen hatten zwar einerseits zu gehorchen, konnten sich jedoch andererseits der Fürsorge des anderen Parts sicher sein. Nur die Beziehung zwischen Freund und Freund verstand Konfuzius als gleichberechtigte Beziehung. Besondere Bedeutung maß er der Beziehung zwischen Vater und Sohn bei: Güte und Menschlichkeit sollen in der Erziehung des Vaters dominieren, der Sohn aber schuldet dem Vater absolute Loyalität und Folgsamkeit. Seine Aufgabe ist es, im Alter für die Eltern und nach deren Tod für die Geister der Ahnen zu sorgen. Hat die chinesische Gesellschaft auch in den letzten 100 Jahren einen unglaublichen Wandel erlebt, die Hochschätzung des Alters und der Weisheit sind bis heute geblieben.

Der weise Konfuzius wird in China heute wieder verehrt

Konfuzius

Ist das Leben des Laotse legendenumwoben, so gibt es klare Belege für das Leben und Wirken des Konfuzius. Er wurde 551 v. Chr. als Sohn einer verarmten Adelsfamilie in Qufu, der heutigen Provinz Shandong, geboren, ging in den Staatsdienst und arbeitete sich zum Minister empor. 497 v. Chr. zog er sich jedoch zurück, um sich bis zu seinem Tod 479 v. Chr. dem Unterrichten zu widmen.

Konfuzius war wahrscheinlich Zeitgenosse Buddhas und der griechischen Vorsokratiker. Auch in China war das 6. Jh. v. Chr. eine Zeit des politischen Umbruchs: Das Feudalreich zerfiel und damit das alte Wertesystem. Konfuzius gehörte zu den Denkern, die einen Paradigmenwechsel in der chinesischen Religion einleiteten. Fast gleichzeitig mit den griechischen Vorsokratikern vollzogen sie eine Kehrtwende von der Mythologie zur Philosophie, zu einem neuen Selbstbewusstsein des Menschen. Die Vernunft erhielt den Vorrang vor Göttern und Geistern, und ein großes Interesse an Geschichte, Kunst und Literatur erblühte. War Konfuzius nur einer von zahlreichen Denkern seiner Zeit, so war er doch der erfolgreichste und avancierte schließlich zum chinesischen Weisen schlechthin. Konfuzius war kein Mystiker, der nach Ekstase strebte, aber auch kein Metaphysiker, der sich in Gedankengebäuden verlor, sondern in erster Linie ein Pragmatiker, der die moralischen Kräfte im Denken des Einzelnen stärken wollte, um eine tugendhafte Gesellschaft zu verwirklichen. Er kritisierte energisch die um sich greifende Rücksichtslosigkeit und wollte eine Gesellschaftsordnung etablieren, in der moralische Prinzipien regierten. Als Heilkur gegen die soziale Unordnung formulierte er die ›Fünf Beziehungen‹, mit deren Hilfe jeder Einzelne seinen Platz in der Gesellschaft genau kennen, einnehmen und ausfüllen sollte. Nachdem seine Lehre den Machthabern des neuen China ein Dorn im Auge gewesen war, genießt sie längst wieder große Popularität, und mit Konfuzius-Instituten – vergleichbar den deutschen Goethe-Instituten – wirbt China in aller Welt um Sympathie.

Heute erscheinen die gesellschaftlichen Strukturen, die Konfuzius vorgab, konservativ und patriarchalisch – ideal, um ein autoritäres Regime zu legitimieren. Unterschlagen wird dabei gern die Forderung des Weisen nach einer gerechten und gütigen Regierung. Er verlangte weiterhin – im 6. Jh. v. Chr. durchaus ein revolutionärer Gedanke –, die Herrschaft sollte nicht durch Abstammung, sondern durch moralischen Rang legitimiert werden. Menschlichkeit und Rücksichtnahme wünschte er sich als Basis des Umgangs miteinander (»Was du selbst nicht wünschest, das tue auch nicht anderen«). Gelehrte sollten die oberste Gesellschaftsschicht bilden, Bildung sollte höher geachtet werden als Reichtum. Und weil Bildung eine Hauptrolle in seiner Lehre spielte, nahmen nicht Priester, sondern auswählte Staatsbeamte eine besondere Stellung ein. Anders als Priester vermittelten sie aber nicht zwischen Diesseits und Jenseits. Auch der Kaiser besaß keinen göttergleichen Status: Wenn der Herrscher gegen die sozialen Gebote verstieß, konnte ›der Himmel‹ dem Kaiser das Mandat entziehen bzw. besaßen die Untertanen das Recht, ihn zu stürzen.

Erst lange nach dem Tod des Konfuzius, zur Zeit der Han-Dynastie (206 v. Chr.–220 n. Chr.) wurde der Konfuzianismus zur offiziellen Lehre in China, und die ersten Konfuzius-Tempel wurden erbaut, in denen der Weise nicht als Gott angebetet, wohl aber als Identifikationsfigur verehrt wurde. Konfuzianische Tugenden wie Fleiß und Durchhaltevermögen trugen dazu bei, dass für China ein Goldenes Zeitalter begann: Über die Seidenstraße war man verbunden mit der bestimmenden Macht in Europa – dem Römischen Reich – und konnte gewinnbringenden Handel treiben.

Wurde der Konfuzianismus zeitweilig von Taoismus und Buddhismus zurückgedrängt, die dem Bedürfnis des Volks nach Spiritualität eher nachkamen, so erlebte er im 10. Jh. eine Renaissance. Er hatte jedoch seine Alleinstellung verloren und vermischte sich mit Elementen der beiden anderen Lehren. Anfang des 20. Jh. hatte der Konfuzianismus, dem man die Rückständigkeit Chinas anlastete, erneut ausgedient.

Mit dem Ende des Kaisertums (1912) wurde die alte Staatsdoktrin verbannt. Die neuen Herrscher predigten den Atheismus. Nach 1949 übernahm Mao Zedong die

Der Himmelstempel in Peking symbolisiert die Harmonie zwischen Himmel und Erde, 15. Jh.

Position der ›Söhne des Himmels‹, und es entstand ein Personenkult rund um den ›Großen Vorsitzenden‹. Während der Kulturrevolution von 1966 bis 1976 wurden viele Tempel und Altäre zerstört.

Doch schon bald nach der Kulturrevolution wurde Konfuzius rehabilitiert. Sein Grab wurde restauriert und zur Touristenattraktion. Heute werden die Tempel gepflegt und offiziell wird der Geburtstag des Weisen gefeiert. Fleiß, Anpassungsfähigkeit, Genügsamkeit und Ordnung – alte konfuzianische Tugenden – gewinnen wieder an Wert. Die Partei hat erkannt, dass konfuzianische Ideale eine Basis für wirtschaftlichen Erfolg bieten. Mit (vereinfachten) konfuzianischen Grundsätzen fällt es nicht schwer, Herrschaft zu legitimieren. Neokonfuzianische Strömungen versuchen, die alte Lehre den Demokratie- und Menschenrechtsvorstellungen des Westerns anzunähern.

Ahnenkult

Lange vor Konfuzius spielte der Ahnenkult in China eine besondere Rolle. Zur chinesischen Familie gehören nicht nur die lebenden Mitglieder, sondern immer auch die Vorfahren, denn das Schicksal von Lebenden und Toten ist für die Chinesen unlösbar miteinander verknüpft. Jeder hofft, seinen Nachkommen als hilfreicher Geist zur Seite zu stehen und fürchtet, sie einst als Dämon zu behelligen. Um das zu verhindern, bedarf es eines tugendhaften Lebenswandels, aber auch der Einhaltung aller Totenriten. Totenfeiern mit feierlicher Liturgie geleiten die Toten ins Jenseits. Dabei werden stets reichlich (Spiel-)Geld für die Höllenbank und Konsumgüter wie Autos, Fernseher oder Computer – auch diese symbolisch aus Papier – verbrannt. Ein Ahnengeist, der nicht hinreichend mit Gütern bedacht wurde, kann sich bitter rächen. Die letzte Ruhestätte finden die Toten auf dem chinesischen Friedhof, dann wird ein Bild des Verstorbenen auf dem Hausaltar aufgestellt und täglich mit Räucherstäbchen und Gebeten geehrt, um sie günstig zu stimmen.

Der Taoismus

Der Taoismus entwickelte sich ungefähr gleichzeitig mit dem Konfuzianismus, also im 6. Jh. v. Chr., und ist schwerer greifbar als die Moralphilosophie des Konfuzianismus. Es gibt keine klar umrissenen Grundsätze, keine vorgegebenen Rituale und keine Organisation – dennoch bewegt diese Lehre die Menschen seit mehr als 2000 Jahren.

›Tao‹ heißt wörtlich so viel wie ›Weg‹, und der Taoismus ist entsprechend die ›Lehre vom Weg und von der Tugend‹, genauer: vom Weg zum Leben in Harmonie mit dem Universum. Das trifft den Kern der Lehre jedoch nicht genau. Sie ist eine Naturphilosophie, durchaus auch eine frühe Zivilisationskritik, und das *tao* ist für die Anhänger das Grundprinzip, das allem innewohnt. Im Gegensatz zum Konfuzianismus geht es nicht um die Beziehung zwischen den Menschen, sondern um die innere Harmonie des Einzelnen und die Beziehung zwischen Mensch und Natur. Zum Ziel führt das philosophische Konzept des *wuwei*, des Nichthandelns. Das bedeutet aber nicht, dass der Mensch zur Tatenlosigkeit verurteilt ist. Es sollen lediglich heuchlerisches und sinnentleertes Handeln vermieden werden, und der Mensch ist angehalten, den Dingen ihren natürlichen Lauf zu lassen, um letztendlich wieder eins zu werden mit der Natur.

Ein Wahrsager in der Shwezigon-Pagode in Pagan liest die Zukunft aus der Hand

»Der Sinn, der sich aussprechen lässt,
ist nicht der ewige Sinn.
Der Name, der sich nennen lässt,
ist nicht der ewige Name.
Nichtsein nenne ich den Anfang von Himmel und Erde.«

Mit diesen Zeilen beginnt das *Tao-te-king*, das Standardwerk des Taoismus, das dem Weisen Laotse zugesprochen wird, der ein Zeitgenosse des Konfuzius gewesen sein soll. Im Gegensatz zu Konfuzius ist jedoch über sein Leben nichts überliefert.

Ein Schlüsselbegriff des Taoismus ist das *qi*, die kosmische und individuelle Energie oder Bewegung, die die Welt, im Kleinen auch unseren Körper, am Laufen hält. Wenn das Gleichgewicht der Kräfte und damit der Fluss des *qi* gestört ist, wird der Mensch krank. Verlässt das *qi* den Körper endgültig, stirbt der Mensch. Da ein langes Leben zu den wichtigsten Zielen der Taoisten zählt, haben sie Techniken ersonnen, das *qi* zu stärken, die alle zur ganzheitlichen Traditionellen Chinesischen Medizin (TCM) zählen, die seit Jahren auch im Westen boomen.

Tai-Chi ist eine Körpertechnik, die hilft, Atem und Bewegung zu koordinieren und Blockaden im Energiefluss aufzuheben, für viele Chinesen eine Art Meditation in Bewegung, bei der man vor allem ältere Leute frühmorgens in den Parks chinesischer Städte beobachten kann. Das Energietraining (Körper- und Meditationsübungen) Quigong, eine Diät, die Lebensmittel nach dem Yin-Yang-Prinzip auswählt, und Arzneimittel, die pflanzliche und tierische Stoffe so kombinieren, dass das qi im Körper wieder fließen kann, sind weitere TCM-Säulen. Am bekanntesten ist die spektakulärste Methode: Bei der Akupunktur können durch das Setzen von Nadeln die inneren Organe positiv beeinflusst werden.

Tai-Chi hilft Atem und Bewegung zu koordinieren und wird jeden Morgen in vielen Parks Chinas von Taoisten praktiziert

Yin und Yang
Das Fischblasensymbol – der Kreis mit einer s-förmigen Linie, die ihn in eine helle und eine dunkle Hälfte teilt und im dunkeln Feld einen hellen und im hellen Feld einen dunklen Punkt enthält, steht für das polare Gegensatzpaar Yin und Yang. Es ist zum Symbol des fernöstlichen Denkens geworden ist. Die beiden Begriffe sind älter als der Taoismus, und ursprünglich bezeichneten sie die Schatten- bzw. die Sonnenseite eines Berges. Schon bald erfuhren sie eine Bedeutungserweiterung. So steht Yin für das Männliche: Sonne, Feuer, Stärke und Aktivität. Yang entsprechend für das Weibliche: Mond, Kälte, Dunkelheit, Wasser und Passivität. Das Universum basiert auf den beiden Grundkräften, so wie ein Zuviel an Hitze zu Trockenheit und ein Zuviel an Regen zu Überschwemmungen führt. Deshalb stehen idealerweise beide Pole im Einklang und gehen ineinander über.

Ein Element, das im Westen in den letzten Jahren auf großes Interesse stieß, ist Feng Shui (Wind und Wasser). Es ging hervor aus dem taoistischen Wunsch, die Zivilisation mit der Natur in Einklang zu bringen. So suchen Spezialisten geeignete Plätze für Häuser, ebenso wie für Gräber, im Einklang mit den Naturkräften. Aber auch bei der Einrichtung von Häusern und Wohnungen haben sogenannte Geomantiker ein Wörtchen mitzureden – schließlich ist dort, wo der Fluss des *qi* gestört ist, Unglück unvermeidbar, glaubt man. So werden bis heute im hypermodernen Hongkong, wo Grund und Boden ein Vermögen kosten, Drachenlöcher, riesige Fenster, in Wohnblöcke geschnitten, wenn die Feng-Shui-Richtlinien es erfordern.

Der Taoismus ist ähnlich wie der Buddhismus zunächst einmal eine philosophische Lehre, die keinen Erlöser kennt und keinen Mystizismus. Auf der anderen Seite begegnet man in Taiwan oder Hongkong, aber auch immer häufiger in der Volksrepublik, der bunten Volksreligion, die Elemente des vorkonfuzianischen Volksglaubens mit Geisterabwehr und Ahnenkult aufnahm. Als der Buddhismus nach China kam und große Erfolge verbuchte, weil er Götter mitbrachte, zu denen die Menschen beten konnten, zogen die Taoisten nach, um keine Anhänger zu verlieren. Man lieh sich ein paar Götter des Mahayana-Buddhismus, schuf eine ganze Hierarchie eigener Gottheiten vom ehrwürdigen Jade-Kaiser bis zum volkstümlichen Küchengott, der über den Herd der Familie wacht.

In Taiwan, Hongkong oder in den chinesischen Kolonien asiatischer oder westlicher Städte spielte der reli-

Ein Besuch im Tempel

Auf dem Weg zum Wong-Tai-Sin-Tempel in Hongkong müssen sich Besucher zunächst durch die Devotionaliengasse kämpfen. An kleinen Ständen fliegender Händlern kann man sich mit Opfergaben eindecken: Amuletten, Räucherstäbchen, Papiergeld, Blumen oder Früchten. Der Tempel wurde ab 1921 nach und nach rund um die kleine Statue des taoistischen Heiligen Wong Tai Sin erbaut, der nicht zuletzt als Berater zum Thema Pferderennen populär ist. Der heute stattliche Komplex ist ein Dreireligionen-Tempel, in dem neben taoistischen Gottheiten und Heiligen auch buddhistische Gottheiten sowie Konfuzius und seine Schüler verehrt werden.

Schummriges Licht und Weihrauschschwaden empfangen Besucher in den Hallen mit einem Gewusel von Menschen, Altären und Opfergaben. Überall abgebrannte Räucherstäbchen, vor sich hin glimmende Räucherspiralen, behängt mit kleinen Zetteln. Der Rauch soll die Gebete zu den Göttern tragen. Ein Gong soll böse Geister vertreiben, und ›Höllengeld‹ für die Ahnen wird im Ofen verbrannt, um ihnen Wohlstand im Jenseits zu sichern.

Für jede Schwierigkeit gibt es die geeignete Gottheit, die man um Hilfe anflehen kann. Manchmal werden Mönche und Nonnen als Mitbeter verpflichtet. Bei schwierigen Fragen kommt häufig Wahrsagung ins Spiel: So gibt es Familienväter, die einen Behälter mit nummerierten Bambusstäben, den Chim, schütteln, bis ein Stab herausfällt. Die Nummer verweist auf ein Zitat mit einer verschlüsselten Antwort. Kann man sie nicht selbst deuten, wird ein Chim-Berater zu Rate gezogen. Um sicherzustellen, dass die Gottheit den herabgefallenen Stab akzeptiert, werden zuvor jedoch die Sing pui geworfen, zwei halbmondförmige Steine, die auf einer Seite flach, auf der anderen gewölbt sind. Nur wenn eine flache und eine gewölbte Seite oben liegen, ist die Gottheit einverstanden.

Buntes Treiben im Wong-Tai-Sin-Tempel in Hongkong

giöse Kult immer eine wichtige Rolle. Man bittet mit Gebeten und Räucherstäbchen um Gesundheit, ein langes Leben, Reichtum oder Kindersegen. Farbenfrohe Feste und Paraden befriedigen den Wunsch der Menschen nach Kult und Ritualen. Auch Praktiken wie die Wahrsagerei, die nach westlichem Verständnis zum Aberglauben gezählt werden, haben durchaus einen Platz in chinesischen Tempeln.

In China wurde unter Mao Religion aus dem Alltag verbannt. Doch schon in den 1980er-Jahren wurde die Religionsausübung wieder geduldet, Tempel wurden geöffnet, sicher teilweise für den Tourismus, aber auch, um eine spirituelle Lücke zu schließen. Heute werden auch in den Tempeln in Shanghai oder Peking Räucherstäbchen entzündet. Und vielleicht taucht deshalb, weil der Generation, die während der Kulturrevolution aufwuchs, die Grundlagen der religiösen Erziehung fehlen, auch in manchem Tempel eine Mao-Skulptur im Pantheon der Götter auf.

Der Mahayana-Buddhismus

Der Mahayana-Buddhismus kam im 1. Jh. n. Chr. nach China und fügte sich ins System der chinesischen Glaubensvorstellungen bestens ein. Anklang fand die Idee der Bodhisattvas, die dem Laiengläubigen Hoffnung auf Erlösung geben, ein Heilsversprechen, das die einheimischen Lehren nicht zu bieten hatten. Buddhistische Texte wurden übersetzt, aber auch indische Ideen, Götter und Heilige in die chinesische Glaubenswelt integriert. So wurde aus dem zukünftigen Buddha Maitrya der Milefo, der lachende, dickbäuchige Buddha Chinas. Der Bodhisattva Avalokiteshvara wurde zur populären Göttin der Gnade Guanyin.

Der Shintoismus

Japanische Sumo-Ringer verstreuen Salz im Ring, ehe sie den Gegner fixieren, Schreinbesucher beschriften Zettel und Holztäfelchen mit Wünschen, Priester schwenken Stäbe mit gefalteten Papierstreifen, um Bauplätze und Fahrzeuge vor Gefahren zu schützen. Allesamt vollziehen sie shintoistische Rituale und zeigen sich als Anhänger der uralten japanischen Naturreligion. Elemente der Naturverehrung und des Ahnenkults wirken im Shintoismus zusammen. Die Religion kennt keine Stifter, heiligen Schriften, Dogmen oder eine höchste Instanz. Shintoisten glauben an eine von *kami*, Geistern, beseelte Welt. So lautet auch das japanische Wort für Shintoismus *kamino mitchi* (Weg der himmlischen Geistwesen), und tatsächlich gibt es unzählige oder wie die Japaner sagen *yaoyorozu no kami* (800 x 10 000) Gottheiten und Geister, die seit Jahrtausenden verehrt werden. Wie die Menschen auf Erden müssen sich auch die Geister einer strengen Hierarchie unterordnen.

Zu den Geistern gesellen sich die Naturgottheiten: Seen, Flüsse und Berge sind nach shintoistischer Vorstellung beseelt. Höchste Verehrung gilt dem heiligen Berg Fuji-san. Wie die Menschen, so müssen sich auch die Götter und Geister in Japan einer strengen Hierarchie unterordnen. Die Führungsebene der Shinto-Ordnung besetzen Amaterasu, die Sonnengöttin, ihr Bruder, der Windgott Susanoo, Inari, der Reismann und Tsukiyomi, der Mondgott.

Die Ahnen genießen tiefe Verehrung, und eine besondere Rolle kommt dem Kaiserhaus zu. Über Jahrhunderte hinweg legitimierten japanische Tennos bzw. die unterschiedlichen Kaiserdynastien ihren Machtanspruch durch ihre Abstammung von Amaterasu. Die Kaiser galten als unfehlbar. Erst nach dem Zweiten Weltkrieg wurde die Trennung von Religion und Staat vollzogen. Mit der ›Menschlichkeitserklärung‹ von Kaiser Hirohito endete 1946 der Unfehlbarkeitsanspruch des Kaisers.

Im Mittelpunkt des Kults steht die rituelle Reinigung. Wer mit den kami in Kontakt treten will, muss sich mit Wasser, Feuer und Speisen läutern. Vor dem Besuch eines Schreins waschen Besucher ihre Hände, spülen ihren Mund aus. Ungute Kräfte können durch Reinigungszeremonien neutralisiert werden. Salzhäufchen auf dem Boden vor den Türen dienen als Speise und Besänftigung unwillkommener Geister.

Shintoistische Priester am Yasaka-Schrein in Kioto anlässlich des jährlichen Kinderfestes Kodomo-no-hi am 5. Mai

Wurden einst Gottheiten an besonderen Plätzen im Freien und verstorbene Vorfahren an ihren Grabstätten verehrt, so entstanden nach Einführung des Buddhismus in Japan im 6. Jh. n. Chr. Schreine und bildliche Darstellungen. Shintoistische Verehrungsstätten sind aber nach wie vor offene Anlagen. Torii, Eingangstore ohne Torflügel, markieren zu Land und zu Wasser den Zugang zu den Schreinen.

Im Jahreszyklus der *matsuri*, shintoistischer Feierlichkeiten, werden zu Ehren der Gottheiten, die durch einen schönen Stein oder eine Statue vertreten sind, Prozessionen mit prunkvoll geschmückten Tragschreinen veranstaltet. In den Verehrungsstätten nehmen die Gottheiten auf Bäumen oder Zweigen Platz und werden mit Getreide, Früchten, Wasser oder Reiswein fürstlich bewirtet und mit Musik und Tanz unterhalten.

Nahezu alle Japaner bezeichnen sich heute als Shintoisten und fast drei Viertel der Bevölkerung von 127 Millionen Menschen gleichzeitig als Anhänger des Buddhismus. Beide Religionen stehen gleichberechtigt nebeneinander. Geburt, Hochzeit und wichtige Anlässe bzw. Unternehmungen werden nach shintoistischem Ritual, Bestattungen und Kremierungen buddhistisch begangen. Schreine und Tempel fügen sich zu großen Anlagen und durchdringen sich spirituell. Buddhistische Gottheiten werden in Shinto-Schreinen ebenso verehrt wie shintoistische *kami* in buddhistischen Tempeln. Pragmatismus speist auch hier den Kult.

Stammesreligionen

Die Glaubensvorstellungen der Aborigines in Australien, verschiedener indonesischer Ethnien, afrikanischer Stämme oder der Volksgruppen im Amazonas-Dschungel fasst man unter dem Begriff ›Stammesreligionen‹ zusammen – eine reiche Vielfalt von religiösen Vorstellungen, die trotz aller Unterschiede gemeinsame Elemente aufweisen. Fast immer beschränken sich diese Religionen auf einen vergleichsweise kleinen Kreis von Anhängern und auf ein bestimmtes Siedlungsgebiet. Die meisten dieser Kulturen entwickelten keine eigene Schriftkultur und gaben ihre religiösen Traditionen nur mündlich weiter, verfügten aber dennoch über einen reichen Mythenschatz. Auch ein Stamm mit weniger als 100 Mitgliedern konnte Träger einer Religion mit eigener Mythologie und religiösem Weltbild, einer eigenen Götterwelt, mit Ritualen und Kulthandlungen sein. Ursprünglich lebten die meisten dieser Völker als Jäger und Sammler, und das Leben in und mit der Natur spielte in der Mythenwelt entsprechend eine große Rolle. Religion und alltägliches Leben waren eng verknüpft.

Fand man Stammesreligionen einst in vielen Regionen der Erde, so wurden die meisten durch missionarischen Eifer und durch das unaufhaltsame Fortschreiten der Moderne mehr und mehr verdrängt. Ausnahmen finden sich aber bis heute in entlegenen Regionen wie auf einigen indonesischen Inseln oder am Oberlauf des Amazonas. Häufig haben sich auch traditionelle religiöse Vorstellungen mit Elementen der Weltreligionen vermischt.

Im Schmelztiegel der Religionen

Glaubt man Statistiken, so ist Brasilien das Land mit den meisten Katholiken weltweit (knapp 150 Millionen). Doch fällt bei einem Bummel durch Rio de Janeiro auf, dass in zahlreichen Devotionalienläden Kerzen, Heiligenbilder und -figuren angeboten werden, die als Opfergaben für Iemanja, der Meeresgöttin, dienen.

Zahlreiche Gottheiten, die afrikanische Sklaven mit nach Brasilien gebracht hatten, verschmolzen nach und nach mit katholischen Heiligen, denn alle Sklaven wurden bereits auf Schiffen oder bei ihrer Ankunft zwangsgetauft. Die Verehrung der alten Götter wurde bei Strafe verboten. So verehrten viele Afrobrasilianer zwar offiziell die Mutter Jesu, hinter verschlossenen Türen aber weiterhin Iemanja. Auf diese Art und Weise überlebten zumindest Elemente der alten Stammesreligionen unter dem Deckmäntelchen des Katholizismus. Durch diese Vermischung entstanden die einzigartigen afrobrasilianischen Religionen, unter denen Candomblé wohl die bedeutendste ist. Vor allem im Nordosten des Landes hängen dieser Religion Millionen von Brasilianern an.

Ein weiteres Beispiel für synkretistische Tendenzen – damit ist das Verschmelzen religiöser Elemente gemeint – sind viele indonesische Volksgruppen. Indonesien ist der größte Inselstaat der Welt mit rund 17 500 Inseln und einer enormen Ausdehnung. Kein Wunder, dass sich hier eine Vielzahl von Stammesreligionen entwickelte. Heute sind knapp 90 Prozent der rund 200 Millionen Indonesier offiziell Moslems, fast neun Prozent Christen. Die rund drei Millionen Bewohner der Insel Bali sind mehrheitlich Hindus. Allerdings ließen staatliche Repressionen die Zuwanderungszahlen zu den großen Religionen in die Höhe schnellen: Nach 1965 verlangte ein Gesetz von jedem Indonesier, einer der Weltreligionen anzugehören, was zu Massentaufen führte. Tatsächlich nehmen Ahnenkult und Geisterglaube nach wie vor einen großen Stellenwert im Leben vieler Indonesier – Muslime, Christen, Hindus oder Buddhisten gleichermaßen – ein.

Iemanja-Figuren werden in Brasilien von den Anhängern der afrobrasilianischen Candombé-Religion verehrt

Ein Beispiel dafür sind die Batak, ein Volksstamm, der im Norden Sumatras lebt. Bis Ende des 19. Jh. lebten sie abgeschottet im Hochland rund um den Toba-See und hatten wenig Kontakt zur Außenwelt. Kaum ein Europäer wagte sich ins Land der Batak, nicht zuletzt weil sie als kriegerisches Volk mit kannibalistischen Bräuchen galten. Die alte Religion der Batak prägten Elemente, die man in vielen Stammesreligionen findet – Animismus, Glaube an die Beseeltheit der Natur und aller ihrer Erscheinungen, und Ahnenkult. So glaubte die Volksgruppe der Toba-Batak, dass sich die Seele eines Verstorbenen in eine Totenseele verwandelt, die ihren Nachfahren helfe, ihnen aber genauso gut schaden konnte. Das höchste Ansehen in der feudal organisierten Batak-Gesellschaft genoss der Priester, der alle wichtigen Rituale kannte, um die Harmonie des Kosmos zu wahren, und der in Trance Kontakt mit den Ahnen aufnehmen konnte. Ehebrecher oder Verräter – Menschen, die das Miteinander der Gemeinschaft störten – wurden bisweilen Opfer von Kannibalismus. Ein rituelles Opfermahl sollte die gestörte Ordnung wieder herstellen.

Ab 1860 versuchten muslimische und christliche Missionare gleichermaßen, die Batak zu ihrem Glauben zu bekehren. Die christlichen Missionare waren nach und nach erstaunlich erfolgreich. Allerdings waren unter denjenigen, die sich taufen ließen, viele sogenannte Reis-Christen, die sich vor allem für die mit der Missionierung verbundenen materiellen Vorteile interessierten. Gehört auch der Kannibalismus längst der Vergangenheit an, so blieben andere Elemente der alten Stammesreligion bis heute

Traditionelle Häuser der Batak im Norden Sumatras symbolisieren für ihre Bewohner den Kosmos

lebendig. Christliche Kirchen im Batak-Land erinnern vielfach an die traditionellen Batak-Häuser mit ihren gebogenen Satteldächern und den geschnitzten Büffelköpfen an den Giebelenden. Außerdem fallen noch heute monumentale Steinsarkophage und moderne Gräber im traditionellen Stil der alten Grabstätten ins Auge, die darauf hinweisen, dass der Ahnenkult trotz christlicher Einflüsse weiterlebt.

Die Welt der Götter und Geister

Immer war der Mensch mit Kräften konfrontiert, die ihm gleichermaßen faszinierend wie bedrohlich erschienen. Schon in vorgeschichtlicher Zeit versuchte man, mit dieser anderen Welt in Kontakt zu treten und durch Opfer Wohlwollen zu erbitten oder durch Medien in Kontakt mit dem Überirdischen zu treten. Oft wurden rituelle Handlungen – Gesänge, Tänze – an besonderen Plätzen auf Bergen oder an Gewässern abgehalten, wo man sich den Gottheiten nahe fühlte. Animismus, der Glaube an die Vergöttlichung der Natur, spielte in den Stammesreligionen stets eine große Rolle. Man glaubte, dass sich hinter Naturphänomenen wie Sonne, Mond, Donner, Wasser oder Wind Götter verbargen, aber auch Pflanzen wie besonders alte Bäume oder Tiere göttlicher Natur seien.

Ein gemeinsames Element vieler Stammesreligionen ist der Ahnenkult. Den eigenen Ahnen wurde in der Vergangenheit höchste Verehrung entgegengebracht, weil man glaubte, sie stünden der überirdischen Welt nahe und könnten somit ihren Nachfahren nutzen – wenn man sie entsprechend verehrte. Oft erhielten sie einen göttlichen Status. Die Ahnenverehrung spielt bis heute aber auch in den Religionen des Fernen Ostens oder im Hinduismus eine große Rolle: In Indien haben die Söhne die Pflicht, dafür zu sorgen, dass der Leichnam des Vaters verbrannt wird. Die balinesischen Hindus glauben, dass in jedem Kind ein Urahn wiedergeboren wird.

Ebenso ist Magie aus den Stammesreligionen nicht wegzudenken. Durch magische Zeichen, Amulette oder Riten will man sich vor Gefahren schützen oder Macht über die Umwelt gewinnen. Ein Beispiel dafür sind die steinzeitlichen Höhlenmalereien, von denen man annimmt, dass die Abbilder beliebter Jagdtiere eine erfolgreiche Jagd begünstigen würden. Kannibalismus ist in diesem Zusammenhang zu verstehen. In verschiedenen Kulturen verzehrte man das Fleisch geheiligter Ahnen, um sich deren Kräfte anzueignen; in anderen Kulturen verzehrte man das Fleisch von Feinden, um durch eine Art Reinigungszeremonie die gestörte Ordnung wieder herzustellen.

Schamanen, Priester & Co.

Eine entscheidende Rolle kommt in vielen Stammesreligionen religiösen Spezialisten zu, die zwischen den Lebenden und Toten, zwischen der hiesigen Welt und dem Überirdischen vermitteln: Heilern, Priestern, Zauberern oder Medizinmännern. Die Position des Heilers und Medizinmannes, der in erster Linie für die medizinische Betreuung zuständig ist, ist oft ein Lehrberuf. Auch Priester oder Zauberer kann ein ererbter Beruf sein, wenn der Vater geheimes Wissen an den Sohn weitergibt.

Eine Sonderrolle spielen Schamanen, die in der Regel keine Priester sind, obwohl sie Kontakt zu einer Welt pflegen, die jenseits unserer irdischen Welt liegt. Sie sind auch keine Ärzte, obwohl sie oft gerufen werden, um zu heilen. Das Phänomen des Schamanismus tauchte wohl erstmals in Nord- und Zentralasien auf, man findet es heute jedoch in Afrika genauso wie in Australien, Lateinamerika oder weiten Teilen Asiens. Gemeinsam ist den Schamanen die Fähigkeit, in Trance zu fallen. Provoziert wird dieser Zustand durch Tänze, Gesänge, manchmal aber auch durch die Einnahme von Drogen. In Trance verlassen die Schamanen den eigenen Körper und nehmen Kontakt mit der

Welt der Götter und Geister auf. Schamane ist kein erlernbarer Beruf. Schamanen werden berufen, nicht selten durch Visionen heimgesucht und können sich gegen ihre Bestimmung nicht wehren. Erst nach ihrer Berufung werden sie von einem älteren Kollegen ausgebildet. Zu ihren Aufgaben gehören das Heilen von Krankheiten oder von Besessenheit (durch vermeintliche böse Geister und Dämonen), das Abhalten von Ritualen um Tod und Sterben, aber auch Weissagung oder Traumdeutung. Manchmal sind Schamanen zudem Erzähler oder Sänger, geben die alten Mythen mündlich weiter und bewahren altes Wissen.

Stammesreligionen heute

Wurden die Stammesreligionen oder traditionellen Religionen früher meist als Naturreligionen oder gar als primitive Religionen abgewertet, so erleben sie heute vielfach eine Renaissance. Zogen Jahrhunderte lang Missionare aus, um die ›armen Heiden‹ zu guten Christen zu machen, so genießen viele der alten Religionen heute das Interesse von Forschern und Laien. Die alte Kultur der Aborigenes in Australien beispielsweise oder Glaubensvorstellungen der nordamerikanischen Indianer laufen im Rahmen der Sinnsuche des westlichen Menschen vielfach den Weltreligionen den Rang ab. Die Mythen der Aborigines, in denen der Begriff ›Traumzeit‹ eine zentrale Rolle spielt, wurden Jahrhunderte lang von weißen Australiern missachtet. Heute versucht mancher von ihnen, das Geheimnis der spirituellen Plätze der Aborigines zu ergründen. Ihr traditionelles Instrument, das Didgeridoo, genießt im Westen große Popularität und Aboriginal-Kunstwerke erzielen beachtliche Preise.

Zu allen Zeiten haben Menschen althergebrachte Glaubensvorstellungen infrage gestellt und nach neuen spirituellen Erfahrungen auf dem Weg zum Heil gesucht: Buddha setzte 500 Jahre v. Chr. der in Ritualismus erstarrten brahmanischen Religion neue Ideen entgegen und traf den Zeitgeist. Im 12./13. Jh. lehrte die Bewegung der Katharer die katholische Kirche das Fürchten, und nach 1968 wendeten vor allem junge Menschen auf ihrer Suche nach Erkenntnis den Blick gen Osten. Daran hat sich bis heute wenig geändert.

Sinnsuche im 20. und 21. Jahrhundert

Die christlichen Kirchen beklagen zahlreiche Kirchenaustritte, und katholische Fakultäten an den Universitäten müssen schließen, weil der Beruf des Priesters für junge Männer an Attraktivität verloren zu haben scheint. Auf der anderen Seite zieht der Buddhismus viele Menschen im Westen magisch an. Aber auch Bewegungen, die außerhalb der Weltreligionen stehen – sogenannte neue Religionen, neue religiöse Bewegungen oder esoterische Strömungen erleben vor allem seit der zweiten Hälfte des 19. Jh. großen Zulauf. Kein Wunder – mit der Industrialisierung änderten sich überkommene Lebenswelten in rasantem Tempo. Gewachsene Familienstrukturen wurden aufgeweicht, traditionelle Werte verloren an Bedeutung, der Prozess der Säkularisierung ließ im Westen die Bindung an die Kirche schwächer werden. Tatsächlich schien die Amtskirche, gefangen in ihrem Dogmenkorsett, keine befriedigenden Antworten auf Sinnfragen verunsicherter Menschen liefern zu können. So waren viele Sinnsucher offen für neue Bewegungen, die Erklärungen und Wege zur Lebensbewältigung anboten.

Die meisten der sogenannten neuen Religionen entstanden vor dem Hintergrund der Weltreligionen – nicht nur im Westen. Vor allem in den USA entwickelten sich ab dem späten 19. Jh. vor christlichem Hintergrund Bewegungen wie die der Zeugen Jehovas, Adventisten oder Mormonen. Im islamischen Kulturkreis ist die Bahai-Religion ein Beispiel für eine neue religiöse Bewegung. Vor buddhistischem Hintergrund entwickelten sich vor allem in Japan zahlreiche neue Religionen wie Nichiren-shoshu, Soka-gakkei oder Rissho-koseikai. Zahlreich sind die Bewegungen, die sich im Dunstkreis des Hinduismus entwickelten, darunter die Bhagwan-Bewegung, Hare Krishna, Divine Light Mission und viele andere. In christlichen Missionsgebieten außerhalb Europas entwickelten sich Religionen, die einheimische Traditionen, die vom Christentum verdrängt wurden, wieder aufnehmen. Dazu gehören afroamerikanische Religionen wie Wodu auf Haiti oder in Nordamerika neue indianische Religionen wie der Peyote-Kult, der altindianische Elemente mit christlichen Vorstellungen verbindet.

Die Bandbreite der neuen religiösen Bewegungen ist riesig. Neben einer Fülle von Unterschieden besitzen die neuen Religionen auch Gemeinsamkeiten. Allesamt stellen sie ihren Anhängern neue Lösungswege in Krisen in Aussicht. Viele Bewegungen werden von charismatischen Führungspersönlichkeiten geleitet, die überzeugt sind, dass ihre Wahrheit Alleingültigkeitsanspruch besitzt; oft sind die Gruppen autoritär und elitär strukturiert und reduzieren das Heilsziel auf die eigene Gruppe. Seit den späten 1960er-Jahren ist eine Globalisierung der Religionen festzustellen. Die Studentenunruhen und Proteste gegen den Vietnamkrieg ließen eine Gegenkultur wachsen, in der die Amtskirche keinen Platz mehr hatte. Die Hippie-Generation suchte ihr Heil immer häufiger im Osten und genoss dort eine Spiritualität, die man in den erstarrten christlichen Kirchen vermisste. Die Beziehung zwischen einem spirituellen Lehrer und einem Schüler kannte man in Asien seit Jahrtausenden. Einige der sogenannten Guru-Bewegungen – neureligiöse Gruppen, die ihre Heimat auf dem indischen Subkontinent haben und denen hinduistisches Gedankengut zugrunde liegt – schwappten über auf den Westen und fanden großen Anklang. Ihre Führer versuchten, östliche Spiritualität und westliches Denken zu versöhnen.

Die Hare-Krishna-Bewegung (ISKCON, kurz für International Society for Krishna Consciousness) wurde 1966 in New York von dem Inder A. C. Bhaktivedanta Prabhupada gegründet. Insbesondere in Kalifornien, Dorado für Aussteiger, Esoteriker und Hippies, stieß seine Lehre auf Interesse. Die amerikanische Gesellschaft befand sich im Umbruch. Man rebellierte gegen den Vietnamkrieg, die Diskriminierung schwarzer Amerikaner und war offen für fernöstliches Denken. Der Ex-Beatle George Harrison schrieb mit *My sweet Lord* eine Hymne für die Bewegung und das Mantra »Hare Krishna, Hare Krishna – Krishna Krishna, Hare Hare, Hare Rama, Hare Rama – Rama Rama, Hare Hare« erklang im Musical *Hair*, das das Lebensgefühl einer jungen Generation in den Großstädten des Westens traf. 1970 wurde in Hamburg der erste deutsche Hare-Krishna-Tempel gegründet. Hare-Krishna-Anhänger glauben, dass man die Welt aus ihrer materialistischen Verderbtheit retten kann durch die innige Verehrung des Gottes Krishna. Damit steht die Bewegung in der Tradition der Bhakti-Frömmigkeit in Indien. Die Gläubigen praktizieren Meditation und das gemeinsame Singen von Matras. Vegetarische Ernährung, Verzicht auf Alkohol, Glücksspiel und Sexualität (außer in der Ehe und ausschließlich zur Zeugung von Kindern) unterstützen den spirituellen Weg.

Rund 200 000 Menschen weltweit trugen in den 1980er-Jahren Rot und hatten das Porträt eines Mannes mit silbergrauem Bart um den Hals baumeln. Damit outeten sie sich als ›Sannyasins‹, als Anhänger des indischen Philosophie-Professors Chandra Rajneesh Mohan Jain, der westliche Psychologie und asiatische Philosophie verband und unter dem Namen ›Bhagwan‹ (der Erhabene) zum Guru wurde. Mit seinem Ziel, die verkrusteten psychischen Strukturen des verkopften

Menschen aufzubrechen und das wahre Ich zum Vorschein zu bringen, hatte er insbesondere in intellektuellen Kreisen Erfolg. In seinem Ashram in Pune, Westindien (ab 1981 in Oregon, USA), empfing er Sinnsucher aus aller Welt, die seine dynamischen Meditationstechniken, zum Teil speziell für Menschen aus dem Westen konzipiert, praktizierten. Auf der Basis anerkannter Methoden wie Psychodrama oder Tanztherapie entwickelte Rajneesh Selbstfindungstechniken, die auch heute noch von westlichen Therapeuten eingesetzt werden. Aufsehen erregte er jedoch anfangs vor allem durch seine ungewöhnlich freizügige Einstellung zu Emotionalität und Sexualität. Kurz vor seinem Tod 1990 änderte Baghwan seinen Namen in ›Osho‹ (Priester).

Neben den neuen Religionen gibt es zahllose esoterische Gruppen, wobei die Grenze zwischen Religion, Philosophie und Esoterik fließend ist. Esoterik, ursprünglich eine Sammelbezeichnung für okkulte Praktiken und Weltanschauungen, ist aus den religiösen Landschaften des Westens nicht mehr wegzudenken, und nicht wenige bezeichnen die Esoterik als neue Weltreligion. Im Mittelpunkt stehen heute jedoch nicht mehr dunkle Praktiken, sondern neue Pfade zu spirituellen Erfahrungen. In den westlichen Industrieländern hat sich Esoterik zu einem einträglichen Markt entwickelt: zahlreiche Zeitschriften, Seminare, sogar Messen widmen sich esoterischen Schulen. Gerade Frauen finden in der Esoterik die Spiritualität, die ihnen entspricht und sie gleichberechtigt einbezieht. Das Spektrum reicht von fernöstlichen Traditionen wie Yoga und Tai-Chi über Reiki bis zur Beschäftigung mit Astrologie, Druidenweisheiten, Hexenkult und Mondzyklen. Oft werden Praktiken wie Meditationstechniken und Körperübungen, die

Euphorische Anhänger von Bhagwan Sri Rajneesh in den 1980er-Jahren

an die asiatischen Weltreligionen gekoppelt sind, aus dem Zusammenhang gerissen. Ganz sicher hat Esoterik aber einen festen Platz im spirituellen Repertoire unserer Zeit gefunden und erscheint vielen Menschen geeigneter als das Christentum, um Antworten auf ihre Fragen zu finden.

Im Zeichen des Wassermanns
Nach Auffassung vieler Esoteriker steht die Welt seit Beginn der zweiten Hälfte des 20. Jh. im Wassermannzeitalter (Age of Aquarius), das den rund 2000-jährigen Zyklus des Fischezeitalters ablöste. Diese Vorstellung ist richtungweisend für die New-Age-Bewegung, die ihren Ursprung in der Hippie-Bewegung hatte, aber erst in den 1980er-Jahren ihren Höhepunkt erreichte. Das Zeitalter des Wassermanns erfordert ein globales Umdenken, eine Hinwendung zu einer neuen Spiritualität im Einklang mit der Natur. Ziel jedes Einzelnen sollte die Bewusstseinserweiterung sein. Dabei hilft kein Guru, vielmehr steht das eigene Ich im Mittelpunkt, und jeder muss – wie im Urbuddhismus – den Weg zum Ziel für sich selbst finden. Die Methoden sind vielfältig. Auch archaische Traditionen wie der Schamanismus rückten wieder ins Zentrum des Interesses. Anders als viele der neuen Religionen, die autoritär strukturiert sind, besitzt die New-Age-Bewegung eine offene Struktur mit lose organisierten Gemeinschaften.

Andererseits wurde in den vergangen Jahren aber auch die Spiritualität innerhalb des Christentums wiederentdeckt. Die mittelalterliche Mystikerin Hildegard von Bingen und ihr naturkundliches Wissen wurden ausgegraben; spirituelle Seminare oder Managerexerzitien im Kloster boomen, und Pilgerreisen erleben – nicht erst seit Hape Kerkelings Bestseller *Ich bin dann mal weg* – eine Renaissance.

Fundamentalistische Strömungen

Fundamentalismus in der Religion bedeutet die Forderung nach Rückbesinnung auf die Wurzeln einer Lehre und die Berufung auf ihre absolute Wahrheit. Die Rückbesinnung soll notfalls mit Gewalt gegen Andersgläubige durchgesetzt werden. Fundamentalisten sind intolerant gegenüber anderen Ideen, die sie als Gefahr für ihre Lehre ansehen.

Heute setzt man den Begriff ›Fundamentalismus‹ gerne mit dem Islamismus gleich. Der Begriff entstammt jedoch einer konservativen Bewegung des amerikanischen Protestantismus am Anfang des 20. Jh. Er wird heute allgemein für intolerante Gruppierungen in Religionen, Weltanschauungen und politische Ideologien verwendet.

Fundamentalistische Strömungen gibt es in den meisten Religionen, sogar in den so sanften asiatischen wie dem Hinduismus oder dem Buddhismus. Am häufigsten findet man sie jedoch in den drei monotheistischen Religionen Judentum, Christentum und Islam, in denen in den letzten drei Jahrzehnten zudem eine politische Bewegung daraus wurde.

Das Christentum war im Mittelalter geprägt durch fundamentalistisches Denken. Intoleranz und Fanatismus bestimmten die Kreuzzüge, die Hexenverfolgungen, den Antijudaismus und die Inquisition. Bernhard von Clairvaux, der berühmte Kreuzzugsprediger aus dem Zisterzienserorden, sagte 1146 in Vézelay: »Ein Ritter Christi tötet mit gutem Gewissen, noch ruhiger stirbt er. Wenn er stirbt, nützt er sich selber; wenn er tötet, nützt er Christus.« Modifiziert könnte dies heute ebenso ein islamistischer Selbstmordattentäter sagen.

Religiöser Fundamentalismus ist heute in der Regel eine Bewegung gegen die Moderne, gegen Aufklärung und Säkularismus, gegen sexuelle Freizügigkeit, Pluralismus und Toleranz. Er fordert die Rückkehr zu traditionellen Werten und versucht dies durch politisches Engagement zu verwirklichen. Fundamentalisten orientieren sich meist wortwörtlich an ihren heiligen Schriften, sehen sie nicht veränderbar als Wort Gottes und lehnen die historisch-kritische Methode ihrer Auslegung ab.

Christliche Fundamentalisten findet man heute hauptsächlich unter den Protestanten der USA. Es gibt zahlreiche unterschiedliche Gruppierungen, die sich gegenseitig oft nicht anerkennen und häufig sehr unterschiedlichen Vorstellungen folgen. Alle legen die Bibel im Wortsinn aus, deshalb erkennen die meisten von ihnen auch die Darwin'sche Evolutionslehre nicht an. Ihre Weltordnung gründet auf der Bibel und ihrer Moralvorstellung. Sie lehnen Homosexualität, Abtreibung und Ökumene ab. Häufig wird die neue amerikanische Rechte mit dem christlichen Fundamentalismus gleich gesetzt. US-Präsident George W. Bush z. B. versteht sich als wiedergeborener Christ, begründet seine Entscheidungen mit göttlichen Empfehlungen und wird von evangelikalen Predigern beeinflusst. Obwohl der Anteil religiöser Fundamentalisten in den USA in den letzten 30 Jahren zugenommen hat, ist wohl nicht zu befürchten, dass sie die Mehrheit der Amerikaner für sich vereinnahmen werden, da diese gerade auf ihren gesellschaftlichen und religiösen Pluralismus und auf die Trennung von Kirche und Staat stolz ist. In Europa gibt es nur wenige christliche Fundamentalisten, in Deutschland tauchen ›Die zwölf Stämme‹ immer wieder in der Presse auf, da sie sich weigern, ihre Kinder in öffentlichen Schulen unterrichten zu lassen.

Religiösen Fundamentalismus im Judentum findet man vor allem in Israel, aber auch in den USA. Es sind meist ultraorthodoxe Juden, die den Großteil ihres Lebens dem Studium von Tora und Talmud widmen, weltliches Wissen als unwichtig erachten. Sie lehnen teilweise den Staat Israel ab, weil sie der Meinung sind, erst der Messias habe das Recht, diesen Staat zu gründen. Wegen ihrer hohen Geburtenrate nimmt ihre Zahl in Israel kräftig zu. Neben den ultraorthodoxen Juden, die wenigstens zum Teil unpolitisch sind, gibt es in Israel noch die radikalreligiösen Siedler, die das mehrheitlich von Palästinensern bewohnte Westjordanland unter Berufung auf das biblische Israel beanspruchen und dort in gemeinsamen Siedlungen leben. Einer dieser Siedler, der aus den USA eingewanderte Baruch Goldstein, ermordete im Februar 1994 in Hebron in der ›Grotte der Patriarchen‹, einem heiligen Gebäude, das gleichzeitig als Synagoge und Moschee dient, 29 Palästinenser. Im November 1995 erschoss der radikale jüdische Student Jigal Amir den israelischen Ministerpräsidenten Jitzchak Rabin. Beide Morde zeigen fatale Verbindungen zwischen religiösem Fundamentalismus und politischem Fanatismus.

Ultraorthodoxe Juden während einer Demonstration in Jerusalem im Streit mit der Polizei

Ähnlich liegt der Fall bei islamistischen Terrorgruppen wie al Qaida, Hisbollah oder Hamas. Sie versetzen mit ihren Selbstmordattentaten die Welt in Angst und Schrecken, sind verantwortlich für die jemals schwersten Terroranschläge, allen voran die Attentate vom 11. September 2001 in New York mit fast 3000 Toten. Die Attentäter gingen mit der Überzeugung in den Tod, nach dem Willen Gottes gehandelt zu haben und als Märtyrer unverzüglich ins Paradies zu gelangen.

In der westlichen Welt nimmt in den letzten Jahren die Bereitschaft ab, zwischen der Mehrheit der friedliebenden Muslime, der zunehmenden Zahl von moderaten Islamisten und der Minderheit der radikalen Islamisten zu unterscheiden. Auch in wissenschaftlichen Kreisen ist die Diskussion über die Bedrohung des Islam für die westliche Welt aufgeheizt. Der konservative amerikanische Politologe Samuel Huntington hat 1996 in seinem Buch *The Clash of Civilizations* über den Kampf der Kulturen den Islam als eine der aufstrebenden Kulturen und den Konflikt zwischen den Kulturen im 21. Jh. als Folge des Kalten Krieges bezeichnet. Der deutsche Politologe syrischer Herkunft Bassam Tibi bestätigte Huntington und warnt vor weltweiten gewalttätigen Auseinandersetzungen zwischen Muslimen und Nicht-Muslimen sowie allgemein vor der Bedrohung des Westens durch den Islam. Der britische Islamwissenschaftler syrischer Herkunft Aziz Al-Azmeh, der heute an der Universität in Budapest lehrt, konzipierte mit anderen Forschern am Berliner Wissenschaftskolleg den Forschungsschwerpunkt ›Moderne und Islam‹. Er meint im Gegensatz zu Huntington und Tibi, dass die islamische Welt erstens kulturell der Spätantike entstamme, d. h. ein Erbe Roms und Alexanders des Großen sei, und zweitens nach der napoleonischen Eroberung Ägyptens Teil der westlich dominierten Welt wurde und somit ein islamischer Sonderweg, eine eigenständige islamische Zivilisation überhaupt nicht möglich sei. In der Tat bewirkte der europäische Kolonialismus, der im 18. Jh. Indien und Indonesien und ab dem 19. Jh. den arabischen Raum erfasste, eine enge Verzahnung zwischen islamischer und westlicher Kultur. Diese hält bis heute an, betrachtet man die 15 Millionen Muslime, die sich in den meisten Ländern Europas niedergelassen haben.

Dennoch lässt sich nicht leugnen, dass der fundamentalistische Islam, auch Islamismus genannt, heute die stärkste fundamentalistische Bewegung der Religionen ist. Teilweise ist er unpolitisch und nur auf die Renaissance der Religion ausgerichtet, teilweise ist er eine politische Ideologie, die sich einer religiösen Sprache bedient und beansprucht, der einzige wahre Weg des Glaubens zu sein. Das Ziel seiner extremsten Ausprägung ist die Errichtung islamischer Staaten.

Das Anwachsen der Anhängerschar des Islamismus hat vielschichtige Ursachen. Einerseits bewirken unerfüllte soziale Hoffnungen den Zulauf zur Religion, andererseits ist es die Globalisierung mit ihren wirtschaftlichen Abhängigkeiten. Der islamische Fundamentalismus ist eine moderne Erscheinung, die versucht, Tradition und eine ehemals vermeintlich heile Welt zu rekonstruieren. Der Islam, der ab dem 11. Jh. durch geistige Erstarrung, Kreuzzüge und Mongolensturm seinen Niedergang erlebt hat, soll wieder neu erblühen.

Islamistische Bewegungen haben in verschiedenen Ländern oft ganz unterschiedliche Beweggründe.

Palästinensischer Islamismus entstand als Folge von Demütigungen, die in jüngster Zeit mit dem Bau der Sperrmauer zwischen Israel und dem Westjordanland ihren Höhepunkt erreicht haben. Die Bewegungen im Irak bildeten sich nach dem Einmarsch der Amerikaner und der Beseitigung des Regimes von Saddam Hussein und richten sich heute nicht nur gegen die Besatzer, sondern auch gegen Andersdenkende im eigenen Volk. Das Engagement junger Leute in islamistischen Bewegungen gibt ihnen ein Selbstbewusstsein, das sie sonst in der Perspektivlosigkeit des Alltags nie entwickeln könnten. Führer von Terrorgruppen wissen dies und nutzen die Manipulierbarkeit der Jugend aus. Auch in Europa gibt es Jugendliche, die sich so benutzen lassen. Sie leiden an Identitätsproblemen, finden zwischen der eigenen wie der Gastkultur kein Gleichgewicht und fühlen sich oft beiden nicht zugehörig. Diese Unsicherheit wird von Islamisten instrumentalisiert.

Eine Chance, dem islamischen Fundamentalismus zu begegnen, wäre die Verbesserung der Lebensbedingungen von Muslimen in Europa und in ihren Heimatländern und außerdem die Stärkung der gemäßigten Kräfte, die schließlich eine islamische Aufklärung herbeiführen könnten. Kontraproduktiv wirken hingegen Provokationen wie die Mohammed-Karrikaturen 2005 in einer dänischen Zeitung. Der jüdische Publizist Henryk M. Broder schreibt zwar in seinem Buch *Hurra, wir kapitulieren* 2006 ganz richtig, dass antisemitische und antikirchliche Karikaturen in arabischen Medien viel drastischer ausfallen. Dennoch sollte man im Westen erkennen, dass Beleidigungen des Propheten die Muslime nicht dazu anregen, sich aufgeklärt mit dem Islam auseinanderzusetzen. Das Gegenteil wird der Fall sein.

Nicht alle Muslime betrachten Plakate mit dem Foto Osama Bin Ladens wohlwollend

Allgemein

Mircea Eliade: Geschichte der religiösen Ideen in vier Bänden, Freiburg 2002

Helmuth von Glasenapp: Die fünf Weltreligionen, München 2005

Udo Tworuschka (Hg.): Die Weltreligionen und wie sie sich gegenseitig sehen, Darmstadt 2008

Arnulf Zitelmann: Die Weltreligionen, Frankfurt/M., New York 2008

Alte Religionen

Jan Assmann: Tod und Jenseits im Alten Ägypten, München 2003

John Camp, Elisabeth Fischer: Götter, Helden, Philosophen. Geschichte und Kultur der alten Griechen, Stuttgart 2003

Peter Maier: Die Religion der Germanen. Götter, Mythen, Weltbild, München 2003

Jörg Rüpke: Die Religion der Römer. Eine Einführung, München 2001

Piotr O. Scholz: Schnellkurs Ägypten, Köln 2004

Paul Veyne: Die griechisch-römische Religion: Kult, Frömmigkeit und Moral, Stuttgart 2008

Jan de Vries, Kurt Derungs: Keltische Religion, Bern 2006 (Reprint)

Judentum

Rainer Albertz: Religionsgeschichte Israels in alttestamentlicher Zeit, 2 Bände, Göttingen 1992

Israel Finkelstein, Neil A. Silberman: Keine Posaunen vor Jericho. Die archäologische Wahrheit über die Bibel, München 2004

Monika Grübel: Schnellkurs Judentum, Köln 2000

Christina Kayales (Hg.): Was jeder vom Judentum wissen muss, Gütersloh 2005

Walter Rothschild: 99 Fragen zum Judentum, Gütersloh 2006

Christentum

Helmut Fischer: Schnellkurs Christentum, Köln 2001

Elke Homburg, Karin Lucke-Huss: Schnellkurs Klöster, Köln 2007

Hans Küng: Das Christentum. Wesen und Geschichte, München 2007

Bernd Moeller: Geschichte des Christentums in Grundzügen, Stuttgart 2008

Islam

Khalid Al-Maaly: Die arabische Welt zwischen Tradition und Moderne, Heidelberg 2004

Amt der Vereinigten Evangelischen-Lutherischen Kirche in Deutschland (Hg.): Was jeder vom Islam wissen muss, Gütersloh 2007

Claude Cahen, Gustave Edmund von Grunebaum: Der Islam I. und II., Frankfurt/M. 1971

Adel T. Khoury, Ludwig Hagemann, Peter Heine: Islam-Lexikon, 3 Bde., Freiburg i. Br. 1991

Hans Küng: Der Islam. Geschichte, Gegenwart und Zukunft, München 2006

Tilman Nagel: Der Koran. Einführung, Texte, Erläuterungen, München 1991

Francis Robinson (Hg.): Islamische Welt. Eine illustrierte Geschichte, Frankfurt/M. 1997

Gerhard Schweizer: Der unbekannte Islam. Sufismus – die religiöse Herausforderung, Stuttgart 2007

Guido Steinberg: Das Netzwerk des islamistischen Terrorismus, München 2005

Udo Steinbach, Werner Ende (Hg.): Der Islam in der Gegenwart. Entwicklung und Ausbreitung – Staat, Politik und Recht, Kultur und Religion, München 2005

Walter M. Weiss: Schnellkurs Islam, Köln 2008

Hinduismus

Helmuth von Glasenapp: Der Hinduismus. Religion und Gesellschaft im heutigen Indien, Hildesheim/New York 2001

Jan Gonda: Die Religionen Indiens I. Veda und älterer Hinduismus, Stuttgart 1978

Jan Gonda: Die Religionen Indiens II. Der jüngere Hinduismus, Stuttgart 1963

Vanamali Gunturu: Hinduismus, Kreuzlingen 2002

Axel Michaels: Der Hinduismus. Geschichte und Gegenwart, München 1998

Hans Wolfgang Schumann: Die großen Götter Indiens. Grundzüge von Hinduismus und Buddhismus, Kreuzlingen 2006

Heinrich Zimmer: Philosophie und Religion Indiens, Frankfurt/M. 2004

Heinrich Zimmer: Indische Mythen und Symbole, München 1993

Religionen des Fernen Ostens
Wolfgang Bauer: Geschichte der chinesischen Philosophie. Konfuzianismus, Daoismus, Buddhismus, München 2001

Hans van Ess: Der Konfuzianismus, München 2003

Ingrid Fischer-Schreiber: Das Lexikon des Taoismus, München 1996

Hans Georg Möller: In der Mitte des Kreises. Daoistisches Denken, Frankfurt/M. 2001

Gregor Paul: Konfuzius, Freiburg/B. 2001

Florian C. Reiter: Taoismus zur Einführung, Hamburg 2000

Isabelle Robinet: Geschichte des Daoismus, München 1995

Josef Thesing, Thomas Awe (Hg.): Dao in China und im Westen, Bonn 1999

Alan Watts, Chungliang Al Huang: Der Lauf des Wassers. Die Lebensweisheit des Taoismus, Frankfurt/M. 2003

Buddhismus
Heinz Bechert: Der Buddhismus I. Der indische Buddhismus und seine Verzweigungen, Stuttgart 2000

Heinz Bechert, Richard Gombrich: Der Buddhismus. Geschichte und Gegenwart, München 2002

Michael von Brück, Whalen Lai: Buddhismus und Christentum. Geschichte. Konfrontation. Dialog, München 1997

Der Buddhismus, in: Fachmagazin Geo Epoche, Nr. 26, 2007

Dalai Lama: Das Buch der Menschlichkeit. Eine neue Ethik für unsere Zeit, Bergisch Gladbach 2002

Dalai Lama: Der Weg zum Glück, Freiburg 2004

F.A.Z.-Hörbuch: Auf Siddhartas Spuren. Reisen zu den heiligen Stätten des Buddhismus, Frankfurt/M. 2006

Erich Follath: Das Vermächtnis des Dalai Lama, München 2007

Klemens Ludwig: Dalai Lama, München 2008

Verena Reichle: Die Grundgedanken des Buddhismus, Frankfurt/M. 2003

Helwig Schmidt-Glintzer: Die Reden des Buddha, München 2005

Hans W. Schumann: Handbuch Buddhismus. Die zentralen Lehren – Ursprung und Gegenwart, München 2000

Hans W. Schumann: Der historische Buddha – Leben und Lehre des Gotama, München 2004

Volker Zotz: Buddha, Reinbek bei Hamburg 2005

Volker Zotz: Geschichte der buddhistischen Philosophie, Reinbek bei Hamburg 1996

Volker Zotz: Auf den glückseligen Inseln. Buddhismus in der deutschen Kultur, Berlin 2000

Stammesreligionen
Josef Franz Thiel: Religionsethnologie, Grundbegriffe der Religionen schriftloser Völker, Berlin 1984

Religion im Wandel der Zeiten
Karen Armstrong: Im Kampf für Gott. Fundamentalismus in Christentum, Judentum und Islam, München 2007

Antoine Faivre: Esoterik im Überblick, Geheime Geschichte des abendländischen Denkens, Freiburg im Breisgau 2001

Rüdiger Hauth: Taschenhandbuch Esoterik. Von Bachblüten bis Yoga, Witten 2007

Julia Iwersen: Lexikon der Esoterik, Zürich 2001

Klaus Kienzler: Der religiöse Fundamentalismus. Christentum, Judentum, Islam, München 1996

Spiegel-Hörbuch: Weltmacht Religion. Wie der Glaube Politik und Gesellschaft bestimmt, Berlin 2007

akg-images, Berlin 51, 17, 128, 89, 14, 60, 59, 77; Herve Champollion 49, 19; Gerard Degeorge 109; Werner Forman 27; Mark De Fraeye 132; Suzanne Held 163; Herbert Kraft 9; Erich Lessing 21, 54, 43, 96, 152; Joseph Martin 35; Jean-Louis Nou 120, 140; Robert O'Dea 143; Vincenzo Pirozzi 68; Bildarchiv Steffens 47; Yvan Travert 37
Rainer Hackenberg, Köln 24
Elke Homburg, München 110, 122, 123, 131, 135, 160
Karin Lucke-Huss, Wiggensbach 11, 36, 42, 46, 56
picture-alliance/dpa, Frankfurt/M. 12, 22, 53 oben, 63, 73, 80, 85, 86, 92, 94, 95, 102, 139, 149, 157, 158, 165, 173, 177, 179; picture-alliance, Frankfurt/M. 115, 147; picture-alliance/akg-images 159; picture-alliance/dpa/dpaweb 83; picture-alliance/Godong 53 unten, 113, 121, 153; picture-alliance/Bildagentur Huber 33, 126; picture-alliance/KNA-Bild 98; picture-alliance/KPA/ HIP Ann Ronan Picture Library 29; picture-alliance/max-ppp 25, 72, 125; picture-alliance/OKAPIA KG, Germany 166; picture-alliance/united-archives 107, 150; picture-alliance/united-archives/mcphoto 69, 142; picture-alliance/ZB 156

Die Rechte für alle nicht aufgeführten Abbildungen liegen beim Autor, beim Verlag oder konnten nicht ausfindig gemacht werden.